utb 6047

Eine Arbeitsgemeinschaft der Verlage

Brill | Schöningh – Fink · Paderborn
Brill | Vandenhoeck & Ruprecht · Göttingen – Böhlau · Wien · Köln
Verlag Barbara Budrich · Opladen · Toronto
facultas · Wien
Haupt Verlag · Bern
Verlag Julius Klinkhardt · Bad Heilbrunn
Mohr Siebeck · Tübingen
Narr Francke Attempto Verlag – expert verlag · Tübingen
Psychiatrie Verlag · Köln
Ernst Reinhardt Verlag · München
transcript Verlag · Bielefeld
Verlag Eugen Ulmer · Stuttgart
UVK Verlag · München
Waxmann · Münster · New York
wbv Publikation · Bielefeld
Wochenschau Verlag · Frankfurt am Main

Helmut Aatz

Achtsam studieren

Mit Praxisteil

Verlag Barbara Budrich
Opladen & Toronto 2023

Der Autor:

Helmut Aatz, Achtsamkeitscoach, Berater, Leiter des Instituts 3P, Dozent an der Hochschule Darmstadt

Bibliografische Information der Deutschen Nationalbibliothek
Die Deutsche Nationalbibliothek verzeichnet diese Publikation in der Deutschen Nationalbibliografie; detaillierte bibliografische Daten sind im Internet über https://portal.dnb.de abrufbar.

Gedruckt auf säurefreiem und alterungsbeständigem Papier.

utb-Bandnr.	**6047**
utb-ISBN	**978-3-8252-6047-7**
utb-e-ISBN	**978-3-8385-6047-2**
DOI	**10.36198/9783838560472**

Umschlaggestaltung: siegel konzeption | gestaltung
Satz: Ulrike Weingärtner, Gründau – info@textakzente.de
Titelbildnachweis: Adobe Stock, Levin
Druck und Bindung: Medienhaus Plump GmbH, Rheinbreitbach
Printed in Germany

Inhaltsverzeichnis

Einleitung

Warum dieses Buch? – Herausforderungen des Studiums

Studieren Sie? Erfolgreich? Motiviert? Überzeugt? Effizient? Mit sich zufrieden? Mit Zeit für Spaß, Geselligkeit und Erholung? Wenn ja, dann lesen Sie ein anderes Buch. Denn dies kann Ihnen kaum etwas bieten, was Sie nicht schon könnten.

Allen anderen, die kein so glückliches Händchen fürs und mit dem Studium haben, möchte ich kurz vor Augen führen, was sie beim Studieren alles auf die Reihe kriegen müssen. Das hilft Ihnen vielleicht, etwas weniger kritisch mit sich umzugehen.

Studieren ist heute ein Job, der von Ihnen täglich ein absolut anspruchsvolles Selbstmanagement fordert. Das ist nicht nur das Zeitmanagement, wann machen Sie was und wie strukturieren Sie den Tag. Vielleicht haben Sie noch einen Job neben dem Studium, vielleicht sind die geforderten Studienleistungen an sich schon herausfordernd und erfordern Priorisierungen, deren Risiken getragen und ausgehalten werden müssen. Auf jeden Fall muss es Ihnen gelingen, Konzentration und Anstrengung einerseits und Spaß und Entspannung andererseits irgendwie auszubalancieren. Niemand kann den ganzen Tag oder sogar über Wochen voll konzentriert sein, vor allem wenn es trockene Studienkost zu verdauen gilt.

Das allein stellt ja schon hohe Ansprüche an die Selbstdisziplin. Wirklich herausfordernd wird es, wenn Studium und Ablenkung nur einen Klick voneinander entfernt sind. Vielleicht kennen Sie den abendlichen „Morgen-fange-ich-wirklich-an“-Vorsatz, der sich ziemlich folgenlos am nächsten Tag in den Verführungen von WhatsApp, Netflix oder Youtube auflöst und lediglich in einen neuen Vorsatz für morgen mündet. Frühere Generationen hatten es da ohne diese „selbstsamen Attraktoren“ etwas einfacher. Doch ohne Smartphones, Tablets und Computer geht es nicht, sind sie doch auch die wichtigsten Studiengeräte. Die Herausforderung ist, den Verführungen der Attraktoren zu widerstehen.

Wenn es etwas im studentischen Leben gibt, was stärkt, Spaß macht und hilft, Frust zu überwinden und Unangenehmes zu ertragen, dann ist es Gespräch, jemanden kennlernen und zusammen sein mit anderen Studierenden. Geteiltes Leid ist halbes Leid und Tipps und Anregungen gibt es noch obendrauf. Doch die Gespräche über Studienprobleme sind durch die Hochglanz-Selbstdarstellungs-Welt auf Social-Media-Plattformen schwerer geworden. Die eigenen Schwächen sind zwar für uns selbst unübersehbar riesig, aber im sozialen Wettbewerb wenig hip und like-verdächtig. Die Vermutung, dass die anderen alles viel besser auf die Reihe kriegen als man selbst, wird im WhatsApp-Trommelfeuer zur Gewissheit: Die anderen haben immer schon mit der Prüfungsvorbereitung angefangen, schaffen es, sich vom Handy nicht ablenken zu lassen, verstehen und behalten Textinhalte beim ersten Lesen, sind hoch motiviert, von keinerlei Selbstzweifel geplagt und sind vor allem in und werden bewundert.

Dazu kommt der Umgang mit den eigenen Ansprüchen, manchmal auch denjenigen von anderen, z. B. Eltern oder Lehrenden. Ansprüche sind zwar ein wichtiger Motivationsfaktor, aber sie können auch zu hoch oder zu ausnahmslos sein, was im Vorfeld von Prüfungen schwer einzuschätzen ist. Auf jeden Fall sorgen sie für den ganz normalen Prüfungsstress. Zusätzlich angefacht wird er durch langfristigere Befürchtungen, wie zum Beispiel die Vorstellung, sich mit einem weniger guten Studienabschluss, die Zukunft zu verbauen oder durch ein Verlängerungssemester, Geld- oder Karrierechancen zu verpassen.

Und dann Corona: Das stille Kämmerlein wird zum Hörsaal. Keine Real-Life-Treffen, kein Kennenlernen, kein zusammen Lernen, kein Austausch. Der Einsamkeit ist schwer zu entkommen. Die Digitalisierung macht Studieren zwar möglich, aber langweiliger und für viele schwieriger. Selbstdisziplin und persönliches Zeitmanagement werden noch mehr auf die Probe gestellt. Vorlesungen, die rund um die Uhr online sind, haben zweifellos große Vorteile, müssen allerdings auch nie jetzt, sondern können immer auch später gehört werden. Und später heißt oft genug verkürzt, zwischen Tür und Angel, nachts oder gar nicht. Und Online-Seminare, bei denen man die eigene Präsenz in Form von Mikro und Kamera abschalten kann, laden ein, auch den Geist abzuschalten und sich mit weniger Anstrengendem zu beschäftigen.

Die in den 1980er-Jahren bekannt gewordene Begrüßung eines Radiomoderators zur Mittagszeit „Guten Tag, meine Damen und Herren, guten Morgen, liebe Studenten", trifft heute sicher nicht mehr die Realität des studentischen Lebens. Wenn Sie selbst schon bemerkt haben, wie wenig lustig das Studierendenleben ist, so können Sie sich in guter Gesellschaft fühlen, wie wissenschaftliche Studien zeigen. Eine breit angelegte Studie der AOK von 2016 zum Stress bei Studierenden belegt, dass der durchschnittliche Stresslevel bei Studierenden sogar höher ist als in der Normalbevölkerung.[1] Und eine Umfrage der Techniker Krankenkasse von 2017 bestätigt, dass sich in Deutschland rund die Hälfte der Studierenden „extrem angestrengt" fühlt und unter stressbedingter Erschöpfung leidet.[2] Die Belastungen der Studierenden in der Pandemie sind natürlich auch nicht kleiner geworden. Beispielsweise zeigt eine Studie, die 2021 an der Fakultät für angewandte Sozialwissenschaften der Hochschule München durchgeführt wurde, dass vor allem soziale Kontakte vermisst werden, was einer der Gründe zu sein scheint, dass bei knapp der Hälfte der Studierenden eine erhöhte Depressivität festgestellt wurde und sich der Gesundheitszustand Studierender gegenüber 2020 um ca. 13 Prozent verschlechtert hat.[3]

Wenn Sie also Ihr Studium trotz Leistungsdruck, Prüfungsstress, hohen Ansprüchen, Motivationskrisen, Zweifel an Studienwahl und Leistungsfähigkeit, Einsamkeit, Misserfolgen, Aufschieberitis, falschen Prioritäten, Selbstzweifel, finanziellen Engpässen, die Liste lässt sich problemlos verlängern, einigermaßen auf die Reihe

1 Herbst, U.; Voeth, M.; Eidhoff, A.T.; Müller, M.; Stief, S. (2016): Studierendenstress in Deutschland – eine empirische Untersuchung.

2 Grützmacher, J.; Gusy, B.; Lesener, T.; Sudheimer, S.; Willige, J. (2018): Gesundheit Studierender in Deutschland 2017.

3 Franke, G.H., Petrowski, K., Gosch, A. & Jagla-Franke, M. (2021). Studieren unter Covid-19: Gesundheit, Belastungen und Ressourcen studentischer Fachgruppen im Jahr 2021.

bekommen, ohne in die Knie zu gehen, krank oder depressiv zu werden, dann haben Sie meine volle Hochachtung. Ich hoffe, Sie können sie auch für sich selbst empfinden. Die eigene Leistung anzuerkennen und zu würdigen, bedeutet nicht, dass das Leben und Lernen nicht noch besser sein könnten, z. B. mit etwas besseren Noten, mehr Motivation, Zufriedenheit, Ausgeglichenheit, Zuversicht und etwas weniger Stress.

Wenn Sie Ihr Studium nicht so gut auf die Reihe kriegen, dann hoffe ich, dass Sie sich angesichts der genannten Herausforderungen wenigstens Verständnis, vielleicht sogar etwas Mitgefühl entgegenbringen können. Mein Mitgefühl haben Sie auf jeden Fall. Ich bin zwar kein Student mehr, aber selbständig und viele Fallstricke, über die Sie im Studium stolpern können, kenne ich als Selbständiger auch sehr gut. In puncto Selbstmanagement sind wir Kollegen. Ich bin auch schon oft genug über meistens selbstgespannte Stricke gestolpert und gefallen. Ich habe aber auch immer wieder erlebt, dass ich aufstehen kann. Ich traue Ihnen das genauso zu. Denn ich bin überzeugt davon, dass alles in Ihnen steckt, was Sie brauchen, um aufzustehen und Ihr Studium erfolgreich zu bewältigen.

Dieses Buch hat nur ein Ziel: Ihnen einen Weg zu zeigen, wie Sie Ihre eigenen, manchmal versteckten Ressourcen entdecken, freilegen, entwickeln und fruchtbar machen können. Das ist der Weg der Achtsamkeit. Ich habe bei mir selbst und bei vielen anderen, auch bei Studierenden, die ich in meinen Kursen kennengelernt habe, erlebt, wie stark sich Menschen verändern, froher, freundlicher und mental fitter werden können und sich selbst damit überraschen, wie sie Widerstände überwinden können, die sie als unüberwindbar angesehen haben.

Bevor ich Ihnen etwas dazu erzähle, was Achtsamkeit ist, wie wir ticken und wie Achtsamkeit in unser inneres Funktionieren eingreift, stelle ich Ihnen zuerst vor, wie dieses Buch aufgebaut ist, was Sie von ihm erwarten können und was nicht, wie Sie mit dem Buch umgehen können und wie Sie sich mit ihm und im Idealfall zusammen mit ein paar Gleichgesinnten auf den Weg machen können. Diese Informationen können Ihnen entscheiden helfen, ob es sich für Sie lohnt, dem Buch Ihre kostbarsten Ressourcen, nämlich Ihre Zeit und Ihre Aufmerksamkeit zu schenken und sich auf das Trainingsprogramm einzulassen.

Wenn Sie den Eindruck haben, dass das Programm im Moment nichts für Sie ist, legen Sie das Buch einfach weg, ohne Reue oder das Gefühl, etwas zu verpassen. Sie können darauf vertrauen, es gibt viele Wege nach Rom. Am schnellsten und am zuverlässigsten kommen Sie dort an, wenn Sie den Weg gehen, der Sie anspricht und zu Ihnen passt. Das muss nicht Achtsamkeit sein. Ein Umzug, Yoga, neue Freundschaften, ein Instrument lernen, einem Sportverein beitreten oder ein anderes Buch können Sie auch nach Rom bringen.

Aufbau des Buches

Der erste Teil des Buches ist so etwas wie der Theorieteil, der Ihnen helfen soll, nicht nur sich selbst besser zu verstehen, sondern auch den Aufbau des Trainingsprogramms, das ich im zweiten Teil vorstelle, verständlicher und nachvollziehbarer zu machen.

Im **Theorieteil** skizziere ich zuerst ein zeitgemäßes, d. h. insbesondere von den Neurowissenschaften geprägtes Bild davon, wie wir innerlich ticken. Dabei geht es unter anderem um Fragen wie: Was bedeutet eigentlich lernen für uns als Menschen? Wie lernen wir etwas und welche Rolle spielt dabei die Stressreaktion? Warum ist die Entwicklung von Gewohnheiten und Automatismen so wichtig und welche Nachteile haben sie für uns? Mir geht es in diesem Kapitel nicht um eine wissenschaftliche Abhandlung mit vielen Fußnoten, einer Menge zitierter Literatur und der detaillierten Beschreibung hochkomplexer physiologischer, biochemischer und neuronaler Prozesse. Mir geht es darum, anhand erfahrungsnaher Beispiele ein Bild von uns Menschen zu vermitteln, das Ihnen helfen kann, sich selbst etwas mehr Verständnis, Wohlwollen und vielleicht auch Mitgefühl entgegenzubringen, wenn Sie wieder mal nicht so denken, fühlen und handeln, wie Sie es gerne tun würden. Ich wäre froh, wenn diese Absicht die Experten aus den verschiedenen Disziplinen versöhnlich stimmen könnte, wenn ich ihre wissenschaftlichen Erkenntnisse und Modelle verkürze und vereinfache.

Auf der Grundlage dieser Skizze, wie wir innerlich funktionieren, führe ich im nächsten Kapitel das Konzept der Achtsamkeit ein. Sie ist eine bestimmte Art der bewussten Aufmerksamkeit, die tief in unser automatisches Funktionieren eingreift und durch Meditation trainiert werden kann.

Zum Schluss des Kapitels gehe ich auf den Haken ein, mit dem sich alle auseinandersetzen müssen, die von Achtsamkeit profitieren möchten: das Training. Achtsamkeit wirkt nur, wenn sie praktiziert und trainiert wird. Was für die körperliche Fitness selbstverständlich ist, wird in mentalen Zusammenhängen gerne übersehen.

Das tiefe Eingreifen von Achtsamkeit in das innere Funktionieren des Menschen bietet eine Erklärung dafür, dass Achtsamkeit vielfältig wirkt und viele Aspekte des menschlichen Lebens positiv beeinflussen kann. Im folgenden Kapitel stelle ich die breite wissenschaftliche Wirksamkeitsforschung zu Achtsamkeit summarisch und anhand einiger ausgewählter Studien vor und gehe kurz auf den gegenwärtigen Achtsamkeits-Boom ein. Denn nicht zuletzt aufgrund der nachgewiesenen Wirksamkeit sind Achtsamkeit und Meditation heute in der Mitte der Gesellschaft angekommen.

Im letzten Kapitel des Theorieteils weite ich den Fokus aus vom Individuum auf die Gesellschaft und die Welt. Achtsamkeit hat auch einen genuin ethischen Impetus, der in einer notwendigerweise freundlichen Haltung gegenüber sich selbst und anderen wurzelt. Deshalb glaube ich, dass Achtsamkeit eine große Chance nicht nur für Einzelne, sondern für die ganze Gesellschaft ist. Sie kann Transformationen in unserer aller Köpfen und vielleicht auch in Ihrem Kopf beschleunigen, die notwendig sind, um die drängenden globalen Herausforderungen zu meistern und heute eine Zukunft zu bahnen, in der Sie noch leben möchten. Mit alten Vorstellungen und Denkmustern im Kopf wird das nicht klappen. Denn klar ist, dass Sie als Gestaltende Ihrer Zukunft politische, wirtschaftliche und soziale Transformationen „auf die Straße bringen“ müssen, ähnlich disruptiv wie die Transformationen der Natur, deren Kraft wir in der Pandemie oder bei Überschwemmungen wie in Ahrweiler kennengelernt haben oder die Transformationen des Zusammenlebens, die der Ukrainekrieg fordert.

Im zweiten Teil des Buches stelle ich das **Trainingsprogramm** vor. Das strukturierte und aufeinander aufbauende Trainingsvorgehen orientiert sich am Ablauf eines Semesters. Es dauert elf Wochen und umfasst zwölf Trainingseinheiten.

Die **ersten vier Trainingseinheiten** des Programms sind dem Kennenlernen gewidmet, nicht nur von Achtsamkeit, sondern auch von eigenen Stärken und Ressourcen. Ziel der ersten Wochen ist es, eine verlässliche Grundlage für das weitere Training zu schaffen, unter anderem durch die Entwicklung einer möglichst stabilen Meditationsroutine, die während des ganzen Programms beibehalten werden sollte. Diese Grundlage könnte man vergleichen mit der Grundkondition im Sport, die ja auch immer mittrainiert werden muss.

In den **zweiten vier Trainingseinheiten** stehen das Finden, Durchführen und Auswerten eines Selbstführungsexperiments im Zentrum. Das Experiment besteht darin, etwas im normalen Studienalltag zu verändern, was eine positive Wirkung auf das Studium haben könnte, z. B. alle Smartphone-Nachrichten für drei Stunden am Tag zu unterdrücken, um sich nicht ablenken zu lassen oder bestimmte Lerntätigkeiten tatsächlich anzupacken und nicht mehr aufzuschieben.

In den **dritten vier Trainingseinheiten** geht es um den Umgang mit Prüfungen oder Klausuren, den Blick in die Zukunft sowie das persönliche Fazit aus dem Trainingsprogramm.

Für die Durchführung des Trainingsprogramms werden Medien und Materialien über die Links und QR-Codes auch online als Datei zur Verfügung gestellt:

- schriftliche und Audio-Meditationsanleitungen,
- ein Lerntagebuch mit wöchentlichen Selbstreflexionsfragen,
- FAQ, insbesondere zum Umgang und zur Einordnung von Meditationserfahrungen

Alle Trainingsmaterialien und die Downloadmöglichkeiten finden Sie gesammelt im Anhang des Buches.

Umgang mit dem Buch

Es gibt viele Arten, ein Buch zu lesen. Jede hat ihre eigenen Vor- und Nachteile. Dazu kommt, dass wir alle Vorlieben und Absichten haben, mit Büchern umzugehen, die zu verschiedenen Zeiten sehr unterschiedlich sein können. Manchmal wollen wir uns nur die Rosinen rauspicken. Manchmal überfliegen wir den Text, weil wir ein Buch möglichst schnell von der To-Do-Liste streichen möchten. Ein anderes Mal suchen wir den stringenten Argumentations- oder Handlungsstrang und halten Ausschau nach Bestätigung oder hoffen im Gegenteil auf neue Ideen und Impulse und nicht selten wollen wir alles gleichzeitig. Und manchmal wissen wir selbst nicht, warum wir ein Buch in die Hand nehmen. Alles kein Problem. Aus meiner Sicht können Sie mit diesem Buch nicht unangemessen umgehen. Fühlen Sie sich also frei, das Buch so zu lesen, wie sie es jetzt gerade möchten: Satz für Satz, mal hier mal dort, in „ICE-Manier“, d. h. in geänderter Kapitelreihung, mit, ohne oder punktueller Trainingsteilnahme, mit einem eher intellektuellen oder einem eher skeptischen „Schauen-wir-mal-Interesse“.
Für diejenigen, die dieses Buch lesen, weil sie sich davon entlastende und fruchtbare Veränderungen in ihrem studentischen Leben versprechen und deshalb auch bereit sind, sich ernsthaft und engagiert auf das Trainingsprogramm einzulassen, für diejenigen, die ihren Leidensdruck verringern möchten, gebe ich jetzt ein paar Tipps zur Durchführung des Trainingsprogramms.

- Beginnen Sie das Training zum Semesterbeginn. Die Abfolge der Trainingsthemen ist auf die Phasen eines Semesters abgestimmt.
- Sie können das Trainingsprogramm alleine absolvieren. Der große Vorteil ist, dass Sie keine Terminabstimmungen brauchen und ihre Trainingszeiten frei einteilen können. Der Nachteil ist, dass Rückschläge, zu hohe Erwartungen, unangemessene Selbstkritik, Zweifel, Ungeduld eine zu strenge oder

zu lasche Selbstdisziplin Ihre Trainingsmotivation untergraben können.

- Deshalb empfehle ich Ihnen, eine Lerngruppe von 2 bis 6 Personen zu suchen oder zusammenzustellen, die das Trainingsprogramm gemeinsam durchspielen. Der große Vorteil ist, dass sich die Gruppenmitglieder gegenseitig motivieren, sich über Fragen und Erfahrungen austauschen und sich gegenseitig befruchten und entlasten können. Dadurch entsteht ganz automatisch eine tiefere Verbundenheit untereinander, was wiederum die Motivation jedes Gruppenmitglieds stärkt, das Training weiterzumachen. Zudem schaffen gemeinsame, regelmäßige Sitzungs- oder Trainingszeiten einen Kontext, der schnell stabil und verbindlich wird.

Die Treffen von Lerngruppen können ohne Qualitätseinbußen problemlos als Videochat durchgeführt werden. Dank Corona sind Onlinetreffen, z. B. über Skype, Zoom oder WhatsApp ja für viele Studienalltag geworden. Besondere Räumlichkeiten zum Treffen sind nicht nötig und die Entfernung der Lerngruppenmitglieder spielt keine Rolle, so dass Studierende von unterschiedlichen Hochschulen und aus verschiedenen Städten zusammen lernen können.

Der Nachteil von Lerngruppen ist, dass die Terminabstimmung schwierig sein kann und Krisen und Konflikte die Lerngruppe belasten können. Aber auch diese Nachteile können Anlass für wichtige Lernschritte und mentale Veränderungen sein.

Theorieteil: Grundlagen zu Achtsamkeit

Wie ticken wir eigentlich? Bedürfnisse, Autopilot, Stress, Neuroplastizität

Bedürfnisse

Fangen wir ganz am Anfang an. Wir sind Lebewesen, genauer: Tiere, genauer: Säugetiere der Gattung Homo sapiens. Wir sind ziemlich intelligent und sprachbegabt, aber eigentlich nicht mehr als eine der unzähligen Spezies, die die Natur hervorgebracht hat und von denen die meisten schon wieder verschwunden sind. Die Gattung Homo sapiens macht aber im Moment gerade ziemlich viel Aufhebens auf der Erde und von sich. Ihre Angehörigen vergessen nämlich gern, dass sie Teil der Natur und nicht ihre Herrscher sind.

Würde man die Evolution des Lebens, die jetzt ca. 3,5 Milliarden Jahre andauert, auf die 24 Stunden eines Tages umrechnen, so tauchten wir Menschen ca. 2 Minuten vor Mitternacht auf der Erde auf. Und die wissenschaftlichen Erkenntnisse und die technischen Errungenschaften der letzten 200 Jahre, die uns suggerieren, dass wir die Erde doch irgendwie beherrschen könnten, hätten sich in einem Zeitraum von einigen Nanosekunden abgespielt.

Es gibt also keinen Grund überheblich zu werden und unseren Stammbaum gering zu schätzen, dem wir unser Leben verdanken. Denn wir werden es auch in Zukunft nicht schaffen, aus uns *keine* Lebewesen zu machen oder uns vom Leben, das in uns pulsiert, zu emanzipieren oder sogar zu lösen. Wir werden immer Teil des Lebens sein. Als solches sind wir genauso wie Einzeller, Gottesanbeterinnen oder Stallhasen darauf angewiesen, nicht getötet zu werden und kontinuierlich Energie und Nahrung aus unserer Umwelt auf unterschiedliche Arten zu gewinnen, wie beim Atmen oder Essen.

Wenn es überhaupt etwas gibt, was uns als Spezies gegenüber unseren nah oder fern verwandten Mitgeschöpfen auf der Erde auszeichnet, so ist es die Tatsache, dass wir vielleicht schneller gelernt haben, vielfältiger, flexibler und differenzierter mit Unseresgleichen zu kooperieren und dafür auch eine spezielle Technik, die Sprache, entwickelt haben. Vermutlich war der Kooperationsvorteil so deutlich, dass die Evolution dafür gesorgt hat, dass das Soziale im Menschenleben einen mindestens so hohen Stellenwert bekommt wie Sauerstoff oder Kohlenhydrate.

Wenn ich mich frage, wie die Evolution dafür gesorgt hat, dass wir das, was wirklich wichtig ist für unser Leben, auch bekommen und dass wir motiviert sind, dafür zu sorgen, es zu bekommen, so fällt mir der Begriff Grundbedürfnisse ein. Für mich ist dies ein Sammelbegriff für tief verankerte Handlungs- oder Verhaltensmotivationen, die uns durch teilweise sehr starke Emotionen und Gefühle auf Trab halten. Grundbedürfnisse sind gewissermaßen „aufgeweichte" Instinkte, die viel Raum für individuelles, erlerntes Verhalten lassen, das uns das bringen soll, was wir im Leben, für unsere Zufriedenheit und fürs Überleben brauchen. Das meiste, vielleicht sogar alles, was wir denken und tun hat letztlich seinen Ursprung in Bedürfnissen, die bei uns Menschen nicht nur körperlicher, sondern auch psychischer und sozialer Art sind.

Es gibt unterschiedliche Ansätze, unsere Grundbedürfnisse zu strukturieren. Die folgende ist inspiriert von den Strukturierungsmodellen von Paul Gilbert[4], Klaus Grawe[5] und der Salutogenese von Aaron Antonovsky [6].

4 Gilbert, Paul (2011): Mitgefühl: Wie wir Mitgefühl nutzen können, um Glück und Selbstakzeptanz zu entwickeln.

5 Grawe, Klaus (2004): Neuropsychotherapie.

6 Antonovsky, Aaron (1997): Salutogenese.

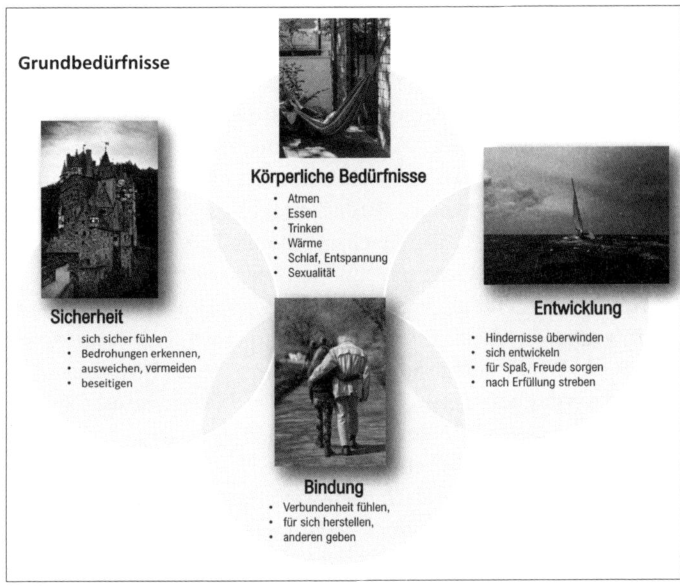

Abbildung 1: Grundbedürfnisse

Da gibt es zuerst die *körperlichen Grundbedürfnisse*. Vielleicht abgesehen vom Schlaf- und Entspannungsbedürfnis, sind sie für uns hier in Westeuropa meistens leicht zu befriedigen. Aber wer schon mal richtigen Hunger, Durst oder Atemnot erlebt hat, hat eine Ahnung davon bekommen können, wie unabweisbar körperliche Grundbedürfnisse sind. Das sollten wir im Hinterkopf behalten, wenn es um unsere psychischen Grundbedürfnisse geht. Wenn sie den Namen verdienen, sind sie genauso wenig abweisbar.

Das *Sicherheitsbedürfnis* ist uns vermutlich allen gut vertraut. Wenn nicht, denken Sie mal darüber nach, wie viele Ihrer Verhaltensweisen darauf ausgerichtet sind, Risiken zu vermeiden, planvoll Situationen zu umschiffen, in denen Sie sich machtlos fühlen und möglichst schon im Vorfeld Umstände zu schaffen, die ihre Handlungsfreiheit auch in Zukunft nicht beeinträchtigen. Oder machen Sie sich bewusst, wie es Ihnen geht, wenn Sie erleben, dass Sie ohnmächtig sind und Umstände oder Menschen nicht so beeinflussen können, dass Sie sich nicht bedroht fühlen oder nicht verletzt werden. Wenn es nur nach unserem Sicherheitsbedürfnis ginge, würden wir keinerlei Risiken eingehen und in unserer Komfortzone ein ziemlich langweiliges, aber paradoxerweise sehr gefährliches Leben führen. Wir wären nämlich sehr schlecht auf die Bewältigung von neuen Herausforderungen vorbereitet, die uns ja dauernd frei Haus geliefert werden, egal ob es Software-Abstürze, das Zerbrechen einer Partnerschaft oder die Erderwärmung ist.

Damit wir „von Hause aus“ auf den Umgang mit Neuem besser vorbereitet sind, haben wir als Antagonismus zum Sicherheitsbedürfnis auch das *Bedürfnis nach Entwicklung und Erfüllung (Spaß)* mit in die Wiege gelegt bekommen. Ohne dieses Bedürfnis, hätten wir vermutlich weder krabbeln noch laufen gelernt. Sie können es immer wieder in Ihrem Alltag am Werk sehen. Möchten Sie nicht auch etwas erreichen, dazulernen, Neues entdecken, bisher unbetretene Gebiete erobern, sich weiterentwickeln, sich herausfordern, sich beweisen, indem sie Hindernisse überwinden, nicht zuletzt, um noch mehr Freude und Erfüllung im Leben zu finden. Und was tun wir nicht alles, um Spaß zu haben.

Und dann gibt es das Bindungsbedürfnis, ein lange übersehenes oder zumindest unterschätztes Bedürfnis, das sich gerade anschickt, unser Menschenbild zu verändern[7]. Vermutlich sind wir dank unseres Bedürfnisses nach vertrauensvollen, verlässlichen Beziehungen viel weniger egoistisch als uns die Werte der globalen Marktwirtschaft suggerieren. Denn wir haben nicht nur das Bedürfnis, dazuzugehören, von anderen geliebt, wertgeschätzt und anerkannt zu werden, wofür wir ja auch einiges tun, sondern wir haben auch Spaß und Freude daran, andere wertzuschätzen, sie zu unterstützen, ihnen zu helfen. Dieses Bedürfnis andere zu unterstützen bezieht sich nicht nur auf unsere nächste Verwandtschaft und Bekanntschaft, sondern offensichtlich auch auf fremde Personen, wie die Spenden- und Hilfsbereitschaft zeigt.[8] Die Freude daran, in Beziehung mit anderen zu sein und nicht nur Gutes

7 Bergman, Rudger (2021): Im Grunde gut.

8 Deutscher Spenderat e. V.: Bilanz des Helfens 2021.

von ihnen für uns zu wollen, sondern ihnen auch Gutes zu tun, sie zu unterstützen, sie zu fördern und sich mit ihnen zu verbinden, um gemeinsam etwas Gutes und für alle Sinnvolles auf die Beine zu stellen, ist aus meiner Sicht einer der wichtigsten Ressourcen, um unsere globalen Herausforderungen zu meistern. Denn das geht nur gemeinsam, was uns der Corona-Virus mit seinen Mutationen deutlich vor Augen geführt hat. Meine Zuversicht, dass wir das hinbekommen können, wird auch dadurch gestärkt, dass selbst in der Wirtschaft die alleinige Orientierung am individuellen Profit Brüche bekommt. Initiativen wie die Gemeinwohlbilanz oder die Gründung von Purpose Unternehmen zeigen, dass andere Bedürfnisse als sinnstiftend für unternehmerisches Handeln entdeckt werden.

Das Vorstehende sollte Ihnen eine Idee davon vermitteln, dass Ihr Verhalten letztlich immer irgendwie mit Ihren Grundbedürfnissen zusammenhängt und dass diese letztlich darauf ausgerichtet sind, Ihr Leben und Ihr Zusammenleben mit anderen zu erhalten und zu fördern. Soweit so gut. Damit sind aber die Herausforderungen, die uns die Grundbedürfnisse mit auf den Lebensweg gegeben haben, noch nicht benannt.

Grundbedürfnisse sind nicht ersetzbar und konkurrieren miteinander.

Vermutlich haben Sie es schon gemerkt: Die Welt ist nicht so, dass wir unsere Bedürfnisse so einfach befriedigt bekommen, auch wenn wir uns noch so sehr anstrengen. Täglich erleben wir, dass immer irgendwelche Wünsche offenbleiben oder etwas schmerzt. Manchmal versuchen wir ein ungestilltes Bedürfnis dadurch zu beschwichtigen, dass wir ein anderes Bedürfnis im Übermaß befriedigen. Das klappt aber bestenfalls kurzfristig: Einsamkeit (Bindungsbedürfnis) lässt sich nicht wegfuttern (Bedürfnis nach Nahrung). Prüfungsangst (Sicherheits- oder Entwicklungsbedürfnis) lässt sich nicht in Alkohol ertränken (Bedürfnis nach Entspannung). Große Studienerfolge (Entwicklungsbedürfnis) lindern keine Beziehungskonflikte (Bindungsbedürfnis). Ein aufregendes

Nachtleben (Bedürfnis nach Spaß und Erfüllung) ersetzt nicht das Schlaf- und Entspannungsbedürfnis.

Verschiedene Bedürfnisse stehen oft auch untereinander in Konflikt, zum Beispiel der Spaß am Internetsurfen mit dem Wunsch, eine gute Klausurnote zu bekommen, das Bedürfnis nach Ruhe mit dem Wunsch, sich mit Freunden zu treffen, die Angst vor Blamage mit dem Wunsch, sich zu zeigen und bewundert zu werden. Wir treffen zigmal am Tag Entscheidungen, die eher dem einen als dem anderen Bedürfnis zugutekommen. Meistens sind uns unsere Entscheidungen nicht bewusst. Das ist auch kein Problem, solange diese unbewussten Entscheidungen nicht dazu führen, dass bestimmte Bedürfnisse systematisch vernachlässigt werden.

Wie das gehen kann und wie überhaupt unser Verhalten auf unsere Grundbedürfnisse bezogen ist, möchte ich Ihnen an einem Beispiel aus meinem eigenen Leben veranschaulichen. Meine Eltern haben beide nach dem Krieg Hunger gelitten. Dementsprechend wichtig war es ihnen, die Bedeutung von Essen auch ihren Kindern beizubringen. Das haben sie, wie es in den 1960er Jahren in vielen Familien üblich war, auf eine einfache und etwas ruppige Art getan, nämlich durch die Regel: Was du auf dem Teller hast, wird gegessen. Diese Regel konnte meine Mutter „handfest" durchsetzen. Stellen Sie sich nun folgende Situation vor: Der kleine Helmut sitzt beim Mittagstisch vor einem Teller, der noch nicht leer ist. Er ist eigentlich schon satt (körperliches Bedürfnis) und dazu kommt, dass das Essen ihm auch nicht sonderlich schmeckt (Bedürfnis nach Erfüllung, Spaß). Alles gute Gründe, nicht weiter zu essen. Aber die erwartbaren Sanktionen (Sicherheitsbedürfnis) und die folgenden Beziehungsschwierigkeiten mit meiner Mutter (Bindungsbedürfnis) sind eher Gründe, alles aufzuessen. Was tut nun ein kleiner Junge in diesem Dilemma. Er muss auf jeden Fall irgendwie reagieren. Wie hätten Sie reagiert? Ich habe jedenfalls den Teller leer gegessen. Dadurch habe ich zwar zwei meiner Grundbedürfnisse verletzt, aber das war deutlich weniger schlimm, als die beiden anderen zu verletzen und einen Krach mit meiner Mutter zu riskieren. So gesehen, war es eine akzeptable Lösung in diesem inneren Bedürfniskonflikt. Wie wir heute wissen, werden solche Lösungen auf der physiologischen Ebene mit Glückshormonen, sogenannten Endorphinen, belohnt, die uns die Entspannung, die mit der Lösung einhergeht, spürbar machen. Das führt dazu, dass uns diese Lösung eher wieder einfällt, wenn wir in eine ähnliche Situation kommen.

Natürlich ist diese Situation am Mittagstisch wieder aufgetreten. Und beim zweiten Mal ist die Entscheidung, den Teller leer zu essen, schon schneller da und mit jedem weiteren Mal wird die Entscheidung leichter, normaler und gleichzeitig unbewusster. Dadurch schwindet mit der Zeit die Chance, in ähnlichen Situationen anders zu reagieren, als den Teller leer zu essen.

Und irgendwann ist das Verhalten automatisiert und hat sich zu einem eigenständigen persönlichen Bedürfnis entwickelt, den Teller leer zu essen, vollkommen unabhängig vom Kontext. Heute habe ich immer noch Mühe, etwas auf dem Teller zu lassen, auch wenn niemand da ist, der das fordert und sanktioniert. Auch wenn ich um diese Prozesse weiß und ich mir bewusst bin, wie gut es mir tut, nicht über meinen Hunger zu essen, ruft es immer noch ein ungutes Gefühl hervor, etwas auf dem Teller zu lassen. Wie stark und hartnäckig solche Automatismen sind, verblüfft mich immer wieder.

Autopilot

Dieses Beispiel kann Ihnen helfen, sich vorzustellen, wie wir so oder so ähnlich von Kindesbeinen an lernen, mit der Welt und mit den Menschen um uns herum so umzugehen, dass möglichst wenige unserer Bedürfnisse verletzt und möglichst viele befriedigt werden. Und alles, was funktioniert, wird automatisiert. Am Anfang der Lerngeschichte steht ein Verhalten, das wir in einer bestimmten Situation neu entwickeln. Wenn dieses Verhalten eine positive Wirkung zeigt – wir bekommen das, was wir wollen, vermeiden das, was wir nicht wollen oder lösen oder entschärfen einen Konflikt –, behalten wir das Verhalten und die Art der Situation, in der es nützlich war, im Gedächtnis. Dadurch steigt die Wahrscheinlichkeit, dass wir in einer ähnlichen Situation das schon einmal erfolgreiche Verhalten wieder abrufen. Je häufiger wir das Verhalten wiederholen, umso stabiler, schneller, verlässlicher und vor allem automatischer wird es aktiviert.

Diese Tendenz zur Automatisierung hat zwei große Vorteile. Wir reduzieren kognitive und emotionale Anstrengungen, die mit einer genaueren Wahrnehmung einer Situation, der Einschätzung ihrer Chancen und Risiken und dem Finden eines bedürfnisbefriedigenden Verhaltens verbunden sind. Und unsere Reaktionen und Verhaltensweisen werden schneller und anstrengungsloser. So sparen wir Kraft und Energie und können unsere Aufmerksamkeit auf andere Dinge richten, die interessanter oder vielleicht gefährlicher sind.

Über solche Lern- und Automatisierungsprozesse entwickeln wir im Laufe unseres Lebens im Zusammenspiel zwischen unseren Bedürfnissen und der Auseinandersetzung mit der Welt, vor allem der sozialen Welt, eine Unzahl unwillkürlich ablaufender Prozesse. Sie prägen nicht nur unser Verhalten, sondern auch was wir wahrnehmen, was wir über das Wahrgenommene denken, wie wir Situationen und Menschen bewerten, was wir von ihnen erwarten, befürchten und erhoffen. Solche Automatismen prägen letztlich auch unseren Charakter und unser Selbstbild. Wer lange genug den Teller leer gegessen hat, hat dieses Verhaltensmuster so stabilisiert, dass es zu einer Charaktereigenschaft wird.

Alle diese gelernten Automatismen fasse ich unter dem Begriff Autopilot zusammen. Glücklicherweise müssen wir nicht mehr bei jedem Schritt, den wir gehen, nachdenken, wie Gehen überhaupt funktioniert, nicht jeden Buchstaben einzeln lesen, um Wörter zu verstehen, brauchen uns nicht auf die Pedale beim Autofahren zu konzentrieren, sondern können auf den Verkehr aufpassen. Dank unseres Autopiloten, können wir blitzschnell und anstrengungslos unser Verhalten an ein bestimmtes Gegenüber und eine bestimmte Situation anpassen und mit Eltern, Freunden und Freundinnen, Mitstudierenden und Dozierenden jeweils anders umgehen, ohne lange zu überlegen, welches Verhalten in einer bestimmten Situation angemessen ist.

Unser Autopilot, den wir alle in uns haben, prägt einen großen Teil unserer Lebensführung und unserer Erfahrung. Dagegen ist das, was wir den gesammelten Automatismen entgegensetzen können, ziemlich wenig, nämlich nur unsere bewusst gesteuerte Aufmerksamkeit, unseren Willen und unsere Reflexionsfähigkeit. Und die sind im Verhältnis zur Macht der Gewohnheiten auf allen Ebenen des Lebens ziemlich schwach. Wer hat das nicht schon erlebt, wie wenig Denken, Fühlen und Verhalten unserem Willen gehorcht. Das Kräfteverhältnis zwischen Autopiloten und Bewusstsein ist ziemlich ungleich. Das sollten wir nicht vergessen, wenn wir wieder mal an der Veränderung unserer Gewohnheiten gescheitert sind. Und trotzdem geht es in diesem Buch genau darum: Gewohnheiten zu verändern, die nicht mehr förderlich und unpassend geworden sind. Ein schwieriges Unterfangen, aber keine Mission Impossible.

Zum Glück, denn die Notwendigkeit, aktiv und bewusst etwas an unseren Gewohnheiten zu verändern wird immer dringlicher. Die Nachteile des Autopiloten fallen heute mehr ins Gewicht als früher, weil sich die Welt so rasant verändert wie wohl noch nie in der Menschheitsgeschichte.[9] Können Sie sich noch eine Welt ohne Internet vorstellen, ohne Smartphone und Social Media. Die kommerzielle Nutzung des Internets begann in den 1990er Jahren, das ist gerade mal 30 Jahre her. Facebook und Smartphones gibt es seit 2004. Mit jeder dieser Technologien hat sich die Welt verändert und mit jeder Veränderung werden alte Denk- und Verhaltensgewohnheiten dysfunktional. So gesehen ist es eher keine gute Nachricht, dass uns dank unseres Autopiloten ca. 95 % unserer täglichen Entscheidungen gar nicht bewusstwerden,[10] ca. 70 % unserer Gedanken die gleichen wie am Vortag sind und ca. 40 % unseres Verhaltens täglich wiederholt wird.[11]

9 Rosa, Hartmut (2005): Beschleunigung, Die Veränderung der Zeitstrukturen in der Moderne.

10 Zaltman, Gerald (2003): How Customers Think : Essential Insights into the Mind of the Market.

11 Wood, Wendy; Quinn, Jeffrey M; Kashy, Deborah A (2002): Habits in everyday life: thought, emotion, and action.

Das klingt schlimmer, als es ist. Denn die Gattung Homo sapiens ist ja so erfolgreich, weil ihre Angehörigen sich so gut anpassen, d.h. lernen und sich verändern können. Wir entwickeln im Handumdrehen neue Denk- und Verhaltensweisen und innerhalb kürzester Zeit haben wir uns an sie gewöhnt. Denken Sie an den Fernunterricht an Hochschulen. Flächendeckend gibt es ihn erst seit Ausbruch der Pandemie im Sommersemester 2020. Heute ist er als Ergänzung zu Präsenzveranstaltungen wohl auch für die Zeit nach der Pandemie nicht mehr aus dem Studium wegzudenken. Solche Lern- und Veränderungsprozesse laufen automatisch und unbewusst ab, gewissermaßen hinter unserem Rücken. Aber es sieht so aus, als würde das nicht immer reichen. Denn bei diesen automatischen Lernprozessen werden nicht alle hinderlichen Automatismen verändert oder ersetzt. Es bleiben noch genug übrig, vor allem tiefsitzende, die nicht so leicht durch neue Routinen ersetzt werden, deren Ersetzung aber äußerst hilfreich wäre.

Ein Beispiel: Wer als Kind mit Eltern zurechtkommen musste, denen es nichts recht machen konnte, wird leicht das Bild von sich entwickeln, grundsätzlich nicht zu genügen. Er wird von anderen eher Kritik und Abwertung erwarten und mit dieser Erwartungshaltung leicht auch dort Ablehnung herauslesen und erleben, wo es tatsächlich keine gibt. Eine Veränderung im Erwartungshorizont wäre nicht nur förderlich für Leistung und Wohlbefinden sondern auch realistischer. Die soziale Gegenwart ist nämlich meistens weitaus weniger von Kritik und Abwertung geprägt als es das Elternhaus war. Eine solche Veränderung ist aber gar nicht so einfach. Denn, wenn wir im Modus des Autopiloten sind, legt dies Wahrnehmung, Gedanken, Bewertungen, entsprechende Gefühle und Verhaltensweisen aufgrund unserer früheren Erfahrungen fest. Wir bekommen gar nicht mit, dass wir in einer einzigen Perspektive gefangen sind, nämlich die Dinge so zu sehen, wie wir sie gerade sehen. Das lässt uns auch selten an ihrer Wahrheit und Validität zweifeln, selbst wenn wir uns mit dieser Sichtweise irren. Wie leicht und vor allem wie überzeugt wir uns irren können, können Sie dem sehr lesenswerten Buch „Schnelles Denken, langsames Denken“ des Experimentalpsychologen und Wirtschaftsnobelpreisträger Daniel Kahnemann entnehmen.[12]

Aber glücklicherweise gibt es ja auch noch unsere bewusste Aufmerksamkeit, Willenskraft und Reflexionsfähigkeit. Dummerweise sind gerade das Fähigkeiten, die ziemlich zerbrechlich sind und uns oft genug nur eingeschränkt zur Verfügung stehen. Das hängt mit einem physiologischen Mechanismus zusammen, der so etwas wie der verlängerte Arm unserer Bedürfnisse ist und der in den letzten 40 Jahren ziemlich populär geworden ist, der Stressreaktion.

Stress

Das Wort Stress hat sich eingebürgert und wer ist heute nicht im Stress. Wenn wir im Stress sind, heißt das, dass wir ziemlich viel erledigen müssen, Termindruck haben, angespannt sind und zu wenig Zeit und Gelegenheit haben zu entspannen. Das ist aber nur ein Teil der Stressreaktion, deren wesentlichen Aspekte ich im Folgenden kurz vorstellen möchte, ohne detailliert auf die physiologischen Prozesse in unserm Körper einzugehen. Gute, lesbare und erhellende Beschreibungen der biochemischen und neuronalen Prozesse, die unsere Stressreaktion ausmachen, finden Sie zum Beispiel bei Gerald Hüther[13] oder Rick Hanson[14].

Die Stressreaktion ist ein Mechanismus, der sich schon früh in der Evolution entwickelt hat und im Grunde genommen die Funktion hat, Lebewesen dazu zu veranlassen, für ihre Bedürfnisse zu sorgen, d. h., sich Nahrung zu suchen, sich fortzupflanzen, sich zu verteidigen und Fressfeinden möglichst aus dem Weg zu gehen. Im Prinzip ist das bei uns Menschen genauso. Die Stressreaktion wird ausgelöst, damit wir etwas dafür tun, unsere Bedürfnisse zu befriedigen bzw. nicht verletzt zu bekommen. Die Stressreaktion ist also nicht schlecht, sondern lebensnotwendig, weil sie uns nicht

12 Kahnemann, Daniel (2012): Schnelles Denken, langsames Denken.

13 Hüther, Gerald (1997): Biologie der Angst, Wie aus Stress Gefühle werden.

14 Hanson, Rick (2010): Das Gehirn eines Buddha: Die angewandte Neurowissenschaft von Glück, Liebe und Weisheit.

nur kampf- und fluchtbereit, sondern auch leistungsbereit macht. Sie ist so etwas wie das Gaspedal, das uns auf Trab bringt, über das wir aber willentlich nur eingeschränkt Kontrolle haben, weil wir so wenig davon mitbekommen, wie die Betätigung des Gaspedals abläuft. Denn die wird im Wesentlichen durch Gene und Hormone, z. B. Adrenalin und Cortisol gesteuert.

Das läuft ungefähr so ab: Wir scannen permanent unsere Umwelt auf der Suche nach etwas, das es zu gewinnen gibt (Bedürfnisbefriedigung) oder etwas, was uns verletzten könnte (Bedürfnisverletzung). Bemerken wir etwas, handeln wir entsprechend. Wir packen es an und versuchen, die „Möhre“, die wir entdeckt haben, auch zu bekommen, bei Bedarf auch mit Ellenbogen, oder wir laufen weg oder kämpfen, um nicht verletzt oder sogar getötet zu werden. Soweit das Fight-and-Flight-Prinzip. Festzuhalten ist, dass am Beginn der Stressreaktion immer so etwas wie eine Bewertung der Situation steht nach dem Motto: Da müsste etwas anders sein, als es ist, weil da etwas unangenehm ist oder weil etwas angenehmer sein könnte.

Wie beim Autofahren brauchen wir natürlich auch eine Bremse, weil wir sonst schnell ausgepowert wären, was auch wieder kein guter Zustand wäre, um für sich zu sorgen. Die Bremsen heißen bei uns Schlaf und Entspannung. Und wie Sie vermutlich selbst schon erfahren haben, können wir die Bremsen auch nur sehr eingeschränkt willentlich steuern. Das Beste, was wir tun können, ist eine Situation zu schaffen, in der wir uns so zufrieden und sicher fühlen, dass wir uns einem kleinen oder großen Nickerchen überlassen können. Soviel zum Brems-Prinzip.

Bei uns Menschen funktionieren diese Mechanismen aber nicht ganz so simpel, wie bei Eidechsen oder Elefanten. Denn zu unserer Umwelt gehört nicht nur das, was wir jetzt im Moment „draußen“ bemerken, z. B. hören oder sehen und das, was wir „drinnen“ bemerken, z. B. Lust oder Schmerzen, sondern auch das, was in unserem Kopf passiert, was wir denken. Unser Geist, unsere Gedanken und unsere Sprache sind biologische Errungenschaften, die uns erlauben, aus der Gegenwart in die Zukunft oder in die Vergangenheit zu springen, uns zu erinnern und uns Ereignisse, Verhaltensweisen von uns und von anderen in der Zukunft vorzustellen. Der ungeheure evolutionäre Vorteil liegt darin, dass wir im Hier und Jetzt präventiv auf unsere Vorstellungen reagieren können. Wir können uns jetzt schon auf die befürchtete Konfrontation mit den Drachen der Zukunft wappnen und wir können jetzt schon etwas dafür tun, um die Möhren der Zukunft tatsächlich zu kriegen. So können wir Ziele verfolgen, Pläne machen, uns vorbereiten, Gefahren vermeiden und zukünftige Freuden wahrscheinlicher machen.

Deshalb macht es viel Sinn, dass für die Stressreaktion, wohlgemerkt unsere Aktivierung für Handlungen, unsere Vorstellungen, Phantasien, Hoffnungen, Befürchtungen, inneren Bilder, Pläne, Ziele usw. genauso ausschlaggebend sind wie die gegenwärtige Realität. Der Unterschied zwischen dem vorgestellten und dem tatsächlichen Versemmeln einer Prüfung ist für unser Erleben relativ klein. Einen wesentlichen, da sehr wirkungsvollen Unterschied zwischen Wirklichkeit und Phantasie gibt es allerdings. Die reale Prüfung können wir nur einmal, in Gedanken können wir sie x-mal am Tag und noch öfter in der Nacht versemmeln. Das Beispiel weist auf ein ziemlich grundsätzliches Problem hin, dass wir heutzutage mit unserer Stressreaktion haben.

Die Stressfalle

Wir haben von der Natur nur *ein* Gaspedal, *eine* Art der Stressreaktion mitbekommen. In unserer Welt wird es selten durch körperliche, sondern meist durch mentale oder psychische phantasierte oder reale Bedrohungen gedrückt, wie z. B. durch Verkehrstaus, Zeit- und Termindruck, überzogene eigene Ansprüche, Selbstkritik, Einsamkeit, Beziehungskonflikte, blöde Dozierende und Prüfungsordnungen oder das pausenlose Nachrichtentrommelfeuer auf allen digitalen Kanälen dieser Welt.

Im Gegensatz zu diesen Stressauslösern hat die Evolution die Stressreaktion ursprünglich entwickelt, um das rein körperliche Überleben zu sichern. (Zur Erinnerung: Gedanken tauchen ja erst frühestens zwei Minuten vor Mitternacht auf.) Um das zu veranschaulichen, wird die Stressreaktion beim Menschen gerne anhand der Konfrontation mit einem Säbelzahntiger illustriert. Den gibt es zwar nicht mehr, aber um deutlich zu machen, was der ursprüngliche Sinn der Stressreaktion ist, reicht auch schon ein aggressiver Hund, der blitzschnelles Reagieren erfordert.

Abbildung 2: Ein Überlebensprinzip: Je größer der Stress, desto schneller die Reaktion

Dafür ist das Großhirn, insbesondere der präfrontale Kortex, das gewissermaßen vernünftigste und gebildetste Hirnareal, mit seinen komplexen, aber dafür ziemlich langsamen Gedankengängen, Überlegungen und Abwägungen ein Klotz am Bein – und wird deshalb kurzerhand nicht mehr gefragt und bei der Reaktionsbildung einfach umgangen. Starker Stress emotionalisiert und macht unvernünftig.

Glücklicherweise gibt es solche körperlich bedrohlichen Situationen nur selten, aber der Mechanismus bei stark gedrücktem Gaspedal, den Einfluss des Großhirns auf das Verhalten zu reduzieren, funktioniert auch für weniger gefährliche Situationen. Je größer die Gefahr, eine uns wichtige Möhre nicht zu bekommen oder gedemütigt, übergangen oder körperlich verletzt zu werden, desto emotionaler, kindlicher, weil früh gelernt und oft praktiziert, oder archaischer, weil genetisch verankert, werden unsere Reaktionen. Das klingt abstrakt, aber die Symptome eines hohen Stresslevels kennen wir alle. Haben Sie nicht auch schon erlebt und vielleicht später bereut, wie laut, vorwurfsoll und aggressiv Sie plötzlich in einer Situation geworden sind und am liebsten jemand an die Gurgel gegangen wären und sei es nur dem streikenden Laptop. Auch das andere Reaktionsmuster kennen Sie vermutlich, dass Sie in einer Situation plötzlich panisch geworden sind, nicht mehr gewusst haben, was sie tun sollen und am liebsten weggelaufen wären. Vielleicht haben Sie auch schon einen Prüfungsblackout erlebt, weil Sie eine Prüfungsfrage nicht beantworten konnten. Ein solcher Blackout ist ein Paradebeispiel für das Phänomen, das die Neurowissenschaftlerin Amy Arnsten so beschreibt: „Selbst eher schwacher, akuter, unkontrollierbarer Stress kann einen schnellen und drastischen Verlust präfrontaler kognitiver Fähigkeiten bewirken."[15]

Das wichtige Wort im Zitat ist: unkontrollierbar. Ob eine phantasierte oder reale Situation dieses Label im Rahmen der automatischen Scan- und Bewertungsmechanismen verliehen bekommt, ist absolut individuell und heute anders als morgen. Einfluss darauf, wie unkontrollierbar wir Situationen einschätzen, haben unser momentaner mentaler, psychischer und körperlicher Zustand, bisherige Erfahrungen, gelernte Fähigkeiten und Kompetenzen, Meinungen, unter anderem von sich selbst, innere Haltungen wie Optimismus und Selbstvertrauen, verfügbare soziale Unterstützung, z. B. verlässliche Freunde oder Familie usw., mit anderen Worten fast alles, was uns ausmacht. Das ist der Grund, warum die gleiche Klausur bei den einen Schlafstörungen auslöst und bei anderen Wettkampfgeist entfacht und warum uns ein kritisches Wort gestern auf die Palme gebracht hat und heute einfach an uns abperlt. Hier ein einfaches Schaubild dafür, wie unser Verhalten „produziert" wird.

15 Ramos, Brian P.; Arnsten, Amy (2019): The Art of Stress-Free Living, Reprogram your Life from the Inside Out.

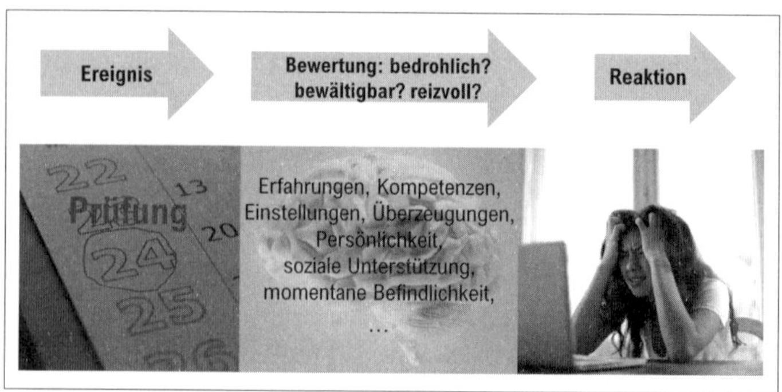

Abbildung 3: Verhalten ist durch komplexe Bewertungsprozesse bestimmt

Festzuhalten bleibt, dass die Qualität bei der Bearbeitung anspruchsvoller, komplexer Frage- und Problemstellungen in Stress- oder Drucksituationen rapide abnimmt. Ab einem bestimmten Stresslevel schwinden Differenzierungsfähigkeit, Kreativität, Reflexionsfähigkeit, Abwägung von Folgen, Urteilskraft, Aufmerksamkeit, Flexibilität, Zuhören können, Verständnis, Mitgefühl usw., alles Dinge, die Sie auch im Studium gut brauchen können.

Die zwei Seiten des Stresses

Das sollte uns aber nicht dazu verführen, die Stressreaktion als eine in unserer heutigen Lebenswelt anachronistisch gewordenen Mechanismus abzuwerten. Verdanken wir ihm ja genauso, die Motivation und Energie, überhaupt in die Gänge zu kommen, unser Großhirn anzuschalten, die Anstrengung des Denkens auf uns zu nehmen, nach neuen Lösungen zu suchen, vernünftig mit anderen zusammenzuarbeiten und alle kognitiven Kompetenzen zu aktivieren, die uns zur Verfügung stehen, um unsere Ziele zu verfolgen. Hier ein Schaubild, das verdeutlicht, wie leistungssteigernder Stress ab einer gewissen Intensität leistungshemmend wird.

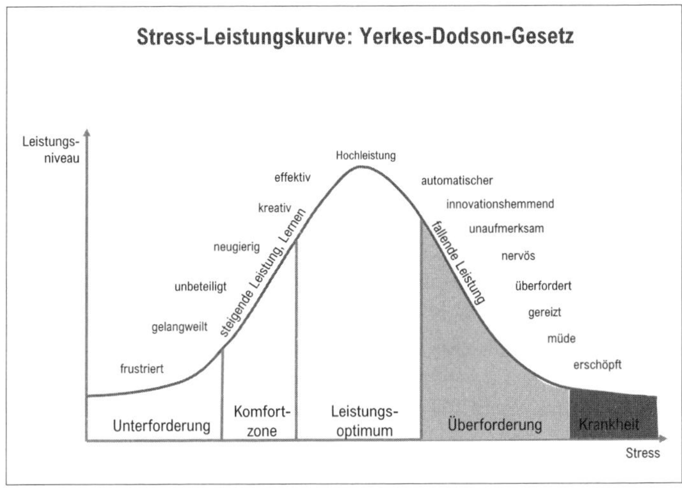

Abbildung 4: Yerkes-Dodson-Gesetz, eigene Darstellung

Das Gesetz wurde schon Anfang des 20. Jahrhunderts von den Psychologen Yerkes und Dodson entdeckt. Einfach formuliert besagt es, dass die Leistung bei sehr hohem und sehr niedrigem Stresslevel weniger gut ist, als bei einem mittleren Stresslevel.

Wie das Schaubild zeigt, sinkt nicht nur die Leistung, wenn der Stress zu groß wird, sondern wir können auch krank werden. Fahren wir zu lange mit durchgedrücktem Gaspedal, machen wir entweder einen Unfall oder der Motor geht kaputt. Ich vermute, dass tatsächlich viele Unfälle und Verletzungen letztlich durch stressbedingte Konzentrationsmängel verursacht werden. Wissenschaftlich valide bestätigt ist jedenfalls, dass viele Krankheiten, nicht nur psychische wie Burnout oder Depression, sondern auch physische, wie Herz-Kreislauf-Erkrankungen oder Rückenprobleme durch ein, über längere Zeit zu hohes Stresslevel, dem sogenannten chronischen Stress, verursacht werden.

Chronischer Stress

Da das Stressempfinden ja sehr individuell und persönlich ist, gibt es auch tausend verschiedene Gründe wie Stress chronisch werden kann. Aus meiner Sicht gibt es aber zwei große Schubladen, in die man die unterschiedlichen Gründe einsortieren kann. Die eine Sorte von Gründen ist ziemlich simpel. Es gibt im Alltag einfach zu wenig Entspannungsphasen. Vielleicht will man nichts verpassen, arbeitet noch neben dem Studium, möchte noch Spaß haben mit Freunden und knapst dafür lieber etwas vom Schlaf ab oder findet einfach keine Ruhe.

Die andere Sorte von Gründen ist etwas komplizierter. Ich nenne die Schublade „scheiternde Erfolgsstrategien". Wie ich oben ausgeführt habe, enthält unser Autopilot eine Unzahl an Gewohnheiten, Denk- und Verhaltensgewohnheiten, Erwartungen und Befürchtungen, die alle ursprünglich erfolgreiche Lösungsstrategien für Probleme waren. Wie ich an meinem Beispiel vom Teller leer essen gezeigt habe, können sie mit der Zeit dysfunktional werden, weil sie auf die veränderten Gegebenheiten nicht mehr passen. Vermutlich sind viele unserer Denk- und Verhaltensgewohnheiten nicht mehr angemessen. Aber solange das keine schlimmen Folgen hat, fällt es uns nicht auf und es gibt keinen Anlass, etwas an den Gewohnheiten zu verändern. Aber manchmal haben die dysfunktionalen Gewohnheiten unangenehme Folgen und wenn es uns dann nicht gelingt, sie zu verändern oder mit der Zeit neue Denk- und Verhaltensweisen zu entwickeln, dann sind die alten Muster immer wieder Quelle von Stress. Hier ein Beispiel, wie Sie sich die Sache vorstellen können. Wenn Sie in der Schule sozusagen als Erfolgsstrategie gelernt und durch viele erfolgreiche Wiederholungen verinnerlicht haben, dass es für gute Noten wichtig ist, alles sorgfältig zu lernen, was Sie im Unterricht durchgenommen haben bzw. was der Lehrende an Aufgaben gegeben hat, dann kann der gleiche Anspruch im Studium systematisch überfordern, wenn die Stofffülle tatsächlich nur zu bewältigen ist mit Priorisierungen und der Akzeptanz von Wissenslücken. Gelingt es nicht, eine solche Studienrealität ernst zu nehmen und eine neue Einstellung zum Studieren zu finden, so kann das Gefühl, eigentlich immer zu wenig zu lernen, sich dauernd schlecht zu fühlen, weil man es nicht schafft, mehr zu lernen, immer wieder eine Stressreaktion auslösen, das Studium vergiften und durch die entsprechenden Erwartungen auch die Prüfungsleistungen tatsächlich schmälern.

Neuroplastizität

Die gute Nachricht ist, dass wir auch solche dysfunktionalen Muster, wie wir Dinge und Menschen in unserem Umfeld bewerten und auf sie reagieren, ändern können. Damit komme ich zum letzten Punkt in diesem Kapitel, nämlich der sogenannten Neuroplastizität. Bildlich gesprochen besagt das Wort, dass wir, wie Knete, unser Hirn permanent verändern und verformen durch das, was wir wahrnehmen, worauf wir unsere Aufmerksamkeit richten und was wir denken und tun.

Dahinter steht ein einfaches neuronales Prinzip: Neurons that fire together wire together. Das bedeutet, Neuronen, auch wenn sie zu unterschiedlichen Hirnfunktionen oder Hirnbereichen gehören, aber im gleichen Moment aktiv sind und feuern, verdrahten sich miteinander, wenn die gleichzeitige Aktivierung immer wieder auftritt. Wird dann ein Neuron aktiviert, wird über die neuronale Verbindung auch das andere aktiviert. So entstehen Neuronengruppen und größere über das ganze Hirn verteilte Neuronennetzwerke. Diese neuronalen Verbindungen und Netzwerke werden umso stabiler, je häufiger sie aktiviert werden. Das ist der grundlegende Mechanismus, der dazu führt, dass sich unser Hirn in Auseinandersetzung mit unserer Umwelt, wozu ja auch unsere Gedanken und Gefühle[16] gehören, immer verändert, entweder weil bestehende neuronale Vernetzungen stabilisiert und verstärkt

16 Ich gehe davon aus, dass die geistigen Phänomene wie Sprache oder Bewusstsein durch neuronale und biochemische Prozesse hervorgebracht werden, d.h., dass es eine „neuronale Gestalt“ dieser Phänomene gibt, deren genaues Aussehen, aber wissenschaftlich wohl nicht zu bestimmen ist. Denn die wissenschaftliche Betrachtungsweise bietet ja keinen direkten Zugang zur persönlichen Erfahrung. Es bleibt die Untersuchung von Korrelationen zwischen beiden Bereichen, die aufgrund der ungeheuren Komplexität und Individualität unseres Hirns vielleicht immer vage bleiben werden.

werden oder neue Verbindungen geschaffen werden. Fazit: Unser Gehirn ist also das flexibelste und veränderbarste Organ unseres Körpers, das sich verändert solange wir leben, was dem Bild total widerspricht, dass die Neurowissenschaften noch Ende letzten Jahrhunderts vom Gehirn gezeichnet haben, nämlich als einem Organ, das im Wesentlichen mit 6 Jahren fertig ist und danach bestenfalls noch etwas Feintuning erlaubt.

Für mich ergeben sich zwei weitreichende Folgerungen aus der Neuroplastizität:

1) Wenn sich nichts verändert und gewissermaßen unser Autopilot freie Bahn hat, verändert sich unser Hirn trotzdem, indem sich die aktivierten Verbindungen noch mehr stabilisieren und verfestigen. Von außen betrachtet bedeutet das, dass unsere Gewohnheiten und unsere Wahrnehmungs-, Denk- und Verhaltensmuster noch reibungsloser und unaufhaltsamer ablaufen und leichter und schneller getriggert werden. Das Hirn verändert sich in Richtung „mehr desselben".
2) Wenn wir etwas Neues lernen, werden auf der neuronalen Ebene neue Verdrahtungen geschaffen, die am Anfang meistens noch sehr schwach sind, diffus, veränderbar und eher selten, d. h. nur bei bestimmten neuronalen Konstellationen, aktiviert werden. Damit sich schwache Verbindungen verstärken, müssen sie immer wieder aktiviert werden. Es gibt zwar das One Trial Learning, bei dem wir aufgrund eines einzigen, meist schlimmen Erlebnisses, für den Rest unseres Lebens etwas lernen, aber der Normalfall des Lernens sieht anders aus. Er besteht aus vielen Wiederholungen, die teilweise mühsam sein können, was Ihnen wohl seit Schultagen vertraut ist.

Es ist eben nicht egal, worauf wir unsere Aufmerksamkeit richten, was wir denken und wie wir handeln. Entweder stabilisieren wir bestehende Gewohnheiten oder schaffen neue. Worauf wir immer wieder achten, was wir immer wieder denken und tun, verändert Struktur und Funktionsweise unseres Hirns. Wie wir uns, andere und die Welt von Moment zu Moment erleben ist von der Art und

Weise abhängig, wie unser Gehirn verdrahtet ist. Diese Verdrahtung bringt ja auch unsere Gedanken, Bewertungen, Glücksphantasien oder Zukunftsängste hervor. Es ist eben nicht egal für unser Erleben, ob wir das halbvolle oder das halbleere Glas sehen, ob wir glauben, mit den anstehenden Prüfungen zurechtzukommen oder ob wir uns zutrauen, einen guten Platz im Leben zu finden, auch wenn wir eine Klausur verbaut haben.

Darauf haben wir glücklicherweise auch bewusst einen Einfluss. Wir können unsere bewusst gesteuerte Aufmerksamkeit, unsere Willenskraft, unsere Reflexionsfähigkeit nutzen, um unser (Er-)Leben zu verbessern. Nicht nur unsere körperliche Fitness und unsere Stärke, auch unsere mentale Fitness, die Art, wie wir die Welt erleben, unser Wohlbefinden, unsere Leistungsfähigkeit sind willentlich durch Training veränderbar, was Neurowissenschaftler wie Richard Davidson[17] nicht müde werden, uns immer wieder vor Augen zu führen.

Damit ist die Bühne bereitet für den Auftritt der Achtsamkeit.

Was ist Achtsamkeit?

Eine Antwort ist immer irgendwie falsch

Die Frage ist so ähnlich, wie die Frage: Was ist Musik? Klar, kann man viel über Musik sagen und schreiben, aber wie funktioniert das überhaupt? Haben Sie schon mal jemand von einem tollen Konzert erzählt, auf dem Sie waren, aber nicht Ihr Gegenüber. Haben Sie gemerkt, wie schwierig das ist. Vielleicht reden Sie über Ihre Gefühle, die Atmosphäre, die Stimmung und was alles passiert ist, aber reden Sie über die Musik? Und wenn doch, tun Sie es vermutlich, weil Sie davon ausgehen, dass Ihr Gegenüber die Musik kennt und schon ähnliche Erfahrungen gemacht hat wie Sie gerade oder weil er oder sie selbst Musik macht und eine Vorstellung hat, was Sie meinen, wenn Sie die Musik beschreiben. Wenn

17 Goleman, Daniel; Richard Davidson (2018): Altered Traits: Science Reveals How Meditation Changes Your Mind, Brain, and Body.

es funktioniert, ist es super, kann aber darüber hinwegtäuschen, dass wir eigentlich Musik nicht in Worte fassen können. Worte können weder die Musik, noch das individuelle Hörerlebnis abbilden. Wörter können immer nur Anregungen, Impulse sein, eigene Musikerfahrungen zu erinnern oder zu aktivieren oder jemand zu gewinnen, Musik zu hören oder sogar selbst zu machen.

Ähnlich ist es, jemand etwas über Achtsamkeit zu erzählen, der selbst noch keine Erfahrung mit ihr gemacht hat. Das Beste, was man tun kann, ist Wörter, Metaphern und Bilder zu nutzen, um jemand zu motivieren und einzuladen, Achtsamkeit selbst auszuprobieren und zu erleben. Das ist auch mein Anliegen. Mehr nicht. Mehr geht nämlich nicht. Deshalb sollten Sie im Hinterkopf behalten, wenn Sie weiterlesen: Ich sage Ihnen nicht wirklich, was Achtsamkeit ist. Ich sage Ihnen vor allem nicht, was Achtsamkeit für Sie ist, wie Sie Achtsamkeit erleben müssten und wie sich Achtsamkeit bei Ihnen auswirken müsste. Ich biete Ihnen lediglich eine Wittgenstein'sche Leiter, die er am Ende seines „Tractatus logico-philosophicus“ so beschreibt: „Meine Sätze erläutern dadurch, dass sie der, welcher mich versteht, am Ende als unsinnig erkennt, wenn er durch sie – auf ihnen – über sie hinausgestiegen ist. (Er muss sozusagen die Leiter wegwerfen, nachdem er auf ihr hinaufgestiegen ist.) Er muss diese Sätze überwinden, dann sieht er die Welt richtig.“[18]

Eine erste Leitersprosse: Bewusstheit im gegenwärtigen Moment

Ein Aspekt von Achtsamkeit ist etwas Selbstverständliches und völlig Normales, was wir als Mensch genauso in die Wiege gelegt bekommen haben wie unsere Bedürfnisse und die Stressreaktion. Achtsam zu sein bedeutet, bewusst mitzubekommen, was wir im Moment erleben. Es ist eine Sache, in Gedanken verstrickt zu sein, Katastrophenphantasien zu haben, einen Vogel zu hören oder eine geliebte Person zu berühren. Es ist aber etwas ganz anderes und

18 Wittgenstein, Ludwig (1921): Tractatus logico-philosophicus.

sehr viel mehr, sich dessen auch bewusst zu sein. Es ist Ihnen sicher schon passiert, dass Ihnen plötzlich bewusst geworden ist, dass Sie sich über jemand geärgert haben. Vielleicht ist Ihnen dabei auch aufgefallen, wie dieses Sich-Bewusstwerden des Ärgers die Situation verändert hat, wie Sie plötzlich die Dinge, sich selbst und die andere Person anders gesehen und vielleicht auch anders reagiert und anders gehandelt haben.

Ein anderes Beispiel: Solange Sie auf Instagram surfen, ohne sich dessen bewusst zu sein, sind Sie Ihrem Autopiloten ausgeliefert. Erst wenn Ihnen plötzlich bewusstwird, dass Sie die letzten zwei Stunden auf Instagram verbracht haben, obwohl Sie eigentlich etwas anderes machen wollten, verändert sich die Situation. Es gibt so etwas wie eine kleine Lücke im Ablauf des Automatismus, was Ihnen überhaupt erst die Möglichkeit gibt, den Automatismus zu unterbrechen und etwas anderes zu tun. Das heißt natürlich nicht, wie Sie vermutlich auch schon erlebt haben, dass Sie tatsächlich etwas anderes tun. Aber das Aufwachen aus dem Instagram-Surfen eröffnet zumindest die Chance dazu, die Sie ohne das Aufwachen gar nicht hätten.

Das Sich-Bewusstwerden ist eine angeborene Fähigkeit von uns als Menschen, die uns erlaubt, gewissermaßen in den Spiegel zu schauen und uns selbst zu sehen. Im Prinzip kann uns alles, was uns jetzt in diesem Moment ausmacht, das ganze Universum unseres Erlebens bewusstwerden: unsere Körperempfindungen, Schmerzen, Lust, Sinneswahrnehmungen, Emotionen, Gefühle, Stimmungen, Bewertungen, Befürchtungen, Hoffnungen, Pläne, Konzepte, Handlungsimpulse usw. usw. Wenn Sie sich dieses riesige Universum möglicher Erfahrungen vor Augen halten, das im Prinzip in jedem Moment für uns zugänglich ist, wird Ihnen vielleicht auch bewusst, was unser Autopilot leistet: Er entlastet uns von dieser ungeheuren Vielfalt dieses Erfahrungsuniversums und sorgt dafür, dass gar keine oder nur ganz wenige Erfahrungen, auf der Bühne des Bewusstseins auftreten. Der Preis, den wir dafür zahlen, ist dementsprechend hoch. Wir bekommen nur sehr wenig von der Gegenwart wirklich mit und dank der Vergangenheitsorientierung unseres Autopiloten nicht immer das, was in der momentanen Situation hilfreich wäre.

Bewusstheit schafft Distanz

Das Aufwachen ist gewissermaßen ein Guckloch ins Getriebe unseres Autopiloten. Schauen wir da durch, können wir unserem Autopiloten bei der Arbeit zusehen und gleichzeitig distanzieren wir uns von ihm und identifizieren uns weniger mit dem, was wir bemerken. In dem Moment, wenn uns etwas bewusstwird, z. B. Gefühle wie Ärger, Freude oder Schmerzen, können wir auch bemerken, dass sie uns nicht vollkommen ausmachen. Wir *sind* dann nicht mehr der Ärger, die Freude oder die Schmerzen, wir *haben* nur noch Ärger, Freude oder Schmerzen. Daneben kann es noch andere Wahrnehmungen und Erfahrungen geben, die überhaupt erst jetzt eine Chance bekommen, bemerkt und wirksam zu werden. Vor dem Bewusstwerden gibt es meistens nur eine einzige Sicht der Dinge, nämlich die, die dem jeweiligen Automatismus zugrunde liegt. Erst das Bewusstwerden gibt uns die Möglichkeit, man könnte auch sagen die Freiheit, in unsere Automatismen einzugreifen, innezuhalten, genauer hinzuschauen, mehr wahrzunehmen, zu überlegen, nachzudenken, neue Perspektiven einzunehmen, Für und Wider abzuwägen, uns zukünftige Entwicklungen auszumalen und bewusst eine Entscheidung zu treffen.

Schaubild 5 zeigt die große Chance, die mit dem Bewusstwerden verbunden ist, aber auch die Nachteile.

Denn bewusstes Verhalten ist im Vergleich zum Autopilot-ICE ein langsames, mühsames und anstrengendes Zu-Fuß-Gehen, bei dem wir meistens unsicher darüber sind, ob wir in die richtige Richtung laufen. Kein Wunder, dass wir das gerne und oft ganz automatisch vermeiden, uns außerhalb unserer Komfortzone auf unbekanntem Terrain zu bewegen. Da braucht es schon eine starke Motivation, z. B. Leidensdruck, Neugier, manchmal eine starke Willenskraft und vor allem eine klare Absicht. Damit sind wir bei der nächsten Leitersprosse auf dem Weg zu einer Antwort, was Achtsamkeit ist.

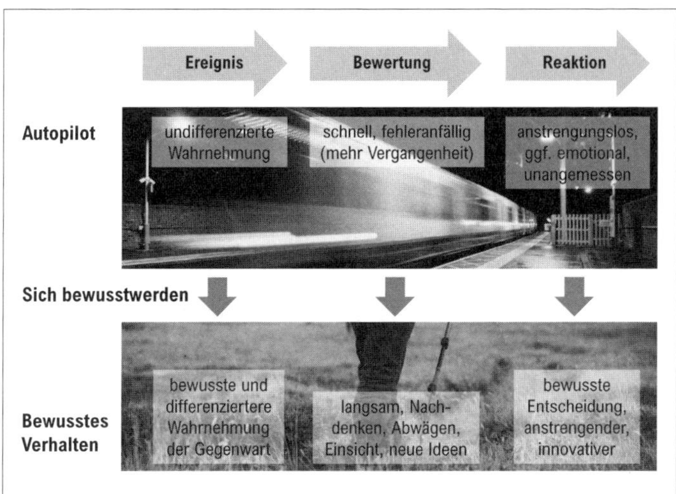

Abbildung 5: Das Prinzip achtsamer Selbstführung

Eine zweite Leitersprosse: Absicht

Die Botschaft der ersten Leitersprosse ist: Sich etwas bewusst zu werden, ist eine angeborene Fähigkeit, die unserem Großhirn mehr Einfluss auf unser Verhalten erlaubt. Unser Organismus aktiviert sie immer wieder spontan in unserem Leben. Dafür kann er viele Gründe haben. Eine Situation aktiviert etwa sich widersprechende Denk- oder Verhaltensmuster oder irritiert uns, weil wir nicht weiterwissen und keine Automatismen zur Verfügung haben, die passen könnten oder auch weil starke Gefühle ausgelöst wurden. Dabei bedeutet spontan nur, dass wir das nicht mit Absicht getan haben, dass etwas auf der Bühne unseres Bewusstseins aufgetaucht ist.

Auf der zweiten Leitersprosse geht es darum, dass wir gezielt Einfluss darauf nehmen können, ob und was uns bewusstwird. Sie merken schon, da wird es anstrengender, denn jetzt kommen bewusste Aufmerksamkeitssteuerung und Willenskraft ins Spiel. Die gute Nachricht ist aber, dass wir das als Menschen überhaupt können. Wie wir das Atmen meistens kaum wahrnehmen, obwohl es so elementar für unser Leben ist, so nehmen wir auch kaum wahr, dass wir absichtlich unsere Aufmerksamkeit lenken können. Das ist eigentlich ein kleines Wunder und ein Wagnis, das einen evolutionären Sprung markiert. Bei uns Menschen ist die Aufmerksamkeitssteuerung und damit die Wahrnehmung nicht vollständig bedürfnis- und überlebenssichernden Automatismen überlassen, die blitzschnell für Reaktionen sorgen können, sondern *auch* durch die Willenskraft und damit durch unsere viel langsameren Gedanken mit anderen Worten unserem Großhirn beeinflussbar.

Dieses evolutionäre Wagnis sollte verständlich machen, warum es unsere Natur so eingerichtet hat, dass Wille oder bewusste Absicht nicht so ganz Herrscher über unsere Aufmerksamkeit sind. Wir können aber zumindest davon ausgehen, dass der Organismus Gründe hat, wenn er unserem Willen das Steuer über die Aufmerksamkeit entzieht. Vielleicht stimmt es Sie versöhnlicher, wenn Sie beim Studieren wieder eine Textstelle auch beim vierten Lesen nicht mitbekommen, weil Ihre Aufmerksamkeit immer wieder abschweift oder Sie sich beispielsweise nicht von phantasierten Prüfungskatastrophen lösen können, obwohl Sie sich dauernd sagen, wie überflüssig, unfruchtbar und destruktiv solche Gedanken sind.

Doch wenn wir einigermaßen entspannt und interessiert sind, können wir unsere Aufmerksamkeit willentlich ziemlich gut lenken und bewusst entscheiden, worauf wir sie richten, selbst wenn sich die Aufmerksamkeit immer wieder mal selbständig macht. Probieren Sie es aus. Ich lade Sie zu einer kleinen Tour d'Horizon durch Ihr momentanes Erfahrungsuniversum ein. Dabei geht es nicht darum, etwas Bestimmtes zu erleben oder mit allem einverstanden zu sein, was Ihnen die Tour bietet, sondern nur darum, sich bewusst zu werden, dass Sie Ihre Aufmerksamkeit absichtlich durch ihr Erfahrungsuniversum lenken können und wenn sie sich selbständig macht, dass Sie sie wieder einfangen können, sobald Ihnen die Abschweifung bewusstwird.

Eine Tour d'Horizon durch das Erfahrungsuniversum

Es ist egal, ob sie gerade sitzen oder liegen. Wichtig ist nur, dass sie während der kleinen Übung möglichst nicht gestört werden. Wenn Sie sich wirklich auf die Tour einlassen möchten, lesen Sie langsam und lassen Sie sich Zeit, um Antworten auf die Fragen zu finden. Beginnen Sie damit, dass Sie Ihre Aufmerksamkeit auf Ihre Füße richten. Wie spüren Sie sie? Gibt es eine Temperaturempfindung? Spüren Sie den Hautkontakt zu Strümpfen oder Druckstellen durch Schuhe? Dann die Aufmerksamkeit zu Ihrem Gesäß lenken. Spüren Sie den Kontakt mit dem Stuhl oder der Unterlage? Wenn Sie die Aufmerksamkeit in Ihrem Oberkörper langsam weiter nach oben wandern lassen, was bemerken Sie an Körperempfindungen? Vielleicht die Stuhllehne am Rücken, vielleicht Grummeln im Bauch oder Druck auf der Blase? Weiter nach oben spüren Sie vielleicht die Bewegung des Brustkorbs beim Atmen. Wie geht es Ihrem Rücken, Ihren Schultern, was machen Ihre Arme und Hände, wie spüren Sie sie? Wenn Sie die Aufmerksamkeit weiter nach oben wandern lassen, über den Hals zum Kopf, was spüren Sie im Gesicht, wie angespannt oder entspannt ist Ihr Gesicht, Ihr Kiefergelenk? Bemerken Sie den Atemfluss an den Nasenlöchern? Dann die Aufmerksamkeit auf ihre sinnlichen Wahrnehmungen richten. Wenn Sie möchten, schließen Sie die Augen und hören, riechen und schmecken Sie, was es im Moment zu hören, riechen und schmecken gibt. Wenn Sie die Augen wieder öffnen, sehen Sie sich die Welt um Sie herum so an, als ob Sie sie zum ersten Mal sehen würden, was fällt Ihnen auf? Und wenn Sie nun Ihre Aufmerksamkeit nach innen lenken auf Ihre Stimmung: Wie fühlen Sie sich, wie geht's Ihnen gerade? Gut, entspannt, eher unwohl, verspannt, wach, müde? Manchmal hat man für die momentane Stimmung gar kein Wort, weil sie nicht so eindeutig ist. Vielleicht ist es auch schon etwas schwieriger, die Aufmerksamkeit auf die Stimmung zu lenken, es gibt ja meistens – zumindest im ersten Moment – auch keinen physischen Ort, wo man die Stimmung lokalisieren könnte. Und jetzt wird es vielleicht noch etwas schwieriger, wenn Sie Ihre Aufmerksamkeit darauf richten, was gerade an Gedanken in Ihrem Kopf los ist. Was passiert dort gerade? Sich selbst beurteilen, die Übung oder das Buch bewerten, sich an irgendetwas erinnern, etwas planen, an den nächs-

ten Abend oder den nächsten Morgen denken, die To-Do-Liste durchgehen und sich all das, was Sie noch machen sollten oder noch nicht getan haben, vorstellen usw. Vielleicht merken Sie, dass das schon schwieriger ist, mitzubekommen, was Sie denken, weil die Gedanken hin und her springen können und die Aufmerksamkeit oft noch schneller wegflutscht als bei Körperempfindungen. Machen sie sich deshalb keinen Kopf. Das ist normal und zeigt nur, dass es kein Selbstläufer ist, die Aufmerksamkeit willentlich zu steuern. Damit kommen wir zum Ende der Übung.

Ich vermute, dass Sie in der Übung beide Erfahrungen gemacht haben: Sie können die Aufmerksamkeit willentlich lenken und auf viele Aspekte Ihres momentanen Erlebens richten und Sie haben bemerkt, dass Sie nicht immer die volle willentliche Kontrolle über Ihre Aufmerksamkeit haben. Für alles folgende ist es wichtig, dass Sie beides anerkennen: Wir können unsere Aufmerksamkeit willentlich steuern, aber nur begrenzt. Denn sie wird zum Teil und manchmal zum größten Teil von automatisch ablaufenden Prozessen gesteuert, die wir willentlich nicht aufhalten können, weil und solange sie uns nicht bewusst sind. Das können wir ganz gut an unseren Gedankenbewegungen und unwillkürlichen Handlungsimpulsen bemerken.

Gedanken ziehen Aufmerksamkeit an

Wir sind so gestrickt, wie ich im letzten Kapitel erläutert habe, dass unser Organismus permanent unsere Umwelt, einschließlich unserer Innenwelt, scannt und bewertet. Und wenn etwas für uns nicht ok ist, werden entsprechende Gedanken und Handlungsimpulse produziert, durch die wir motiviert werden, das zu verändern, was nicht ok ist. Entscheidend sind die spontanen Bewertungen, die unser Organismus trifft: Das ist angenehm, das ist unangenehm, das ist neutral, was entweder zum Gedankenwandern einlädt oder in unangenehmer Langeweile endet. Letztlich enden fast alle Bewertungen im mehr oder weniger starkem „Gas geben", in einer mehr oder weniger starken Aktivierung der Stressreaktion.

Gleichzeitig mit der Stressreaktion verlieren wir oft auch Kontakt mit der Gegenwart. Unsere Aufmerksamkeit wandert von der Wahrnehmung der Gegenwart zum Inhalt der Gedanken. Die drehen sich um die Herstellung einer besseren Zukunft, etwa in Form von Absichten, Plänen, Einschätzung von Handlungsfolgen, Reaktionen anderer usw. oder sie drehen sich um Vergangenes, etwa in Form von schönen Erinnerungen, Hader über verpasste Chancen, falsche Entscheidungen oder frühere Verletzungen, die es in Zukunft zu vergelten und auf jeden Fall zu vermeiden gilt. Es macht also überlebenstechnisch oder bedürfnissichernd Sinn, dass sich die Aufmerksamkeit auf die Gedanken richtet.

Das gilt auch, wenn der Sinn des Gedankenwanderns nicht sofort ersichtlich ist. Gerade wenn der Gegenwarts-Scan kein sofortiges Handeln erfordert und der Geist nicht ausgelastet ist, produziert er auch mal mentale Spinnereien, Gedankensalat, gehäufte Banalitäten, einfach Nonsens oder auch Träumereien. Das mag auf den ersten Blick überflüssig erscheinen, aber andererseits ist das der Stoff, aus dem neue Ideen, Innovationen, Erfindungen und Kreationen geschaffen werden. Ohne diesen mentalen Zufallsgenerator im Kopf, der wohl vor allem bei Entspannung, Langeweile oder besser gesagt in Mußestunden oder auch im Schlaf anspringt, wenn wir nicht von der momentanen Situation so gefordert sind, wären unsere menschlichen Anpassungsleistungen, wie z. B. die Erfindung des Rads oder des Smartphones wohl nicht zustande gekommen.

Es hat eben auch etwas Gutes, dass wir unsere Gedanken und unsere Aufmerksamkeit nicht dauernd kontrollieren können. Das bedeutet andererseits wiederum nicht, dass es immer nützlich wäre, Gedanken freien Lauf zu lassen, wenn sie etwa den Schlaf rauben, den Umgang mit anderen durch systematisches Misstrauen erschweren, die Zukunftsmöglichkeiten durch übertriebenen Perfektionismus einschränken oder uns überhaupt davon abhalten, irgendetwas vom Schönen, Guten, Freudvollen und Funktionierenden der Gegenwart mitzukriegen.

Allein um mehr vom Positiven im Leben mitzukriegen, das Leben besser genießen zu können, macht es also Sinn, aktiv etwas dafür zu tun, uns mehr Einfluss auf unsere Aufmerksamkeit zu verschaffen. Wir könnten dann etwas mehr selbst entscheiden, ob wir die Gedanken ernst nehmen, ihnen zuhören oder sie links liegen lassen und ihnen weniger Aufmerksamkeit schenken.

Achtsamkeitstraining

Wie können wir diese Entscheidungsfähigkeit trainieren? Anders formuliert, wie können wir trainieren, mehr mitzukriegen, wenn Gedanken unsere Aufmerksamkeit in Bann ziehen und sie von der Gegenwart ablenken und wie können wir trainieren, weniger abzuschweifen und gedanklich ruhiger zu werden? Die Antwort: durch Meditation, genauer durch Achtsamkeitsmeditation[19]. Darunter verstehe ich ein Training oder eine Praxis, in der ich übe, die Aufmerksamkeit in der Gegenwart zu halten oder sie schneller wieder in die Gegenwart zurückzubringen.

Bevor ich mehr zur Achtsamkeitsmeditation sage, möchte ich Ihnen die Chance geben, erste Erfahrungen mit dem Meditieren zu machen. Dann hängen die folgenden Erläuterungen vielleicht nicht ganz so abstrakt in der Luft. Ich lade Sie zu einer kleinen Atemmeditation ein, die Sie hier und jetzt machen können. Wenn Sie möchten, nutzen sie für die Atemmeditation eine Audioanleitung (Atemraum), die Sie über den Link oder QR-Code herunterladen können. Dann brauchen Sie die Anleitung nicht zu lesen. Nehmen Sie sich mindestens etwa fünf Minuten Zeit für die Übung. Am besten, Sie lassen sich von Ihrem Smartphone das Ende der Meditation signalisieren, dann brauchen Sie nicht aktiv auf die Zeit zu achten.

19 Auf die verschiedenen Meditationsstile, -schulen und -praktiken gehe ich in einem späteren Kapitel ein, wenn ich etwas zu den Wurzeln der Achtsamkeitsbewegung sage.

https://utb.de/do/10.36198/9783838560472-m01

Atmen ist langweilig: eine Atemmeditation

Falls Sie nicht schon auf einem Stuhl sitzen, setzen Sie sich auf einen. Richten Sie sich im Stuhl auf, ohne zu übertreiben, so dass der Atem gut fließen kann und nicht beengt wird. Die Füße flach auf den Boden stellen, so dass die Sohlen Kontakt mit ihm haben. Die Augen schließen. Falls Ihnen das unangenehm ist, senken Sie einfach den Blick und lassen Sie ihn unscharf oder weich werden. Das unterstützt Sie dabei, von visuellen Eindrücken weniger abgelenkt zu werden.

Entspannen Sie sich bewusst. Sie können Ihren Körper von oben nach unten durchgehen und überall Anspannungen, die Sie zum Sitzen nicht brauchen, loslassen: im Gesicht, im Kiefergelenk, in den Schultern, im Rücken, im Bauch, im Becken, in den Armen, Händen, Beinen und Füßen.

Nun die Aufmerksamkeit auf das Gesäß richten und den Kontakt mit dem Stuhl spüren, einfach das Körpergewicht, das auf den Stuhl drückt, wahrnehmen. Die Aufmerksamkeit auch auf die Füße lenken und dort den Kontakt mit dem Boden wahrnehmen.

Nun die Bewegungen im Bauchbereich wahrnehmen, die durch das Ein- und Ausatmen entstehen. Falls Sie Schwierigkeiten haben, die Atembewegungen am Bauch zu bemerken, können Sie auch eine Hand auf den Bauch legen und einmal tief einatmen. Das hilft Ihnen, zu spüren, was am Bauch passiert, wenn Sie atmen.

Bleiben Sie nun, so gut es geht, mit Ihrer Aufmerksamkeit beim Spüren des Atmens an der Bauchdecke. Dabei brauchen Sie den Atem nicht zu verändern. Sie können ihn so sein lassen, wie er gerade fließt. Es reicht, ihm mit der Aufmerksamkeit zu folgen und das Heben und Senken der Bauchdecke zu spüren.

Atmen ist für den Geist oft schnell langweilig. Früher oder später wird Ihre Aufmerksamkeit von den Empfindungen an der Bauchdecke wegwandern und von Gedanken, Plänen, Tagträumen, Bewertungen usw. in Beschlag genommen sein. Das ist absolut ok. Das lässt sich nicht vermeiden, denn das ist der Job des Geistes. Wenn Sie also bemerken, dass die Aufmerksamkeit sich selbständig gemacht hat, so heißt das nicht, dass Sie irgendetwas falsch gemacht haben. Im Gegenteil, Sie können sich darüber freuen, dass Sie „aufgewacht" sind und es bemerkt haben. Sie können sich vielleicht noch bewusst machen, womit sich der Geist beschäftigt hat und dann können Sie wieder die Aufmerksamkeit zum Atmen und zum Spüren der Bauchdecke zurückbringen.

Wahrscheinlich bemerken Sie, dass die Aufmerksamkeit immer und immer und immer wieder vom Atmen wegwandert, manchmal sogar nach kürzester Zeit und dass es vielleicht sogar schwer ist, die Aufmerksamkeit überhaupt wieder zum Atem zurückzubringen. Das ist ok. Verfahren Sie einfach immer auf die gleiche Weise: Wenn Sie bemerken, dass die Aufmerksamkeit nicht mehr beim Atem ist, lenken Sie sie einfach wieder dorthin zurück, 10mal, 100mal, 1000mal. Ohne Ansprüche, ohne Selbstvorwürfe, geduldig, sanft und freundlich.

Machen Sie diese Übung weiter bis die Meditationszeit vorüber ist. Das ist alles.

Was haben Sie erlebt in der Atemmeditation? Wenn Sie eine solche Atemmeditation zum ersten Mal gemacht haben, haben Sie vermutlich auch erlebt, wie schwer es ist, sich auf den Atem zu konzentrieren und wie schnell die Aufmerksamkeit abwandert, ohne dass Sie etwas dagegen tun können. Vielleicht haben Sie erlebt, dass Sie sich auch ein bisschen über sich selbst geärgert haben, dass das nicht besser geht. Oder Sie waren etwas enttäuscht, so erfolglos in der Konzentration gewesen zu sein. Vielleicht haben Sie auch gedacht, dass Sie kein Talent zum Meditieren haben oder dass Sie die Meditation als Kampf erlebt haben, den Sie verloren haben. Wenn Sie irgendetwas von dem erlebt haben, dann herzlich willkommen im Club. So einfach die Atemmeditation daherkommt, so viel kann Sie auslösen: Wut, Selbstkritik, Ablehnung, Ungenügen, Verzweiflung und das Gefühl nutzloser, langweiliger Anstrengung. Natürlich gibt es auch angenehme Wirkungen, die die Atemmeditation auslösen kann: Ruhe, Entspannung, Freude, inneren Frieden, Klarheit und Kraft. Zur angenehmen Seite kommen wir aber nur, wenn wir üben, offen, annehmend, wohlwollend, freundlich, mitfühlend und geduldig zu sein. Damit sind wir bei der dritten Leitersprosse auf dem Weg zu einer Antwort auf die Frage: Was ist Achtsamkeit?

Eine dritte Leitersprosse: nicht urteilen und freundlich sein

Wie wir oben im Kapitel „Wie ticken wir eigentlich“ festgestellt haben, sind Auslöser für die Stressreaktion meistens mentale Bewertungen. Dieser Mechanismus wird natürlich beim Meditieren nicht ausgesetzt, jedenfalls nicht ohne weiteres. Beim Meditieren wertet der Geist genauso als würden wir etwas ganz Normales machen, wie Geschirr spülen, Lernen oder Küssen. Das kann ja auch super, lustvoll, interessant, sinnvoll, beruhigend, langweilig, stressig, blöd, amüsant, anstrengend, erfolglos, überflüssig, ärgerlich aussichtslos usw. usw. sein. Und mit jeder Bewertung wird irgendwie mehr oder weniger stark das Gaspedal der Stressreaktion gedrückt, um die Situation zu verändern, um etwas Angenehmes zu erhalten und zu verstärken oder etwas Unangenehmes zu reduzieren oder ganz wegzukriegen. Und mit jedem Drücken des Gaspedals verlieren wir meistens auch Kontakt mit der Gegenwart.

Wenn wir unsere Konzentration auf den Atem stabilisieren wollen, um länger, schneller und öfter präsent zu sein, was ja das Ziel der Achtsamkeitsmeditation ist, dann bedeutet das, dass wir lernen müssen, den Bewertungsmechanismus länger, schneller und öfter auszukoppeln. Ein Hebel, das zu tun, ist es, die Wahrnehmung sozusagen als „reine Fakten" zu sehen und zu erforschen. Vielleicht haben Sie auch schon mal erlebt, wie es ist, einer Musik wirklich zuzuhören, ohne an etwas anderes zu denken oder Assoziationen zu folgen, die von ihr ausgelöst werden, sondern nur die nackte Musik zu hören, ohne innere Kommentare wie „das ist ja toll", oder „das ist nicht meine Musik". Vielleicht haben Sie auch gemerkt, dass dieses reine Hören anders und meistens intensiver ist als normales Musikhören, bei dem wir mit zig Kommentaren und Wertungen immer wieder aus dem Hören aussteigen und nicht mehr so genau hinhören. Stattdessen werden Denk- oder Handlungsmuster aktiviert, wie z. B. Weghören, Lautstärke lauter oder leiser drehen, abschweifen, Gespräch anfangen usw.

Wenn dieses nichturteilende Hören schon so schwer ist, so ist es in der Meditation meistens noch viel schwerer, den Bewertungsmechanismus auszukoppeln. Das Beste, was wir tun können, ist, uns nicht zusätzlich noch zu verurteilen, wie bewertend und beurteilend wir von Hause aus sind, sondern uns unsere Bewertungen zuzugestehen, sie als Bestandteil unserer gegenwärtigen Realität anzuerkennen und es aufzugeben, gegen sie zu kämpfen. Das bedeutet allerdings nicht, den Bewertungen auch zu folgen. Das ist ein wichtiger Unterschied. Gedanken, Urteile, Bewertungen anzuerkennen, sie da sein zu lassen, ihnen innerlich Raum zu geben, bedeutet nicht, ihnen auch zu folgen und sich näher mit ihnen zu beschäftigen. Ich kann auf einer Feier von mir ja auch Leute willkommen heißen, die ich nicht so mag. Ich muss mich ja nicht länger mit ihnen unterhalten. Sie so zu behandeln, ist meistens weniger anstrengend und aufreibend, als die unwillkommenen Gäste rauszuschmeißen. Der Rausschmiss rückt die unerwünschten Gäste erst richtig in den Mittelpunkt der Aufmerksamkeit und ruft Gefühle hervor, die das Potential haben, mir die ganze Feier madig zu machen. Dazu kommt, wenn die unerwünschten Gäste erst einmal da sind, habe ich die Chance, sie aus sicherer Entfernung zu beobachten und vielleicht etwas besser kennenzulernen. Die meisten Menschen, auch unwillkommene Gäste, verlieren Ihren Schrecken, wenn wir sie näher kennenlernen. Das ist übrigens mit unwillkommenen Gedanken, wie Befürchtungen oder Katastrophenphantasien ähnlich.

Ich glaube, dass wir es nur schaffen über längere Zeit zu meditieren und uns z. B. auf den Atem zu konzentrieren, wenn wir gleichzeitig auch lernen, uns nicht zu verurteilen, so wie wir nun mal ticken. Achtsamkeit zu trainieren bedeutet deshalb auch, eine innere Haltung von Freundlichkeit, Offenheit, Akzeptanz, Wohlwollen, Geduld und Mitgefühl uns selbst gegenüber zu kultivieren. Das sind Herzensqualitäten, ohne die wir eine absichtsvolle Absichtslosigkeit, wie sie schon in einer einfachen Atemmeditation gefordert ist, nicht hinbekommen. Meditation ist keine reine Kopfsache. Ohne Herz schaffen wir es nicht, uns mit der gegenwärtigen Realität anzufreunden, so wie sie gerade ist.

Abbildung 6: Die Realität hat immer „Rostflecken"

Denn sie ist immer, vielleicht mit der Ausnahme, dass wir gerade bis über beide Ohren verliebt sind, ein Bild, in dem es immer mehr oder weniger große hässliche Flecken gibt, egal wie sehr wir uns bemühen, die Flecken wegzubekommen. Achtsam sein heißt, den Kampf aufzugeben, dass es jetzt im Moment anders sein sollte, wie es ist. Das schaffen wir nur, wenn wir zuerst einmal mit uns freundlich, verständnisvoll und vor allem mitfühlend umgehen, wenn wir bemerken, wie sehr wir uns dagegen wehren, dass es so ist, wie es ist.

Das Paradox von Achtsamkeit ist, dass genau diese Anerkennung der Realität und dieses So-sein-Lassen, wie es im Moment ist, einen Raum öffnet und unsere Wahrnehmung von alten Mustern befreit, so dass sich Neues zeigen kann, eine neue Sicht der Situation, eine neue Sicht auf mich, eine neue Idee, was ich tun kann, wie ich etwa auf eine andere Art meine Probleme angehen kann. Aber das müssen Sie selbst erleben, sonst ist dieses Paradox, weil es unserem inneren Ticken, unserem normalen Weg der Problemlösung so zuwiderläuft, nur schwer zu glauben. Aber das müssen Sie auch nicht. Machen Sie sich auf den Weg der Achtsamkeit und Sie werden es erleben.

Zum Abschluss und als Zusammenfassung dieses Absatzes hier eine nützliche, weil kurze und handliche Arbeitsdefinition von Achtsamkeit von Jon Kabat-Zinn[20], wohlgemerkt auch nur eine Wittgenstein'sche Leiter: „Achtsamkeit ist die bewusste, nichturteilende Aufmerksamkeit im gegenwärtigen Moment.“

Ich hoffe, ich konnte Ihnen nahebringen, dass Achtsamkeit weit mehr ist als bloße Aufmerksamkeit oder Aufmerksamkeitssteuerung und auch weit mehr als ein rein kognitives Mentaltraining und dass genau die Paradoxie, die in Achtsamkeit drinsteckt, das fruchtbare und wirkungsvolle Element von Achtsamkeit ist.

Über das hinaus, was ich in diesem Kapitel gesagt habe, hat Achtsamkeit noch viele weiteren Facetten und Aspekte, über die ich nicht gesprochen habe, die aber vielleicht gerade für Sie wich-

20 Mehr zu Jon Kabat-Zinn und seiner Bedeutung, auch für dieses Buch, sage ich im folgenden Kapitel.

tig sind. Ich verspreche Ihnen, dass Sie genau diesen Aspekten begegnen werden, wenn Sie sich auf den Weg der Achtsamkeit machen. Der ist nämlich immer nur Ihr Weg und den können Sie immer nur selbst finden. Damit sind wir beim nächsten Thema: der Achtsamkeitspraxis.

Eine vierte Leitersprosse: die Achtsamkeitspraxis – ohne Training keine Fitness

Machen Sie Sport? Gehen Sie ins Fitnessstudio? Joggen Sie? Sie kommen wohl nicht auf die Idee, dass Sie fitter werden oder besser Fußball spielen lernen, wenn Sie nicht trainieren, und zwar immer wieder. Das ist bei allen eher mentalen „Sportarten" genauso. Egal ob es um Schach, Musik oder Meditation geht. Eigentlich eine Binsenweisheit. Aber in mentalen Angelegenheiten sind wir leicht geneigt, zu glauben, dass es schon ausreicht, zu verstehen, um uns zu verändern. Ein Beispiel: Einzusehen, wie wir uns das Leben damit schwer machen, dass wir dauernd daran denken, was die anderen von uns denken könnten, heißt noch lange nicht, dass wir das durch einen Willensakt einfach von heute auf morgen abstellen könnten. Das ist etwa so, als würden wir annehmen, dass wir nur verstehen müssten, wie Noten funktionieren und wie sie zu den Klaviertasten passen, um Beethovens Mondscheinsonate spielen zu können. Genauso werden wir nicht präsenter oder bewusster, nur weil wir ein Buch über Achtsamkeit gelesen haben oder weil wir gemerkt haben, wie hilfreich es ist, präsent zu sein oder sich dysfunktionaler Denk- oder Verhaltensmuster bewusst zu werden.

Motivation

Ohne Training, ohne Achtsamkeitspraxis geht es eben nicht, wenn wir wirklich etwas von Achtsamkeit haben wollen. Und das braucht Motivation. Meistens gehört zur Motivation ein gewisser Leidensdruck: Prüfungsangst, Aufschieberitis, Orientierungslosigkeit, Einsamkeit, Scham, das Studium nicht besser hinzukriegen, Süchte usw. Es gibt sicher auch positive Motivationen, wie Neugier, Experimentierfreude oder den Wunsch, sich weiter zu entwickeln. Aber nach meiner Erfahrung steht hinter den meisten Motivationen, Achtsamkeit tatsächlich auszuprobieren und zu praktizieren, der Wunsch, etwas Leidvolles im eigenen Leben zu verändern oder ein belastendes Problem zu lösen. Auf jeden Fall brauchen auch Sie eine starke Motivation, um sich wirklich auf den Weg zu machen. Vielleicht nehmen Sie sich etwas Zeit, um sich bewusst zu machen, was Sie eigentlich motiviert, dieses Buch zu lesen oder sogar in Erwägung zu ziehen, das Trainingsprogramm im zweiten Teil anzugehen. Was versprechen Sie sich davon?

Die Ausgangsmotivation ist absolut wichtig und gleichzeitig eine Falle. Denn wenn wir Achtsamkeit nur als eine Methode, als Mittel zum Zweck betreiben und ihre Wirkung nur daran messen, ob sie das auch leistet, was wir uns von ihr erhoffen, können wir leicht in eine Sackgasse geraten. Im Ärger darüber, dass wir nicht das bekommen, was wir uns wünschen, übersehen wir das Förderliche, Hilfreiche, Nützliche und Erleichternde, was sich sozusagen hinter unserem Rücken durch die Achtsamkeitspraxis entwickelt.

Dazu ein Beispiel von mir, das dieses Phänomen gut illustriert. Als ich mich für meinen ersten MBSR-Kurs (Mindfulness Based Stress Reduction, deutsch: Stressreduktion durch Achtsamkeit), einem achtwöchigen Achtsamkeitskurs[21] angemeldet habe, war meine Motivation, meine akute Vortragsangst in den Griff zu bekommen. Nachdem ich mich entschieden hatte, ein eigenes Institut zu gründen und meine beruflichen Aktivitäten voll und ganz auf die Förderung der psychischen Gesundheit in Unternehmen und bei Privatpersonen auszurichten, habe ich es eine gute Idee gefunden, einen öffentlichen Vortrag bei der IHK zu halten, um

21 MBSR ist ein Achtsamkeitskurs, den Jon Kabat-Zinn in den 70er Jahren des 20. Jahrhunderts entwickelt hat, um asiatische Meditationspraktiken auch für Amerikaner, ursprünglich vor allem für Klinikpatienten mit chronischen Schmerzen, zugänglich zu machen, die nie ein buddhistisches Meditationszentrum besuchen würden. Einen solchen MBSR-Kurs hat Kabat-Zinn ausführlich in seinem Buch „Gesund durch Meditation", deutsche Ersterscheinung 1990, beschrieben.

über Stress und psychische Belastungen aufzuklären und mich und meine Dienstleistungen vorzustellen. Ich hatte zwar schon zig Präsentationen in meiner Zeit als Projektleiter in der E-Learning-Branche gemacht. Aber diese Präsentationen hatte ich immer vor einem begrenzten Publikum in einem Projektkontext gehalten. Dass solche Präsentationen etwas anderes als ein öffentlicher Vortrag sind, wurde mir erst klar, nachdem der Vortragstermin feststand. Ab diesem Moment habe ich eine Vortragsangst entwickelt, wie ich sie noch nie erlebt hatte: Katastrophenphantasien in der Nacht, Bauchweh schon beim Gedanken an den Vortrag, Aufschieben der Vortragsvorbereitung, bis der Druck nicht mehr auszuhalten war, was zum Leidwesen meiner Frau auch einen gemeinsamen Wanderurlaub vergiftet hat. Hochmotiviert habe ich dann den MBSR-Kurs begonnen, eifrig meditiert, nur um nach sechs Wochen zu merken, dass sich meine Vortragsangst um keinen Deut vermindert hatte. Ärger und Wut auf dieses nutzlose und langweilige „In-der-Ecke-sitzen-und-nichts-tun“, waren meine Reaktionen. Ich hätte vermutlich den Kurs wutentbrannt und enttäuscht abgebrochen, wenn ich nicht dank der Kursleiterin in einer der letzten Sitzungen die Erfahrung gemacht hätte, genau diese Gefühle wahrzunehmen, sie anzuerkennen, sie da sein zu lassen und freundlich und fürsorglich mit mir und meiner Enttäuschung umzugehen. Das verblüffende war, dass Schmerz und Enttäuschung kleiner wurden und noch verblüffender war, dass ich zum ersten Mal seit Kursbeginn sehen konnte, was sich sonst in meinem Leben im Laufe des Kurses verändert hatte: Die Beziehung zu meiner Frau hatte sich deutlich verbessert, ich war nicht mehr so schnell von allem und jedem genervt und auf 180, ich konnte mich besser konzentrieren und vor allem ging es mir trotz meiner unveränderten Vortragsangst insgesamt einfach besser.

In vielen Fällen ist die transformierende Wirkung von Achtsamkeit nicht auf den Punkt zu bringen und weit größer, vielfältiger und tiefreichender als die ursprüngliche Motivation, die sich zudem auch verändert, wenn man sich auf den Weg der Achtsamkeit macht. Achtsamkeit ist aufgrund der angesprochenen paradoxen Struktur von Hause aus schlecht geeignet, instrumentalisiert zu werden, sei es zur persönlichen Selbstoptimierung oder als Methode der Leistungssteigerung im Studium oder in einem Unternehmen. Wer es probiert, wird meistens über kurz oder lang damit konfrontiert, dass Selbstoptimierungswunsch oder Leistungssteigerungsabsicht als solche bewusst werden. Oft führt das zu neuen, unerwarteten und ungeplanten Reaktionen, z.B. sich nicht für eine Prüfung anzumelden, die eigenen Ansprüche herunterzuschrauben oder sich zuzugestehen, nicht alle Ansprüche von anderen erfüllen zu müssen.

Quick Wins und Stärkungen für den langen Atem

Mit großer Motivation die Achtsamkeitspraxis zu beginnen ist gut, aber kein Selbstläufer. Es kann sein, dass Sie nach kurzer Zeit feststellen: Achtsamkeit und Meditation sind nichts für mich. Nehmen Sie das ernst. Gestehen Sie sich zu, dass es so ist und gestehen Sie sich auch zu, die Achtsamkeitspraxis einfach wieder zu beenden, ohne Ressentiment oder Selbstvorwürfe. Vielleicht ist jetzt einfach nicht die Zeit dafür. Wenn die Zeit reif ist, wird Achtsamkeit und Meditation wieder an Ihre Tür klopfen. Das habe ich selbst erlebt. Nach meinem Abitur habe ich einen Monat in einem Meditationszentrum mitgearbeitet und mitmeditiert und dann gemerkt, dass es noch zu früh für mich ist, um mich voll darauf einzulassen. 30 Jahre später war dann die Zeit reif.

In den meisten Fällen läuft es aber so ab, dass sich schon nach kurzer Zeit der Achtsamkeitspraxis kleine oder sogar größere positive Veränderungen einstellen. Vielleicht sind Sie etwas ruhiger geworden, vielleicht schlafen Sie besser ein, vielleicht können Sie anderen besser zuhören. Egal, was Sie an positiven Veränderungen bemerken, nehmen Sie sie als Quick Wins ernst, die Ihnen zeigen, dass Sie auf dem richtigen Weg sind.

Das sollte Sie aber nicht dazu verleiten, zu glauben, dass es so weitergeht. Auch auf dem richtigen Weg gibt es große und kleine Hindernisse. Stellen Sie sich darauf ein, dass es Motivationseinbrüche und Motivationskrisen geben wird, die zum Weg dazugehören. Es gibt keinen Weg ohne Hindernisse. Deshalb ist alles hilfreich, was Sie unterwegs bestärkt, auf dem Weg zu bleiben. Dazu zählen vor allem drei Punkte.

- Zuerst können Sie sich selbst stärken. Nehmen Sie jede positive Veränderung im Alltag, auch kleine, bewusst wahr und nehmen Sie sie als Bestätigung für Ihre Achtsamkeitspraxis. Bleiben Sie immer so freundlich wie möglich zu sich. Kritisieren Sie sich so wenig wie möglich. Überfordern Sie sich nicht und erlauben Sie sich auch mal Fünfe gerade sein zu lassen. Schrauben Sie Ihre Ansprüche und Erwartungen herunter und gestehen Sie sich zu, dass Manches Zeit und viel Übung braucht. Sie haben vielleicht schon gemerkt, dass diese Tipps genau die Haltung widerspiegeln, die Sie in Achtsamkeitsmeditationen trainieren und kultivieren.
- Zum zweiten ist es sinnvoll, ein bestimmtes vorgegebenes Trainingsprogramm zu absolvieren, wie Sie es zum Beispiel im zweiten Teil des Buches finden. Es ist sehr hilfreich, einem Trainingsablauf zu folgen, der darauf ausgerichtet ist, die Trainingsherausforderungen nur langsam und systematisch zu steigern, so dass Überforderungen möglichst vermieden werden und Hindernisse möglichst klein gehalten werden. Es bleiben immer noch genug übrig.
- Zum dritten ist eine ungeheure Stärkung, die Sie gar nicht überschätzen können, wenn Sie sich nicht alleine, sondern mit anderen zusammen auf den Weg machen. Der Erfahrungsaustausch ist bereichernd und wachstumsfördernd wie Dünger, weil Sie von anderen angeregt werden und lernen können. Gleichzeitig ist es ungeheuer erleichternd und gleichzeitig motivierend, von anderen zu erfahren, dass sie auch mit Hindernissen kämpfen. Das kann Sie immer wieder von dem Eindruck erlösen, der oder die einzige zu sein, die mit einem Hindernis ringt, manchmal an ihm scheitert oder sich als zu schwach erlebt.

Wenn Sie sich also auf den Weg der Achtsamkeit machen, um wirklich etwas für sich zu gewinnen, um beispielsweise Ihr Studium und Ihr Leben besser auf die Reihe zu kriegen, leistungsfähiger und gleichzeitig zufriedener zu werden, dann gebe ich Ihnen folgende Empfehlungen: Nutzen Sie die Möglichkeit, an Achtsamkeitskursen teilzunehmen, die an Ihrer Hochschule angeboten werden. Wenn keine angeboten werden oder Sie an keinem Kurs teilnehmen können, suchen Sie sich interessierte Studierende, mit denen Sie zusammen das Programm im zweiten Teil des Buches durchspielen können. Schon eine Minigruppe von zwei Leuten ist besser als das Programm alleine anzugehen. Soviel zur Trainings- und Durchhaltemotivation.

Worin besteht die Achtsamkeitspraxis?

Vielleicht haben Sie sich die Frage ja auch schon gestellt. Im Prinzip gibt es zwei Arten, Achtsamkeit zu trainieren, so wie es auch zwei Arten gibt, die körperliche Fitness zu trainieren. Zum einen können Sie Zeiten in Ihrem Tages- oder Wochenplan reservieren, wo sie Sport treiben, alleine oder mit anderen zusammen oder sie trainieren Ihre körperliche Fitness im Alltag, in dem Sie z. B. zu Fuß oder mit dem Fahrrad zur Hochschule fahren oder Treppen statt Lifts und Rolltreppen nutzen. Genauso können Sie sich für das Achtsamkeitstraining bestimmte Zeiten reservieren, um zum Beispiel an einem Meditationskurs teilzunehmen oder alleine zu Hause zu meditieren. Sie können aber auch Achtsamkeit in Ihren Alltag integrieren.

Formale Achtsamkeitspraxis: Meditation

Im ersten Fall, der sogenannten formalen Achtsamkeitspraxis, geht es vor allem um Meditationen, die ja dazu dienen, länger und häufiger präsent zu sein. Es gibt viele Meditationstechniken. Eine davon, die Atemmeditation, haben Sie im vorletzten Kapitel ja schon kennengelernt. Für die verschiedenen Meditationen gibt es oft auch gesprochene Anleitungen, die Sie für Ihre Praxis zu Hause nutzen können. Die Anleitungen führen Sie durch die Meditation. Sie unterstützen Sie dabei, sich zu Beginn einzurichten und sich auf die Meditation einzulassen. Sie begleiten Sie während der

Meditation, indem Sie immer wieder an Ihre Präsenz und die Absicht erinnern, die Aufmerksamkeit beispielsweise auf den Atem zu richten, oder eine freundliche, innere Haltung aufrecht zu erhalten. Vor allem geben die Audioanleitungen eine Dauer vor und signalisieren das Ende der Meditation, was der Achtsamkeitspraxis Struktur und je nach Dauer auch einen unterschiedlichen Grad an Intensität verleiht. Auch für die verschiedenen Meditationen, die Bestandteil des Trainingsprogramms dieses Buches sind, stehen Audioanleitungen zur Verfügung, die Sie im Anhang des Buches herunterladen können.

Informelle Achtsamkeitspraxis: Achtsamkeit im Alltag

Im zweiten Fall, der sogenannten informellen Achtsamkeitspraxis, geht es darum, Achtsamkeit im Alltag zu praktizieren, ohne extra eine längere Zeit reservieren zu müssen.

Ein Beispiel für eine informelle Praxis, die wenig Zeit beansprucht, haben Sie oben schon kennengelernt bei der Tour d'Horizon. Im Prinzip geht es bei ihr nur darum, innezuhalten und sich bewusst zu werden, was im Moment gerade los ist, in Ihrem Körper, in Ihrem Gefühlsleben, im Geist und was Sie gerade über Ihre Sinne von der Außenwelt mitbekommen. Die Tour d'Horizon ist im Grunde ein absichtliches Anhalten des Autopiloten und ein Sich-bewusst-werden, was Ihre Gegenwart ausmacht. Dieses Innehalten wird oft auch als STOP-Übung bezeichnet. S steht dabei für Stopp, das Unterbrechen dessen, was Sie gerade tun. T steht für Take a Breath. Ein oder mehrere bewusste Atemzüge bringen Sie in Distanz zu dem, was Sie gerade tun. O steht für Observe, womit der Befindlichkeits-Check wie in der Tour d'Horizon gemeint ist. Und P steht für Proceed, also das weitermachen, was Sie gerade unterbrochen haben.

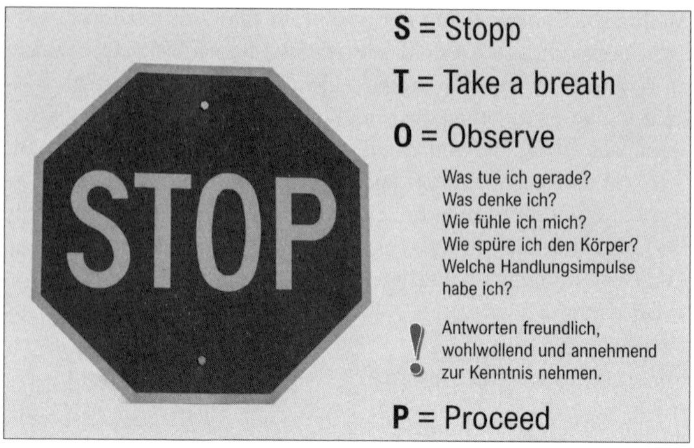

Abbildung 7: STOP – Übung: Innehalten im Alltag

Über den Link oder QR-Code erhalten Sie ein STOP-Schild, das Sie ausdrucken, ausschneiden und als Reminder nutzen können.

https://utb.de/do/10.36198/9783838560472-m02

Diese kleine Übung ist die wirkungsvollste Mini-Achtsamkeitsübung, die ich kenne. Oft verändert sie die Situation und das Proceed mündet in eine andere Tätigkeit, wie die gerade unterbrochene und sei es nur, dass wir zur Toilette gehen, weil wir gemerkt haben, dass es schon seit längerem ansteht. Probieren Sie es aus. Vielleicht können Sie sich ja motivieren, die Übung versuchsweise an einem Tag mehrere Male durchzuspielen. Oft sind die Erfahrungen verblüffend.

Die Achtsamkeitspraxis im Alltag, die überhaupt keine zusätzliche Zeit erfordert, besteht darin, Dinge, die wir sowieso tun, nicht gedankenverloren, sondern achtsam und mit voller Aufmerksamkeit zu tun. Dafür eignen sich vor allem Tätigkeiten, für die Sie nicht Ihre volle Aufmerksamkeit brauchen, weil sie im Autopilotmodus ablaufen. Das ist praktisch alles, was Ihren Alltag ausmacht: Aufstehen, sich Anziehen, sich Waschen, Duschen, Zähneputzen, Essen, Trinken, Gehen, Putzen usw. Meistens sind wir bei diesen Tätigkeiten mit unseren Gedanken irgendwo, nur nicht bei der jeweiligen Tätigkeit, was auch ganz normal ist, deshalb gibt es ja unseren Autopiloten. Aber um Achtsamkeit zu trainieren, sind alle diese Tätigkeiten gute Gelegenheiten. Wenn Sie das Buch bis hierhin gelesen haben, haben Sie vielleicht schon eine Idee, wie achtsam Geschirr spülen geht. Wenn Sie möchten, überlegen Sie sich doch mal eine Antwort, bevor Sie weiterlesen.

Achtsam Geschirr spülen bedeutet, dass Sie mit allen Ihren Sinnen und Ihren Gedanken nur beim Geschirr spülen sind und nicht etwa daran denken, wie blöd das jetzt ist zu spülen oder was Sie noch alles erledigen müssen oder warum das Spülen jetzt an Ihnen hängenbleibt oder dass Sie am liebsten schon Semesterferien hätten oder sich über die Pfanne ärgern, die einfach nicht sauber wird usw. Meistens gehen uns 1.000 Dinge durch den Kopf, die uns davon abhalten beim Geschirrspülen präsent zu sein: Das Wasser zu spüren, die Temperatur, das unterschiedliche Gewicht des Geschirrs, wie wir unsere Hände bewegen, zupacken, loslassen, den Schwamm oder das Geschirrtuch nutzen oder auch die Gedanken bewusst mitzukriegen, die das Spülen auslöst. Es gibt zwar eine unendliche Vielfalt an Erfahrungen, ein richtiges Feuerwerk an Erfahrungen, die Sie beim Spülen machen können, aber täuschen Sie sich nicht. Es ist verdammt schwer, interessiert und konzentriert mit der Aufmerksamkeit beim Spülen zu bleiben und sich nicht in Gedanken zu verstricken. Denn der Job unseres Autopiloten ist ja gerade, bewusste Aufmerksamkeit zu *sparen*, um sie für Wichtigeres verfügbar zu haben. Diesen Prozess zu unterbrechen, ist beim Spülen genauso schwer wie beim Atmen. Deshalb lassen Sie sich nicht entmutigen, wenn Sie das merken. Nehmen Sie die

Schwierigkeiten, die Sie mit der Konzentration auf die sinnlichen Erfahrungen des Spülens haben, lediglich als Hinweis darauf, dass Achtsamkeit geübt werden muss. Sie können davon ausgehen, wenn Sie mehrere Wochen aus Spülen eine Spülmeditation gemacht haben – denn nichts anderes ist achtsames Spülen – dann wird es Ihnen leichter fallen, Ihre Aufmerksamkeit beim Spülen zu halten.

Auf die gleiche Weise können wir jede andere Routinetätigkeit, auch ganz kleine, wie z. B. Schuhe anziehen als Anlass für kleine Achtsamkeitsmeditationen im Alltag nutzen, die nach dem gleichen Prinzip funktionieren wie die Atemmeditation. Immer wenn sie bemerken, dass die Aufmerksamkeit von Gedanken in Beschlag genommen worden ist, lenken Sie sie einfach wieder zur Gegenwart und zur jeweiligen Tätigkeit zurück, ohne ein Problem daraus zu machen, dass Sie abgeschweift waren. Auf dem Weg zurück in die Gegenwart, sind Körperempfindungen und Sinneseindrücke die einfachsten Objekte, auf die sie die Aufmerksamkeit lenken können.

Ein Aspekt der informellen Achtsamkeitspraxis im Alltag könnte Sie vielleicht noch mehr anregen: Sie kann richtig Spaß machen. Wenn Sie Achtsamkeit zum Beispiel bei Erholungstätigkeiten trainieren, z. B. wenn Sie Musik hören oder spazieren gehen oder etwas anderes tun, was Ihnen Spaß macht, können Sie das Angenehme, Schöne und Erfreuliche deutlich intensivieren. Sie können das, was Sie sowieso schon gerne tun, einfach noch mehr auskosten.

Das gilt übrigens auch fürs Essen, dass ja auch genussvoll sein kann, wenn es nicht einfach ignoriert wird, nicht als Suchtmittel oder zur Ablenkung genutzt wird oder mit vielen „Du solltest", „Du darfst nicht", „Du müsstest" belastet wird. Auf jeden Fall kann Achtsamkeit helfen, Essen wieder zu einer unbeschwerteren und freundvolleren Tätigkeit zu machen. Das ist aber ein eigenes Thema, zu dem beispielsweise Chozen Bays Lesenswertes geschrieben hat.[22]

22 Bays, Jan Chozen (2009): Achtsam essen.

In den meisten Achtsamkeitsprogrammen und -kursen werden beide Arten des Achtsamkeitstrainings, sowohl die formale Meditationspraxis als auch die informelle Achtsamkeitspraxis im Alltag vermittelt. Auch das im zweiten Teil des Buches vorgestellte Trainingsprogramm umfasst beide Arten.

Damit bin ich am Ende des Kapitels angelangt. Ich erinnere noch mal daran, was ich am Anfang des Kapitels gesagt habe: Achtsamkeit lässt sich nicht verbal beschreiben. Was ich über Achtsamkeit geschrieben habe, ist deshalb viel weniger eine Beschreibung als eine Einladung, Achtsamkeit auszuprobieren. Ich habe versucht, mit den Ausführungen über unser inneres Funktionieren eine konsistente und plausible Grundlage für die Wirkung von Achtsamkeit zu legen und verständlich zu machen, wie ein Achtsamkeitstraining aussieht.

Im nächsten Kapitel, das Sie als einen weiteren Abschnitt meines Einladungsschreibens verstehen können, geht es um die Wirkung von Achtsamkeit, zuerst um die erhoffte, wie sie sich im Achtsamkeits-Boom zeigt und dann die erwiesene, wie sie sich in der wissenschaftlichen Wirksamkeitsforschung zeigt.

Wirkungen von Achtsamkeit

Die erhoffte Wirkung von Achtsamkeit: der Achtsamkeitsboom

Die VUCA-Welt

Die Welt dreht sich immer schneller. Die Veränderungen nehmen zu. Und es sind unerwartete Veränderungen mit riesigen Konsequenzen. Sie kommen einerseits stetig aber rasant daher, wie die oben schon angesprochene technische Entwicklung von Internet, Smartphone und Social Media oder plötzlich und unvorhergesehen, wie die Corona-Pandemie oder der Krieg in der Ukraine, der gerade begonnen hat, wenn ich diese Zeilen schreibe.

Gleichzeitig zeigt gerade der Krieg, wie verflochten und abhängig wir voneinander sind. Es gibt nicht die Reaktion auf den

Angriffskrieg, die verlässlich oder planbar in eine gewünschte Richtung wirken würde. Und jede Reaktion hat auch Konsequenzen für uns. Die Komplexität der Vernetzung und der Wirklinien lässt sich nicht reduzieren. Einfache und eindeutige Lösungen gibt es nicht. Stattdessen gibt es unterschiedliche Meinungen und Interpretationen, die sich auch nicht vereinheitlichen oder auflösen lassen.

Nehmen wir dann noch die globalen Krisen, wie die Erderwärmung mit den dazugehörigen Naturkatastrophen, die Ressourcenverknappung mit dem dazugehörigen Kampf um sie und die globale soziale Ungerechtigkeit mit den dazugehörigen Flüchtlingsbewegungen, dann wird klar, dass wir in einer Welt leben, die von uns in immer kürzeren Intervallen, Anpassungen und Veränderungen abverlangt, die uns immer häufiger aus der Komfortzone heraustreiben. Die VUCA-Welt – VUCA ist ein Akronym, das für Volatility, Uncertainty, Complexity, Ambiguity steht – lässt niemand ungeschoren, auch Sie nicht. Die Unsicherheit lässt sich auch nicht dadurch im Zaum halten, simplen Schwarz-Weiß-Lösungen zu folgen, sich in Echokammern in Sicherheit zu bringen oder den Kopf in den Sand zu stecken. Die Welt fordert uns alle heraus, im Großen wie im Kleinen, in der Politik genauso wie in der Wirtschaft, in der Arbeit genauso wie im Studium und im Privatleben. Wie ernähren wir uns? Welche Kleider tragen wir? Welche Freunde haben wir? Welche Vorstellungen haben wir von unserem Leben, das in Zukunft auf uns wartet? Die leichtfertigen und selbstverständlichen Antworten unseres Autopiloten sind immer seltener angemessen. Die Dinge und sich selbst immer wieder neu zu bedenken, neu auszurichten, die nächsten und die übernächsten Schritte immer wieder neu planen und dann auch gehen zu müssen, Altvertrautes aufgeben und Risiken ohne Erfolgsgarantie eingehen zu müssen, all das ist ungeheuer anstrengend. Wenn es etwas gibt, was wir als Gesellschaft systematisch unterschätzen, obwohl wir es am eigenen Leib dauernd selbst erfahren, ist die mentale und emotionale Anstrengung, die damit verbunden ist, darüber nachdenken zu müssen, wie wir uns außerhalb unserer Komfortzone bewegen können. Solange das selten passiert, kann das auch anregend und interessant sein. Wird die Notwendigkeit häufiger, landen wir schnell im chronischen Stress. Unsicherheit, Unklarheit, Unentschlossenheit, Zweifel und das Gefühl, überfordert zu sein, heben immer pausenloser unseren Stresslevel. Mit Folgen.

Denn mental sind wir nicht gut aufgestellt, um mit den Anforderungen einer VUCA-Welt zurechtzukommen. Das zeigen die seit Jahren kontinuierlich steigenden Zahlen psychischer Erkrankungen wie Depressionen, Angststörungen, Burnout usw.

Die Technikerkrankenkasse veröffentlicht in Ihren Jahresberichten seit 2000 ein Schaubild, das die kontinuierliche Zunahme psychischer Erkrankungen gegenüber anderen Krankheitsarten eindrücklich dokumentiert. Hier das Schaubild aus dem Gesundheitsbericht von 2022[23]. Dazu kommen die stark stressbedingten körperlichen Erkrankungen wie etwa Herz-Kreislauf-Erkrankungen oder Rückenleiden.

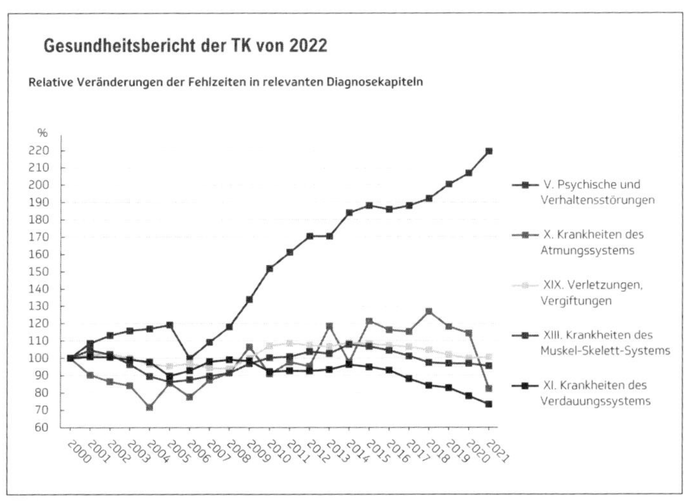

Abbildung 8: Die Entwicklung der Krankheitsarten seit dem Jahr 2000

23 Techniker Krankenkasse: TK-Gesundheitsreport 2022.

Wenn Sie sich selbst überfordert und depressiv fühlen, dann können Sie sicher sein, dass es vielen, auch vielen Studierenden ähnlich geht wie Ihnen. Wichtig ist, dass Sie das ernst nehmen und sich Unterstützung suchen, bei Freunden, in der Studienberatung, beim Arzt, beim Therapeuten. Und natürlich könnte Ihr Befinden auch Grund sein, dieses Buch zu lesen und sich auf den Weg der Achtsamkeit zu begeben. Aber Vorsicht: Je größer das seelische Leid, desto wichtiger ist professionelle Hilfe und nicht immer ist Achtsamkeit empfehlenswert.[24] Achtsamkeit ist zwar wirkmächtig, aber kein Allheilmittel und in seltenen Fällen, z. B. bei starken Depressionen kontraindiziert. Vor allem ist Achtsamkeit kein Wundermittel, auch wenn viele sich das wünschen und der aktuelle Achtsamkeitsboom das manchmal suggeriert.

Die Sehnsucht nach innerer Ruhe

Die VUCA-Welt aktiviert nicht nur unsere Stressreaktion, sondern schafft auch Sehnsucht nach innerer Ruhe und Ausgeglichenheit. Achtsamkeit und Meditation sind ideale Projektionsflächen für diese Sehnsucht. Sie und die wissenschaftlich erwiesene Wirksamkeit von Achtsamkeit und Meditation, auf die ich im nächsten Kapitel eingehen möchte, sind wohl die wichtigsten Gründe für einen Achtsamkeitsboom, der Ende des 20. Jahrhunderts noch unvorstellbar war. Allein ein Blick in den Büchermarkt zeigt die wachsende Popularität von Achtsamkeit nach der Jahrtausendwende.

Das oben schon angeführte Buch von Jon Kabat-Zinn, „Gesund durch Meditation", wurde 1990 unter dem viel aussagekräftigeren Titel „Full Catastrophe Living" – deutsch: Die volle Katastrophe leben – erstmals in den USA veröffentlicht. Die deutsche Übersetzung wurde ein Jahr später publiziert. Die meisten Sachbücher wandern nach 10 Jahren ins Archiv oder auf den Müll. Anders bei diesem Buch. Es erlebte nämlich nach 20 Jahren die *erste* Taschen-

24 Insbesondere bei starken Depressionen, Suizidalität oder Psychosen sollte Achtsamkeit und Meditation nur mit ärztlicher Begleitung praktiziert werden. Mehr zu den Nebenwirkungen von Achtsamkeit finden Sie hier: Schindler, Simon (2020): Achtsamkeit – Wirksame Medizin ohne Nebenwirkung?

buchauflage. Das Buch ist auch 10 Jahre später in der x-ten Auflage noch überall erhältlich.

Eine Stichwortsuche auf Amazon, die ich seit 2017 jährlich durchgeführt habe, zeigt eindrücklich, den explodierenden Buchmarkt in puncto Achtsamkeit. Wurden 2017 noch weniger als 4.000 Buchtitel ausgegeben, so waren es 2022 schon über 50.000. Auch das Buch, dass Sie jetzt lesen, würde es vermutlich ohne diesen Achtsamkeitsboom nicht geben.

Heute ist Achtsamkeit und Meditation in der Mitte der Gesellschaft und in allen Lebensbereichen angekommen. Hier eine kleine Auswahl von Buchtiteln, die das belegen: „Der achtsame Weg durch Schwangerschaft und Geburt“, „Mindful Parenting“, „Achtsamkeit für Kinder“, „Wege zu mehr Achtsamkeit und Mitgefühl in der Schule“, „Achtsamkeit und Meditation im Hochschulkontext“, „Achtsamkeit für Mitarbeiter und Führungskräfte“, „Mindful Leadership“, „Achtsamkeit im Projektmanagement“, „Mindful Men“, „Die Wissenschaft und Kunst des achtsamen Älterwerdens“, „Sterben in Achtsamkeit“, „Essen, trinken, achtsam genießen“, „Der Weg zur inneren Ruhe“ …

Der Buchmarkt belegt aber auch, dass Achtsamkeit heute ein großes Geschäft geworden ist, an dem nicht nur Bücher, sondern alle Arten von Medien, die gesamte Weiterbildungsbranche, die Wissenschaft inklusive der Vergabe von Forschungsgeldern beteiligt sind. Das hat natürlich Auswirkungen, nicht nur positive. Nicht überall, wo Achtsamkeit draufsteht, ist auch Achtsamkeit drin. Achtsamkeit ist ein schillerndes Wort geworden, dass nicht immer das meint, was ich im letzten Kapitel versucht habe, zu beschreiben. Aus der Achtsamkeit, deren Wurzeln tief in unser Menschsein reichen, wird im Handumdrehen eine Art Instant-Achtsamkeit oder McMindfulness, eine leicht verfügbare und schnell wirkende Wunderheilmethode, die uns gegen alle Widrigkeiten des Lebens wappnet und wie eine Glückspille wirkt. Versprechungen wie „Negative Gedanken loswerden in 60 Sekunden“ oder „Tief entspannen in 3 Minuten“ oder „Dauerhaft glücklich sein“ sind leider unrealistisch. Leider. Tatsächlich wirkt Achtsamkeit, sogar stark, vielfältig und transformierend. Allerdings nur, wenn wir den oft genug steinigen Weg der Achtsamkeit auch gehen, wie ich das im letzten Kapitel ausgeführt habe.

Das sollten Sie im Hinterkopf behalten, wenn Sie im nächsten Kapitel etwas über die teilweise verblüffenden und beeindruckenden Wirkungen von Achtsamkeit und Meditation lesen.

Die erwiesene Wirkung von Achtsamkeit: Wirksamkeitsforschung

Meditationsboom auch in der Forschung

Als der Molekularbiologe Jon Kabat-Zinn vor über 40 Jahren damit begann, an einer normalen Klinik in Massachusetts Patienten mit chronischen Schmerzen Meditation beizubringen, um dadurch Ihr Leid zu lindern, war das, gelinde gesagt, gewagt. Meditation war etwas für Freaks oder Mönche und eigentlich ein No-Go in einem schulmedizinisch ausgerichteten Krankenhaus in den USA. Dass Kabat-Zinn trotzdem die Klinikleitung davon überzeugen konnte, Meditationskurse in den Räumen der Klinik zuzulassen, hing wohl nicht nur mit seinem Charisma, sondern auch damit zusammen, dass er als Naturwissenschaftler eher unverdächtig war und zudem am MIT bei dem Medizinnobelpreisträger Salvador Luria promoviert hatte. Trotzdem musste er die positive Wirkung seiner Meditationskurse nachweisen. Das tat er durch systematische Vorher- und Nachher-Befragungen der Kursteilnehmenden. Die so nachgewiesene schmerzlindernde Wirkung der Meditationskurse war verblüffend eindeutig und hat sich herumgesprochen.

Das war der Anfang der MBSR-Kurse, in denen Kabat-Zinn fernöstliche Meditationspraktiken Menschen zugänglich machte, die wohl niemals ein buddhistisches Zentrum betreten hätten. Dazu löste er die Praktiken aus dem religiösen Kontext, verankerte sie im allgemeinmenschlichen Erfahrungshorizont und verzichtete auf die Verwendung buddhistischer Begrifflichkeiten. Zudem standardisierte er das MBSR-Programm. Die Meditationsvermittlung wurde so unabhängiger vom persönlichen Stil eines Meditationslehrers und damit zugänglicher für die empirische Wissenschaft.

Eine zweite Wurzel für die Beschäftigung der Wissenschaft mit Meditation geht auf die Initiative des Dalai Lama zurück, der davon überzeugt war, dass Wissenschaft und buddhistische Thesen vereinbar sind und dass sich die Wirkung von Meditation auch wissenschaftlich nachweisen lassen müsste. Dazu wurde 1990 ebenfalls in den USA das Mind and Life Institute gegründet, um den Dialog zwischen Wissenschaft und Religion zu fördern.

Aus meiner Sicht waren die beiden genannten Initiativen, die wichtigsten Treiber, Achtsamkeit und Meditation aus der esoterisch-spirituellen Ecke herauszuführen und als wissenschaftliches Forschungsfeld zu etablieren. Natürlich waren viele weitere Influencer und Faktoren daran beteiligt, wie etwa die Fortschritte bildgebender Verfahren in der Hirnforschung oder der oben angesprochene steigende Bedarf an mentalen Entlastungsmethoden, dass Achtsamkeit und Meditation in der wissenschaftlichen Forschung einen ähnlichen Boom erlebt wie in der Gesellschaft. Das folgende Schaubild zeigt die beeindruckende Zunahme wissenschaftlicher Studien zu Mindfulness in den letzten 20 Jahren.

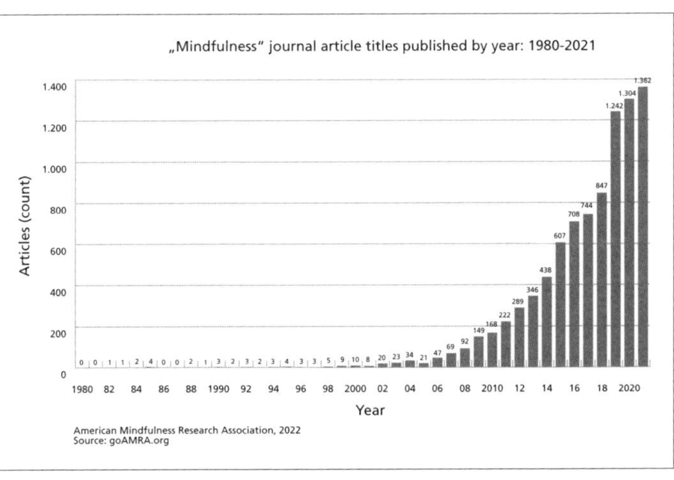

Abbildung 9: Zunahme wissenschaftlicher Studien zu Mindfulness seit 1980

Vielfältige Wirkungen von Meditation nachgewiesen

Weil Achtsamkeit so tief in unseren Betriebsmodus eingreift und gewissermaßen den Antriebsmotor “Bewerten” auskuppelt, ist die Wirkung von Achtsamkeit so verblüffend groß und vielfältig. Wir können heute davon ausgehen, dass die breite Wirksamkeit von Achtsamkeit wissenschaftlich gut belegt ist. Achtsamkeit kann so unterschiedliche Effekte haben, wie das Stress- und Schmerzempfindungen reduzieren, Angst, Depressionen und Abhängigkeitserkrankungen lindern, das Immunsystem stärken, Herz-Kreislauf-Erkrankungen reduzieren, Konzentration, Arbeitsgedächtnis und Kreativität stärken und die Kommunikation und den Umgang mit anderen verbessern. In einer Metastudie, in die 163 Einzelstudien aufgenommen wurden, hat Peter Sedlmeier, Professor für Forschungsmethodik und Evaluation, die Effektstärken von Meditation auf 21 Aspekte des menschlichen Lebens und Verhaltens untersucht. Abbildung 10 zeigt das Ergebnis. Auffällig ist vor allem die starke Effektgröße bei Beziehungsgüte, was deutlich macht, dass Achtsamkeit nicht nur große Auswirkungen auf sich selbst, sondern auch auf den Umgang mit anderen hat.

Um die Wirksamkeitsforschung plastischer zu machen, möchte ich beispielhaft drei Einzelstudien vorstellen. Ich habe die Studien deshalb ausgewählt, weil sie aus meiner Sicht Wirkungen von Achtsamkeit illustrieren, die auch für Sie als Studierender interessant sein können und weil die Studien sich stark in Bezug auf die Dauer der zugrunde liegenden Meditationspraxis unterscheiden.

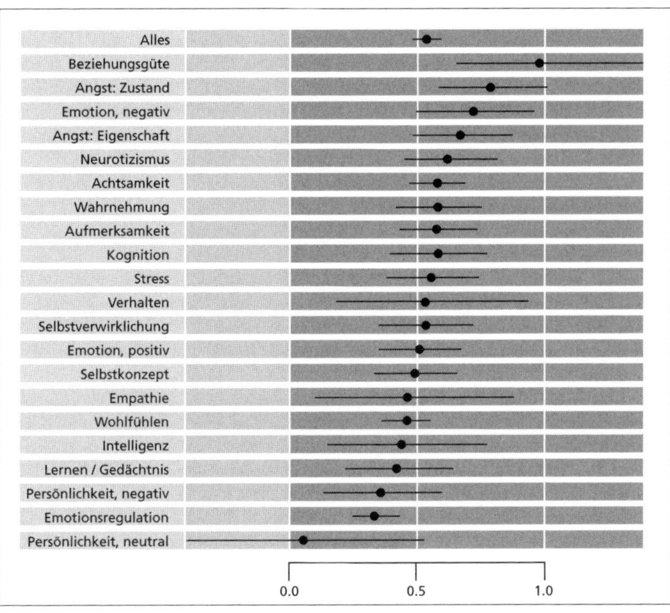

Abbildung 10: Effektstärken von Meditation, P. Sedlmeier: Die Kraft der Meditation, 2016

Langzeitmeditierende ticken anders

Zuerst eine Studie von Richard Davidson, einem weltweit anerkannten Hirnforscher, der zu den Pionieren der Meditationsforschung gehört.[25] In dieser Studie aus dem Jahre 2012 ging es darum, zu untersuchen wie Langzeitmeditierende mit einer Meditationspraxis von mindestens 10.000 Stunden im Vergleich zu Menschen ohne Meditationspraxis auf Schmerzen reagieren.[26] Wenn Sie sich vorstellen, Sie würden jeden Tag 2 Stunden meditie-

25 Ein lesenswertes und leicht lesbares Buch über die neuronalen Grundlagen unseres Fühlens und die Anfänge der Meditationsforschung mit Langzeitmeditierenden ist das Buch von Richard Davidson und Sharon Begley (2012) Warum wir fühlen, wie wir fühlen.

26 Die Details zur Studie finden Sie in: Lutz, Antoine; McFarlin, Daniel R.; Perlman, David M.; Salomons, Tim V.; Davidson, Richard J. (2013): Altered ante-

ren, dann bräuchten Sie immer noch fast 14 Jahre, um auf 10.000 Stunden zu kommen. Es geht also um Meditationsprofis. Die Versuchsanordnung war folgendermaßen. Den Probanden wurden an einer Stelle am Unterarm für 4 Sekunden Hitzeschmerzen zugefügt. Der Hitzestoß wurde ein paar Sekunden davor durch ein akustisches Signal angekündigt. Dieser Ablauf wurde mehrere Male wiederholt. Während des ganzen Versuchs, wurde mittels der funktionellen Magnetresonanztomographie (fMRT) die Aktivität des Schmerznetzwerks im Gehirn der Probanden gescannt. Hier sehen Sie eine schematische Darstellung des Aktivierungsverlaufs bei den Meditationsprofis und bei Nicht-Meditierenden.

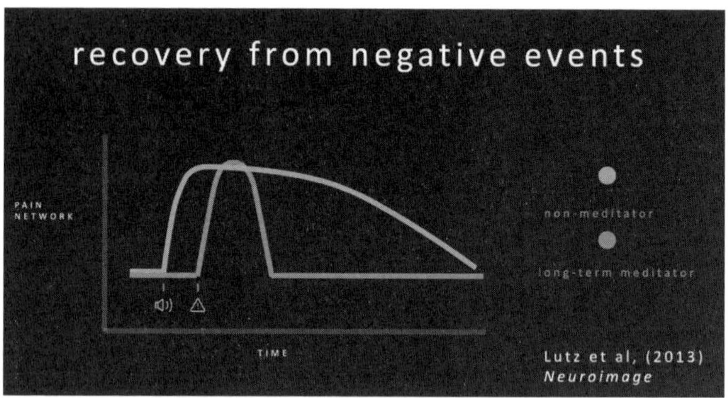

Abbildung 11: Schmerzempfinden bei Langzeitmeditierenden

Das Schaubild zeigt, dass bei den Nicht-Meditierenden das Schmerznetzwerk fast stärker durch das akustische Signal aktiviert wurde als dann durch den Hitzestoß selber und dass es auch lange nach Ende des Hitzestoßes aktiviert bleibt und sich erst langsam beruhigt. Demgegenüber ist das Schmerznetzwerk bei den Langzeitmeditierenden nur während des Hitzestoßes aktiv. Offensichtlich spüren die Meditierenden den Schmerz genauso wie die

rior insula activation during anticipation and experience of painful stimuli in expert meditators.

Nicht-Meditierenden, sogar noch mehr, allerdings scheinen weder Erwartungen vor dem akustischen Signal noch Gedanken nach dem Hitzestoß den Schmerz zu verlängern.

Dieser Versuch illustriert sehr schön die zentrale Absicht von Achtsamkeit und die Wirkung, die sich einstellt, wenn die Absicht tatsächlich verwirklicht wird. Auch wenn ich kein Langzeitmeditierender bin und gewiss noch weit davon entfernt bin, mein Erleben nicht mehr von Erwartungen oder Befürchtungen prägen zu lassen, so deuten die Veränderungen in meinem Erleben, seitdem ich regelmäßig meditiere, in die gleiche Richtung. Anstehende Herausforderungen belasten mich im Vorfeld deutlich weniger als früher und unangenehme Erfahrungen beschäftigen mich weniger lang. Befürchtungen und Grübeleien haben sich merkbar reduziert. Für jemand wie mich, der sich Herausforderungen gerne riesig gedacht und Unangenehmes gern dramatisiert hat, ist das ein kostbarer Gewinn an Lebensqualität.

Acht Wochen Achtsamkeit verändern die Hirnstruktur

Die zweite Studie ist von Britta Hölzel, einer deutschen Hirnforscherin, die auch MBSR-Lehrerin ist. Sie untersuchte 2010 die Auswirkungen eines MBSR-Kurses auf die Hirnstruktur der Kursteilnehmenden. Dazu scannte sie die Kursteilnehmenden vor und nach dem Kurs in einem MRT. Die Kursteilnehmenden hatten vorher noch nie meditiert. Um die Ergebnisse der Studie besser einordnen zu können, sollten Sie wissen, dass ein MBSR-Kurs aus acht wöchentlich stattfindenden, ca. zweieinhalbstündigen Gruppensitzungen besteht, in denen verschiedene Meditationstechniken vermittelt werden und allgemeine Themen wie der Umgang mit angenehmen oder unangenehmen Ereignissen behandelt und reflektiert werden. Ein weiterer Bestandteil des Kurses ist ein ca. siebenstündiger Meditationstag im Schweigen in der sechsten Kurswoche. Die Teilnehmenden sind gehalten, auch zwischen den Sitzungen Reflexionsaufgaben zu erledigen und regelmäßig zu meditieren, im Durchschnitt ca. 30–45 Minuten täglich. In acht Wochen wird niemand zu einem Langzeitmeditierenden, aber offensichtlich reichen Art und Dauer eines MBSR-Kurses, für signifikante, strukturelle Veränderungen in bestimmten Hirnarealen.

Frau Hölzel konnte in Ihrer Studie nachweisen, dass die Dichte der grauen Substanz im Hippocampus der Kursteilnehmenden im Durchschnitt signifikant zugenommen hat. Der Hippocampus ist eine Hirnstruktur unterhalb der Großhirnrinde, die für die Gedächtnisbildung und für das Lernen wichtig ist. Die Zunahme an grauer Substanz ist das makroskopische Kennzeichen dafür, dass sich im Laufe des Kurses neue Neuronen und neuronale Verbindungen im Hippocampus entwickelt haben.

Sie konnte auch nachweisen, dass sich die graue Substanz in der Amygdala verringert. Die Amygdala ist so etwas, wie das Alarmzentrum im Gehirn, das bei der Auslösung der Stressreaktion eine wichtige Rolle spielt. Sie konnte sogar den Grad der Abnahme der grauen Substanz mit dem Grad der Abnahme im Stressempfinden der Kursteilnehmenden korrelieren. Mit anderen Worten, MBSR hält, was es im Namen verspricht, nämlich Stressreduktion durch Achtsamkeit.[27]

Auch ein verordnetes Achtsamkeitstraining kann positiv wirken.

Die dritte Studie fand im Wintersemester 2018/2019 an der Hochschule Darmstadt im Fachbereich Wirtschaft statt. Sie wurde von Prof. Dr. Stork geleitet.[28] Seine Frage, die er mit der Studie beantworten wollte, war, wieweit ein Achtsamkeitstraining, das als Pflichtveranstaltung in das Regelstudium integriert ist, positive Effekte haben kann. Der Hintergrund war, dass freiwillige stressre-

27 Details zur Studie finden Sie hin: Hölzel, Britta K; Carmody, James; Evans, Karleyton C; Hoge, Elizabeth A; Dusek, Jeffery A; Morgan, Lucas; Pitman, Roger K; Lazar, Sara W (2010): Stress reduction correlates with structural changes in the amygdala.

28 Mehr zum Forschungsprojekt und den Projektbeteiligten finden Sie hier: https://achtsam-studieren.com/ Details zur Studie finden Sie hier: Stork, Werner; Heimes, Silke; Aatz, Helmut; Boll, Jens (2020): Achtsamkeit und Resilienz in der Hochschullehre: Zur Wirksamkeit stressreduzierender und resilienzfördernder Maßnahmen im Studium.

duzierende oder resilienzfördernde Trainingsangebote der Hochschule von den Studierenden kaum genutzt wurden.

Als mich Professor Stork fragte, ob ich das Trainingskonzept für die Studie entwickeln könnte, war ich einerseits geschmeichelt und andererseits sehr skeptisch, da ich mir nicht vorstellen konnte, dass Achtsamkeit als Zwangsmaßnahme funktioniert. Die überraschend positiven Ergebnisse haben mich eines Besseren gelehrt.

An der Studie nahmen Studierende aus den Bachelor-Studiengängen Betriebswirtschaftslehre und Wirtschaftsingenieurwesen teil. Ein Drittel der Studierenden nahmen dreimal im Laufe des Semesters an einem ca. 1,5-stündigen Achtsamkeitstraining teil, das vor allem auf den Umgang mit sich selbst ausgerichtet war (Individualgruppe). Ein zweites Drittel nahm an einem Achtsamkeitstraining teil, dass auf den Umgang mit anderen ausgerichtet war (Teamgruppe). Dem dritten Drittel wurde als Kontrollgruppe ein Fachthema vermittelt, dass ebenso wie das Achtsamkeitstraining nicht prüfungsrelevant war. Das Achtsamkeitstraining bestand sowohl für die Individualgruppe als auch für die Teamgruppe darin, Achtsamkeit als wissenschaftlich validierte Stressreduktionsmethode vorzustellen und kleine Achtsamkeitsübungen von 3–10 Minuten zu vermitteln, die zwischen den Trainings praktiziert werden sollten, wofür auch Audioanleitungen zur Verfügung standen. Eine Kontrolle der Praxis fand nicht statt.

Zusätzlich konnten die Studierenden sozusagen als Möhre ein Teilnahmezertifikat für das Achtsamkeitstraining bekommen, wenn Sie die Erfahrungen in ihrer Achtsamkeitspraxis und im Studium in einem Lerntagebuch mit vorgegebenen Reflexionsfragen dokumentierten, was ca. 20 % der Studierenden taten.

An drei Zeitpunkten zu Beginn des Semesters im Oktober, vor Weihnachten und am Ende des Semesters im Februar mussten die Studienteilnehmenden fünf standardisierte Fragebogen zu den Themen Achtsamkeit, negative bzw. positive Affekte, Lebenszufriedenheit und Selbstwirksamkeit ausfüllen. Das auch für mich überraschende Ergebnis war, dass alle Achtsamkeitsgruppen in allen Skalen besser abschnitten als die Kontrollgruppen. Vor allem in der Skala Lebenszufriedenheit waren die Ergebnisse eindrücklich und statistisch signifikant.

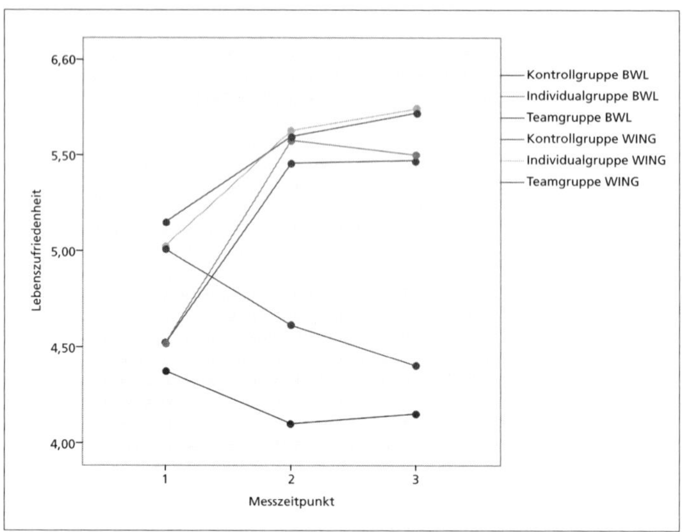

Abbildung 12: Die Wirkung eines Achtsamkeitstraining im Regelstudium

Hier drei Zitate aus den Lerntagebüchern, die vielleicht auch Ihre Motivation stärken, das Trainingsprogramm im zweiten Teil des Buches anzugehen.

Auf die Frage „Wie bewerte ich den Achtsamkeitskurs insgesamt? Hat er sich für mich gelohnt? Wenn ja wie?“ wurden beispielsweise folgende Antworten gegeben:

„Der Achtsamkeitskurs hat mir schon nach dem ersten Seminar etwas gebracht, deswegen hat er sich auch für mich gelohnt und ich bin froh, dass ich in diese Gruppe gelost wurde. Ich konnte vieles lernen und mitnehmen, worüber ich mir vorher keinerlei Gedanken gemacht habe.“

„Ja, der Kurs hat sich für mich gelohnt. Ich habe gelernt, meinen Körper, meine Gefühle und Emotionen besser zu verstehen.“

„Ich empfand den Achtsamkeitskurs als interessant und es war eine spannende neue Erfahrung. Ich wollte dem Ganzen eine Chance geben und habe dies auch getan und wurde positiv überrascht. Ich habe nicht viel Achtsamkeit praktiziert, aber auf kleine Dinge geachtet und diese haben bereits einen positiven Effekt gehabt. … Vielen Dank für die Möglichkeit mal hinein zu schnuppern."

Achtsamkeit und Resilienz

Zum Schluss dieses Kapitels möchte ich kurz auf die Wirkung von Achtsamkeit auf die persönliche Resilienz eingehen. Das Wort Resilienz ist ja heute, genauso wie Achtsamkeit, populär und in aller Munde. Nicht zuletzt deshalb gibt es auch viele Begriffsdefinitionen. Für mich besteht persönliche Resilienz einerseits darin, möglichst wenig in sehr starken oder chronischen Stress zu kommen und andererseits darin, möglichst schnell wieder auf einen normalen Stresslevel zurückzukommen, wenn die Belastungen einen mal überfordern, was uns allen immer wieder passiert. Mit anderen Worten: Wir sind umso resilienter, je mehr es uns gelingt, angemessen, vernünftig und flexibel auf die Herausforderungen des Lebens zu reagieren.

Als Resilienz fördernd gelten bestimmte innere Haltungen neudeutsch: Mindsets. Zu diesen Mindsets zählen:

- Verantwortung übernehmen, Dinge anpacken, die veränderbar sind und sich nicht als Opfer der Umstände sehen,
- Umstände, die nicht veränderbar sind, akzeptieren,
- sich als jemand einschätzen, der selbst wirken kann und Einfluss darauf hat, Umstände und sich selbst zu verändern,
- optimistisch sein und darauf vertrauen, dass sich die Dinge auch dort, wo ich sie nicht oder nur wenig beeinflussen kann, gut entwickeln werden,
- sich selbst akzeptieren, so wie man ist, mit allen Schwächen, Mängeln und Unvollkommenheiten,
- sich selbst regulieren, vor allem die eigenen Körpersignale ernst nehmen und auf sie reagieren,
- soziale Bindungen wertschätzen und pflegen.

Auf alle diese Resilienzfaktoren wirkt die Achtsamkeitspraxis stärkend, indem sie eine bewusste und differenziertere Wahrnehmung der inneren und äußeren Gegenwart kultiviert, wodurch neue, resilientere Haltungen gegenüber der Realität entdeckt und bewusst entwickelt werden können.

Verhaltensoptionen werden sichtbar, die es vorher im Autopilotmodus nicht gegeben hat. Unbeeinflussbare Einschränkungen zeigen sich klarer. In gewisser Weise ist jede Achtsamkeitsmeditation eine Übung im Akzeptieren der Gegenwart, auch und vor allem dann, wenn sie nicht gefällt. Viele Meditationen sind Selbstwirksamkeitsübungen, wenn wir trainieren die Aufmerksamkeit gezielt zu steuern. Durch das Innehalten, das einen großen Teil der Achtsamkeitspraxis ausmacht, bekommen wir die Chance, einerseits auch die Aspekte der Gegenwart zu erkennen, die angenehm sind und problemlos funktionieren und zum anderen mitzukriegen, wie das Unangenehme oft viel weniger schlimm ist, wenn wir uns ihm nähern, als wir es uns in unseren Gedanken ausmalen. Solche Erfahrungen sind richtige Optimismus-Booster. Jede Atemmeditation, jeder Bodyscan trainiert die Körperwahrnehmung. Wir bemerken früher und deutlicher, wenn wir körperlich oder psychisch an unsere Grenzen kommen und können früher und angemessener darauf reagieren. Wie schon in der oben angeführten Metastudie von Peter Sedlmeier angeführt, hat Meditation die größte Effektstärke auf die Beziehungsqualität, vermutlich weil wir in Gesprächen präsenter sind und besser zuhören.

Achtsamkeit wirkt bei jedem anders.

Trotz des breiten Wirksamkeitsnachweises dürfen Sie nicht vergessen, dass auch die Wissenschaft die individuelle Erfahrung von Achtsamkeit und Meditation nicht abbilden kann. Ihre Innenperspektive ist einer wissenschaftlichen Außenperspektive nicht zugänglich. Sie sind immer mehr und ticken immer irgendwie anders als statistische Korrelationen zwischen Innen und Außen nahelegen. Psychologisch-empirische Befunde oder naturwissenschaftlich feststellbare Phänomen in unserem Körper sind keine Abbilder oder Normen für Ihr individuelles Erleben. Und nur das zeigt Ihnen den Weg zu Ihrem persönlichen Wachstum, nicht die Wissenschaft.

Dass Ihre individuelle Entwicklung nicht losgelöst ist von einem größeren Kontext und Einfluss auf diesen Kontext hat, möchte ich im letzten Theoriekapitel beleuchten. Was Sie denken, worauf Sie Ihre Aufmerksamkeit richten, wie Sie mit sich und anderen umgehen und das, was Sie tun, hat Auswirkungen nicht nur auf Sie selbst, sondern immer auch auf andere und die zukünftige Welt, die heute „gebahnt" wird. Es ist eben nicht egal, was Sie denken und was Sie tun, auch wenn wir manchmal den Eindruck haben, dass wir ohnmächtig sind und es sowieso egal ist, wie wir uns verhalten. Das ist ein Trugschluss. Mit anderen Worten: Achtsamkeit hat immer auch eine ethische Dimension.

Achtsamkeit für den größeren Kontext und die Zukunft

Die Wurzeln von Achtsamkeit

Achtsamkeit wird manchmal kritisiert, dass sie Menschen hilft oder sie sogar dazu verführt, sich in die Innerlichkeit zurückzuziehen, sich in einer Wellness-Oase einzurichten und die Umstände nicht mehr verändern zu wollen.[29] Es stimmt zwar, dass ein zentraler Aspekt von Achtsamkeit ist, die Gegenwart so anzunehmen, wie sie im Moment ist. Das bedeutet aber nicht, auch für die Zukunft die Dinge so sein zu lassen, wie sie sind. Im Gegenteil. Achtsamkeit hilft uns eine realistischere Grundlage für unser Handeln zu schaffen, es weniger von starken, destruktiven Emotionen prägen zu lassen und dadurch vielleicht ein kleines Stück

29 Ein bekannter Vertreter dieser Kritik ist Hartmut Rosa, der die Instrumentalisierung von Achtsamkeit in Unternehmen oft genug mit Recht kritisiert, wenn er anmahnt, dass Achtsamkeit dort kontraproduktiv wirken kann, wo die Verbesserung sozialer, struktureller oder organisatorischer Missstände durch die Optimierung der individuellen Resilienz umgangen werden soll, vgl. H. Rosa (2021): Achtsamkeit verhindert Empörung.

klüger und vielleicht sogar weiser zu handeln. Achtsamkeit ist von Hause aus, nämlich von Ihren Wurzeln her, immer schon darauf ausgerichtet, Leiden zu verringern, auch durch Handeln. Weil der enge Zusammenhang zwischen Geist, Herz und Hand im Verständnis von Achtsamkeit leicht übersehen wird oder zu wenig in den Blick gerät, möchte ich kurz auf die historischen Wurzeln der modernen Achtsamkeitsbewegung eingehen, nämlich die Lehrreden von Buddha, die keinen Zweifel daran lassen, dass Meditation kein Selbstzweck ist, sondern immer auch einen ethischen Impetus hat.

Siddhartha Gautama, der historische Buddha, hat vor ungefähr 2500 Jahren in Nordindien gelebt. Er wurde als Sohn einer wohlhabenden, adligen Familie geboren und wuchs sehr behütet auf. Umso betroffener war er, als er außerhalb seiner Welt mit dem normalen menschlichen Leid in Form von Armut, Alter, Krankheit und Tod in Berührung kam. Offensichtlich hat ihn das so beschäftigt, dass es sein Anliegen, vielleicht würde man heute sagen, seine fixe Idee wurde, einen Weg zu finden, wie dieses Leiden im Leben überwunden werden kann. Auf der Suche nach diesem Weg, verließ er Frau und Kind, seine reiche und bequeme Lebenswelt und wurde Asket. Er suchte bei verschiedenen religiösen Lehrern eine Antwort. Aber keine befriedigte ihn. Dann suchte er auf eigene Faust einen Weg, vor allem in der Meditation und erlangte mit 35 Jahren das, was als Erleuchtung oder besser als vollkommenes Erwachen bezeichnet wird, wodurch für ihn die Suche nach der Überwindung des Leidens ein Ende und eine Lösung gefunden hatte. Ich möchte hier als nicht-erwachter Meditationsnovize nicht darüber spekulieren, was dieses Erwachen ist. Nur eine für mich hilfreiche Wittgenstein'sche Leiter, sich diesem Phänomen anzunähern, möchte ich erwähnen, nämlich die Idee, dass das Erwachen so etwas ist wie eine Aha-Erkenntnis ist, lediglich eine alles umfassende. Aha-Erkenntnisse haben wir im Alltag ja immer wieder. Plötzlich wird uns bewusst, dass wir Dinge, Umstände oder Personen falsch gesehen haben. Wenn wir beispielsweise erkennen, dass die Verspätung einer Person zu einer Verabredung gar nichts mit uns zu tun hat, dass sie weder eine versteckte Botschaft an uns enthält, noch eine Stichelei sein soll, sondern lediglich dem verspäteten Nahverkehr geschuldet ist. Eine solche Erkenntnis verändert die Situation grundlegend: Ärger, Vorwürfe, Ressentiments gegenüber der verspäteten Person verschwinden einfach, wenn wir die Situation so sehen können, wie sie wirklich war. Wir nehmen das Geschehen nicht mehr persönlich. So ähnlich, nur im viel größeren Maßstab, gewissermaßen allumfassend, stelle ich mir das Erwachen vor.

Entscheidend in unserem Zusammenhang ist nur, was Buddha nach diesem Erwachen und der Erkenntnis, wie das Leiden überwunden werden kann, getan hat. Er hat nämlich begonnen, anderen von seiner Erkenntnis zu erzählen, um auch Ihnen den Weg aus dem Leiden zu zeigen und ihn für sie gangbar zu machen. Ich vermute, dass bei vielen Religionsstiftern, z. B. auch bei Jesus, ähnliche Erweckungserlebnisse hinter dem stehen, was sie gepredigt haben und dass sich ihre unterschiedlichen Predigten gar nicht so sehr voneinander unterscheiden. Aus meiner Sicht besteht die besondere Qualität der Lehren von Buddha darin, dass er in den 45 Jahren, die er nach seinem Erwachen gelehrt hat, viel Zeit und Gelegenheit gehabt hat, seine Erkenntnisse immer wieder anders für verschiedene Zielgruppen und Situationen auf den Begriff zu bringen, insgesamt zu vereinfachen und den Weg vielleicht detaillierter als andere zu beschreiben. Es gibt immerhin ca. 2500 Seiten Lehrreden von Buddha.

Der Kern der Lehre Buddhas

Die riesige Fülle an Material ist natürlich auch ein Problem. Unterschiedliche Akzentuierungen, Interpretationen und unterschiedliche Sichtweisen sind die Folge. Dazu kommen Unklarheiten und Begriffsprobleme, die durch Übersetzungen von Übersetzungen entstehen. Das Ergebnis sind viele verschiedene buddhistische Schulen, ähnlich wie im Christentum oder im Islam. Und vermutlich können Sie sich vorstellen, dass der etwa 2500 Jahre dauernde Weg vom Wanderprediger Siddhartha Gautama Buddha aus dem indischen Norden über viele Klöster, viele im Laufe der Jahrhunderte ebenfalls erwachte Menschen, bis zu den heutigen buddhistischen Meditationslehrern und den vielen nicht-buddhistischen

Achtsamkeitslehrern aus den unterschiedlichsten profanen Lebensbereichen, wie etwa Medizin, Psychologie, Wirtschaft bis zu diesem Buch und Ihnen als Studierender ein langer Weg ist, viel verschlungener als dieser Satz. Das was ich im Folgenden über den Kern der Lehre Buddhas erzähle, steht also von außen betrachtet auf einem ziemlich wackligen Grund. Trotzdem vertraue ich darauf, dass meine Ausführungen aus diesen Gründen einigermaßen valide sind: 1. Die buddhistische Lehre passt aus meiner Sicht sehr gut zu dem wissenschaftlich fundierten Bild, das ich oben im Kapitel „Wie ticken wir eigentlich" von uns als Menschen skizziert habe. Um dem von Buddha skizzierten Weg zu folgen, muss ich kein Buddhist sein, kann ich auch christlich oder muslimisch oder agnostisch sein. Ich brauche dazu keinen Gott, keine Religion, keine bestimmte Weltanschauung. Die eigene Erfahrung reicht. 2. Meine persönliche Erfahrung mit Achtsamkeit hat mir gezeigt, dass der Weg von Buddha funktioniert und tatsächlich mein Leiden minimiert und mein Leben lebenswerter gemacht hat. Dazu kommt, dass ich, seit ich selbst Achtsamkeit lehre, verlässlich immer wieder bei vielen Kursteilnehmenden erlebe, wie sie sich verändern, wie sie entspannter, freundlicher, offener und zufriedener werden. Natürlich ist das keine Garantie, dass der Weg bei Ihnen auch wirkt. Aber wie schon mehrfach betont, bekommen Sie das nur raus, wenn Sie es selbst ausprobieren.

Hier also ein Minikompendium der buddhistischen Lehre: Buddha hat dieses Kompendium selbst entwickelt und in einer Lehrrede, der sogenannten Satipatthana Sutta[30], dargelegt und seine Botschaft in vier Statements, die oft die vier edlen Wahrheiten genannt werden, zusammengefasst. [31]

30 Eine deutsche, kommentierte Übersetzung der Satipatthana Sutta finden Sie auf der Webseite der Buddhastiftung: https://buddhastiftung.org/satipatthana-sutta-vipassana-meditation/

31 Eine gut lesbares und vor allem auf unsere Alltagserfahrung bezogene Darstellung der buddhistischen Wurzeln von MBSR finden Sie in Mulligan, Beth (2019): Das Herz der Achtsamkeit, Die buddhistischen Wurzeln von MBSR.

Die erste edle Wahrheit

Das erste Statement lautet: Wir leiden alle. Damit ist nicht gemeint, dass das Leben nur aus Leid bestehen würde, oder wir immer mit Altern, Krankheiten oder Sterben konfrontiert wären, sondern nur dass es immer oder fast immer irgendetwas gibt, was uns einfach stört, wehtut, ängstigt oder frustriert. Übersetzt auf unser oben skizziertes inneres Ticken heißt das, dass es fast immer irgendetwas gibt, was unsere Bedürfnisbefriedigung verhindert oder unsere Bedürfnisse verletzt. Die Botschaft der ersten edlen Wahrheit ist: Das ist so und das können wir auch nicht ändern, auch wenn wir alles dafür tun, unsere Bedürfnisse befriedigt und nicht verletzt zu bekommen. Selbst wenn es uns durch unser Handeln gelingt, unsere Bedürfnisse in manchen Punkten zu befriedigen oder nicht verletzt zu bekommen, bleibt immer noch genug übrig, was uns stört oder körperliche oder seelische Schmerzen verursacht. Diesem Statement können wir aufgrund unserer Erfahrung kaum widersprechen. Leider.

Die zweite edle Wahrheit

Das zweite Statement lautet: Es gibt einen Grund für das Leiden, nämlich es anders haben zu wollen, als es gerade ist. Dieses Statement ist schon schwerer zu schlucken. Buddha gibt uns gewissermaßen die Verantwortung dafür, dass wir leiden. Um die zweite edle Wahrheit verdaulicher zu machen, ist eine Unterscheidung hilfreich. Buddha negiert nicht, dass Dinge passieren, auf die wir keinen Einfluss haben und für die wir auch nicht verantwortlich sind, die unangenehm, frustrierend sind oder sehr weh tun. Dieses Leid ist aber klein im Verhältnis zu dem Leid, dass wir uns selbst zufügen, indem wir gegen dieses ursprüngliche Leid mit allen Mitteln ankämpfen. Dadurch verlängern und vergrößern wir das Leid um ein Vielfaches. Genauso vergrößern wir Frustration und Enttäuschung, wenn wir uns dagegen wehren und nicht einverstanden sind, dass etwas Angenehmes oder Schönes einfach vorbeigeht. Übersetzt auf unser inneres Ticken, könnte man sagen, dass die zweite edle Wahrheit eigentlich nur der Hinweis darauf ist, dass die Art und Weise, wie wir auf äußere Stressoren reagieren, zum allergrößten Teil von uns selbst abhängt, von unserer momentanen Befindlichkeit, unseren Bewertungen, Meinungen, Befürchtungen, Ansprüchen usw. Und dort, wo wir durch unser Verhalten, das Unangenehme und Frustrierende nicht aus der Welt schaffen können und es uns auch nicht gelingt, das zu akzeptieren, machen wir uns selbst das Leben schwer. Das Problem dabei ist, das sehen wir erst, wenn wir den Kampf aufgeben. Damit sind wir bei der dritten edlen Wahrheit

Die dritte edle Wahrheit

Das dritte Statement lautet: Es gibt ein Ende des Leidens, wenn wir unser Begehren und unseren Widerstand aufgeben, wenn wir es also aufgeben, die Dinge anders haben zu wollen, wie sie gerade sind, wenn wir es also aufgeben, uns anzustrengen, um unsere Bedürfnisse befriedigt oder nicht verletzt zu bekommen. Das ist harter Tobak. Sind wir doch von Hause aus so gestrickt, genau das zu tun. Unser Stressmechanismus ist ja gerade darauf ausgerichtet, uns in Aktion zu bringen, um unsere Bedürfnisse zu befriedigen und nicht verletzt zu bekommen.

Etwas verdaulicher wird die dritte edle Wahrheit, wenn wir sie einschränken und darauf beziehen, unsere Anstrengungen aufzugeben, etwas beeinflussen zu wollen, was wir sowieso nicht beeinflussen können. Das klingt vermutlich plausibler und wirkt vielleicht auch so, als könnte man das mit etwas gutem Willen auch hinbekommen. Aber tatsächlich ist das alles andere als einfach. Wer akzeptiert schon einfach, dass er sterben wird. Oder wie viele Partnerschaften leiden unter den immer wieder fruchtlosen Versuchen, den jeweils anderen zu verändern. Obwohl die Partner durch Ihre anhaltende Erfolglosigkeit erkennen müssten, dass sie das nicht schaffen, führt sie nur selten dazu, den anderen ohne Ressentiments, Resignation, Groll oder emotionalen Rückzug sein zu lassen und zu akzeptieren, wie er ist. Oder wieviel Hader und Widerstand kann allein das jeweilige Wetter auslösen, wenn es uns nicht in den Kram passt.

Trotzdem haben Sie vielleicht auch schon erlebt, wie entlastend und befreiend es sein kann, etwas Unangenehmes, was Sie nicht ändern können, zu akzeptieren, z. B. eine Studienordnung, die Ihnen Prüfungen in Themen abverlangt, die sie hassen. Genau um diese entlastende und Leid reduzierende Erfahrung geht es in der dritten edlen Wahrheit.

Übrigens haben Sie schon eine beeindruckende Veranschaulichung dieser Wahrheit im vorigen Kapitel gesehen, in der Studie von Richard Davidson mit Langzeitmeditierenden. Die Verläufe der Aktivierung des Schmerznetzwerke bei Langzeitmeditierenden und bei Nichtmeditierenden zeigen sehr schön, wie die mentale Reaktion auf den kurzen Schmerzimpuls darüber entscheidet, ab wann und wie lange der Schmerz empfunden wird.

Der Versuch zeigt, dass die dritte edle Wahrheit, tatsächlich eine Wahrheit ist. Überflüssiges Leid kann beendet werden. Der Versuch zeigt aber auch, dass wir das überflüssige Leid nicht einfach beenden können, nur weil wir verstehen, dass der Kampf gegen Unbeeinflussbares sinnlos ist. Offensichtlich ist der Weg dorthin ein langer, der auch gerne mal über 10.000 Stunden Meditation bedeutet.

Das war auch Buddha klar, dass wir die dritte edle Wahrheit nicht von heute auf morgen, quasi mit einem Fingerschnipsen leben können. Deshalb hat er ein Programm entwickelt, wie wir mit der Zeit dorthin kommen können. Damit sind wir bei der vierten Edlen Wahrheit.

Die vierte edle Wahrheit

Das vierte Statement lautet: Es gibt einen Weg, um dahin zu kommen, das Leid zu beenden. Das ist der achtfache Pfad. Er besteht aus acht Verhaltensweisen und Haltungen, die geübt werden können und die sich gegenseitig beeinflussen und verstärken. Zum achtfachen Pfad gehören:

- Kluge Sichtweise, d. h. der Einblick in die Wirklichkeit, so wie sie ist, ohne Beschönigung, Übertreibung oder Ausblendung

- Kluge Absicht, d. h nicht verletzen und Wohlwollen gegenüber allen Lebewesen kultivieren
- Kluges Sprechen, d. h. Lügen, Schimpfen, Verleumdung und Klatsch vermeiden
- Kluges Handeln, d. h. so handeln, dass es das Leben fördert
- Kluger Lebensunterhalt, d. h. einen Beruf ausüben, der dem Leben dient und nicht schadet
- Kluge Anstrengung, d. h. heilsame Haltungen wie Freundlichkeit, Mitgefühl, Geduld usw. trainieren und kultivieren und unheilsame Haltungen wie Neid, Hass, Gier aufgeben
- Kluge Achtsamkeit, d. h. das bewusste Wahrnehmen aller körperlicher und geistiger Aspekte menschlicher Erfahrung
- Kluge Meditation, d. h. das Praktizieren und Üben von Meditationstechniken, die die anderen sieben Pfade unterstützen oder gangbarer machen.

Dieser Katalog, in dem Achtsamkeit und Meditation nur zwei der acht Elemente sind, macht deutlich, dass der Weg zur Überwindung des Leidens nur ein, wie wir heute sagen würden, ganzheitlicher sein kann. Auf diesem ganzheitlichen Weg steht die Förderung des Lebens, nicht nur des eigenen und nicht nur des menschlichen, sondern des Lebendigen insgesamt im Mittelpunkt. Das ist aus meiner Sicht eine Ausrichtung, die heute weniger eine moralische Forderung, sondern eher eine Überlebensnotwendigkeit darstellt.

Achtsamkeit und Meditation haben vom Ursprung her immer einen Bezug zur Lebensführung und einen ethischen Impetus, der auf Lebensförderung zielt. Mit anderen Worten: Achtsamkeit ohne ethischen Impetus ist keine, weil sie einen Aspekt des Lebens ignorieren müsste, der einen Großteil unserer Erfahrungen ausmacht, nämlich unsere Verbundenheit mit allem, die gleichzeitig auch unsere Verletzlichkeit ausmacht.[32]

32 Eine eindrückliche Auseinandersetzung mit dieser Ambivalenz unseres Lebens zwischen existentieller Verbundenheit und Abhängigkeit, die prinzipiell nur grenzenlos gedacht werden kann und der dadurch konstituierten Verletzlichkeit, die unsere globale Verantwortung herausfordert, bietet: Butler, Judith (2020): Die Macht der Gewaltlosigkeit: Über das Ethische im Politischen

Dieser ethische Impetus ist mir aus zwei Gründen so wichtig:

1) Achtsamkeit und Meditation waren von Hause aus immer schon eine Praxis, deren Sinn sich nicht innerhalb von Klostermauern oder in individueller Erleuchtung erschöpft.
2) Es reicht heute für niemanden aus, nur sein eigenes Leben auf die Reihe zu kriegen, sein eigenes Gärtchen einzuzäunen, das eigene Konto zu füllen und nur sein eigenes Wohlergehen im Blick zu haben, um einer Zukunft in die Gegenwart zu verhelfen, in der wir, d.h. vor allem Sie und Ihre Kinder auch noch leben wollen. Die Zeiten, wo wir uns noch vormachen konnten, dass uns Reichtum und Wohlstand aus fundamentalen Abhängigkeiten befreien könnten, sind definitiv vorbei. Jeder einzelne Mensch ist abhängig vom Klima, von natürlichen Ressourcen wie Wasser und Nahrung, von Energie, Rohstoffen und Produkten, von funktionierenden Lieferketten, Produktionsstraßen, von anderen Menschen in der Familie, der Verwaltung, von Einrichtungen wie Ihrer Hochschule, von privaten oder öffentlichen Geldflüssen, von politischen Verhältnissen und Systemen und nicht zuletzt von Werten, Meinungen und Überzeugungen. Spätestens seit sich die Auswirkungen der Erderwärmung vor unserer Nase zeigen, in Form von verdorrten Feldern, Waldbränden, verheerenden Stürmen oder Überschwemmungen, spätestens seit die Coronapandemie uns vor Augen geführt hat, wie fragil die Gesundheit der Menschheit ist und was diese Fragilität für die globale Wirtschaft bedeutet, spätestens seit der Krieg in der Ukraine gezeigt hat, wie wenig selbstverständlich Frieden und Freiheit sind, wie viel Blut und Leid sie kosten können und wie wenig selbstverständlich ein warmes Wohnzimmer ist, können wir nicht mehr daran vorbeisehen, wie verflochten wir mit allem sind und dass es von jedem Einzelnen, also auch von Ihnen, abhängt, wie die Zukunft aussehen wird.

Damit komme ich zum letzten Motivations-Kapitel für das Trainingsprogramm. Es liegt nämlich auch in Ihrer Verantwortung, daran mitzuwirken, eine Zukunft zu bahnen, in der Sie noch leben möchten.

Achtsamkeit für Ihre Zukunft

Dass wir durch das, was wir heute denken und tun, die Zukunft bestimmen, ist keine Erfindung der Moderne oder ein Zu-Ende-Denken der Neuroplastizität. Es gibt einen Spruch von Buddha, der auch von einem zeitgenössischen Neurowissenschaftler stammen könnte, der den Zusammenhang zwischen unserem inneren Ticken und der Gestaltung der Zukunft auf den Punkt bringt:

Was wir heute sind, beruht auf unseren gestrigen Gedanken, und unsere augenblicklichen Gedanken formen unser morgiges Leben; unser Leben ist eine Schöpfung unseres Geistes.[33]

Der Unterschied zu den Zeiten Buddhas ist „nur", dass wir heute kollektiv als Menschheit gerade dabei sind, unsere natürlichen und sozialen Lebensgrundlagen zu zerstören und es nicht mehr ein Spruch ist, den wir glauben oder nicht glauben können, sondern der eine Wahrheit transportiert, die wir nicht mehr leugnen können.

Sie können sich zwar vor Ihrer Verantwortung für die Welt drücken, in der Sie in Zukunft leben möchten. Sie können sich etwa darauf zurückziehen, dass Sie sowieso keinen Einfluss hätten oder dass dafür Politik, Wirtschaft oder NGO's zuständig wären oder es dafür Expertise bräuchte, die Sie nicht haben. An dieser Verantwortungsdelegation ist insofern Wahres dran ist, dass natürlich auch die Institutionen der verschiedensten Art Verantwortung für eine lebenswerte Zukunft tragen[34]. Trotzdem bleibt ein Stück der

33 Dhammapada, Sprüchesammlung des Buddha, zitiert nach: Salzberg, Sharon (2003): Mettameditation – Buddhas revolutionärer Weg zum Glück.

34 Dass der Staat die Wirkmächtigkeit unseres gegenwärtigen Handelns für zukünftige Generationen nicht mehr ignorieren darf, hat das Bundesverfassungsgericht in einem bemerkenswerten Urteil vom März 2021 festgestellt. Der erste Absatz des Beschlusses vom 24. März 2021 lautet: 1. Der Schutz des Lebens und der körperlichen Unversehrtheit nach Art. 2 Abs. 2 Satz 1

Verantwortung an Ihnen als Individuum hängen. Denn auch Sie wirken, so wie Sie Ihr Leben gestalten und führen, auf Ihre eigene Zukunft ein, ob Sie es (wahrhaben) wollen oder nicht.

Es ist nicht egal, wie Sie sich ernähren, wie Sie mit Plastik umgehen, welche Produkte Sie kaufen, welche Freunde sie haben, welchen Influencern sie folgen, was Sie studieren, welchen Beruf Sie anstreben, welche Meinungen Sie haben, was Ihnen wichtig ist und welche Ziele Sie verfolgen. Alles das hat Auswirkungen auf Ihre zukünftige Welt, unabhängig davon, ob Sie das anerkennen oder nicht. Das ist die Wirk-lichkeit im besten Sinne des Wortes, die wir immer weniger ignorieren können. Die Ausrede, die anderen, die mehr verursachen oder einen größeren Hebel haben, sollten zuerst mal machen, bevor Sie sich einschränken, verändern und neue Wege gehen, wird von Tag zu Tag realitätsferner. Das Motto kann heute nicht mehr sein „zuerst die, dann ich", es kann nur noch heißen „die **und** ich".

Das Wohlergehen in der Zukunft ist auch davon abhängig, wie gut es uns gelingt, sich von den Vorstellungen der Vergangenheit zu lösen, wie ein gutes Leben aussieht und welche Werte dabei eine Rolle spielen. Der Wunsch nach möglichst grenzenlosem Konsum und einer möglichst unbeschränkten individuellen Konsumfreiheit ist zwar noch tief in unseren Köpfen verankert, weitet aber nicht mehr unsere Zukunftsperspektiven, sondern engt sie immer mehr ein. Eine ressourcenverschleudernde Wirtschaft, deren Motor individueller Gewinn oder Vermögenswachstum sind, ist ebenso wenig zukunftsweisend. Mit unseren Werten, unserer Haltung, unserem Selbstverständnis, mit anderen Worten mit unserem Bewusstsein, unserem inneren Ticken und die auf dieses Ticken abgestimmte Organisation unseres gesellschaftlichen Lebens, schaffen wir heute kollektiv Wirkungen, die niemand will. Otto Scharmer

GG schließt den Schutz vor Beeinträchtigungen grundrechtlicher Schutzgüter durch Umweltbelastungen ein, gleich von wem und durch welche Umstände sie drohen. Die aus Art. 2 Abs. 2 Satz 1 GG folgende Schutzpflicht des Staates umfasst auch die Verpflichtung, Leben und Gesundheit vor den Gefahren des Klimawandels zu schützen. Sie kann eine objektivrechtliche Schutzverpflichtung auch in Bezug auf künftige Generationen begründen.

zählt drei Wirkungen auf, die sich auf allen Ebenen des menschlichen Lebens, im Großen wie im Kleinen zeigen[35]:

- Wir Menschen verbrauchen heute etwa das 1,7-fache der jährlich regenerierbaren Ressourcen der Erde. Würde man diesen Verbrauch auf ein Jahr umrechnen, würde das bedeuten, dass wir 2022 ab dem 28. Juli[36], dem sogenannten Erdüberlastungstag, nur noch unwiederbringliche Ressourcen verbrauchen. Einfach gesagt, ab dem 28. Juli leben wir von der Substanz. Der Mensch zerstört auf globaler Ebene seine Lebensgrundlage. Wir leben so, als ob wir unabhängig von der Natur existieren könnten.
- Der soziale Zusammenhalt wird auf allen Ebenen des menschlichen Zusammenlebens unterminiert. Die Schere zwischen arm und reich klafft im Kleinen wie im Großen immer weiter auseinander. 26 Milliardäre besitzen so viel wie etwa die Hälfte der Menschheit. Ungerechtigkeiten und prekäre Lebensverhältnisse destabilisieren das friedliche Zusammenleben auf allen Ebenen. Wir leben so, als ob wir unabhängig von anderen leben könnten. Doch auch Familien, Clans, Religionsgruppen oder Nationalstaaten funktionieren nur, weil es Kooperation mit Menschen außerhalb der jeweiligen Gruppe gibt.
- Depressionen, Burnout, Angststörungen, Suizide nehmen zu und zeigen, wie wir uns von uns selbst trennen. Es klingt vielleicht verrückt, aber tatsächlich leben viele so, als ob sie ohne sich selbst leben könnten, ohne Rücksicht und Respekt für die Beschränktheit und Bedürftigkeit ihres Körpers und ihrer Seele und gleichzeitig ohne Sinn dafür, was Körper und Seele wirklich brauchen.

Mit alten Vorstellungen und Denkmustern im Kopf wird es nicht klappen, diese Entwicklungen zu verändern. Klar ist auch, dass wir individuelle, soziale, wirtschaftliche und politische Transformati-

35 Scharmer, Claus Otto (2019): Essentials der Theorie U, Grundprinzipien und Anwendungen.

36 https://www.germanwatch.org/de/overshoot

onen auf die Straße bringen müssen, die ähnlich disruptiv sind, wie die Transformationen der Natur, deren Kraft wir in der Pandemie oder in Ahrweiler kennengelernt haben oder die Transformationen des Zusammenlebens, die die Flüchtlingsströme erzwingen.

Angst, Ohnmacht, Wut, Nicht-wissen-Wollen und Dicht-Machen sind verständlich, helfen aber nicht. Die Flüchtlinge stehen vor der Tür, der Benzinpreis steigt, der Euro verliert Wert und der nächste Winter kann auch im Wohnzimmer kälter werden. Es hilft nichts, mit den Veränderungen zu hadern, sie auszublenden, sich gegen Sie zu stemmen, zu verzweifeln und sich zurückzusehnen nach der Zeit vor dem Krieg, vor Corona, vor dem Klimawandel, vor der Scheidung, vor dem Unfall oder vor der Prüfungsangst. Das Einzige, was wirkt, ist die Wirklichkeit, so wie sie jetzt ist, egal ob sie uns gefällt oder nicht. Und wir sind verantwortlich für unsere Zukunft durch das, was wir jetzt sagen oder nicht sagen, tun oder nicht tun. Für diese Verantwortlichkeit brauchen wir Klarheit, Kreativität, Klugheit und Kraft, um weniger an Vergangenem festzuhalten und mutiger, Neues zu wagen.

Ich möchte keine Angst schüren oder Ihre Zukunftssorgen noch verstärken. Im Gegenteil möchte ich Ihnen Mut machen, Ihre Verantwortung anzunehmen und Ihre Kompetenzen und Ihre Einzigartigkeit zu nutzen, um Ihr eigenes **und** das Wohlergehen aller zu fördern. Fördern Sie es am besten mit dem, was nur Sie können, weil Sie so sind, wie Sie sind, mit allen Stärken und mit allen vermeintlichen Schwächen und Mängeln. Denn Schwächen und Mängel sind nur Eigenschaften oder Zuschreibungen, deren Potenzial Sie noch nicht erkannt haben.

Dabei kann Achtsamkeit helfen: Ihr Potential zu erkennen, Ihre Chancen, das Leid, Ihr eigenes Leid und das anderer, auszuhalten ohne den Kopf in den Sand zu stecken, ohne zu verzweifeln oder in Strohfeuer-Aktionismus zu verfallen, ohne aggressiv, querdenkend oder realitätsverweigernd zu werden. Achtsamkeit ist ja kein mentales Wohlfühlprogramm, sondern ist ein Weg, die Gegenwart, so wie sie ist, zu erkennen und anzuerkennen. Die Gegenwart ist voll von Brutalität, Unsicherheit, Angst und Leid und gleichzeitig voll

Mitgefühl, Hilfsbereitschaft, Verbundenheit und tausend neuer noch nie beschrittener Wege in eine freundlichere Zukunft.

Natürlich habe ich keine konkreten Ratschläge, was Sie tun sollten, wie Sie Ihr Leben und Ihre Zukunft gestalten sollten. In einer VUCA-Welt gibt es auch für Sie keine einfachen Lösungen, vor allem keine, die von anderen erdacht wurden. Es gibt keine Allheilmittel, die in jedem Fall funktionieren. Es gibt auch keine Eindeutigkeiten, weder in der Welt draußen, noch in Ihrer Innenwelt. Ich glaube trotzdem, dass es für Sie einen ausgezeichneten Weg durch diesen Lebensdschungel gibt. Und das ist Ihr eigener. Ihr Weg ist genauso einzigartig wie Sie selbst. Nur Sie können ihn gehen und dabei neue Kraftquellen, neue Talente und Fähigkeiten entdecken und entwickeln, von denen Sie heute noch gar keine Ahnung haben. Auf diesem Weg können Sie auch feststellen, dass manches in Ihrem Rucksack nutzlos wird, von dem Sie heute glauben, dass es absolut unverzichtbar ist.

Auf jeden Fall können Sie auf Ihrem Weg Mut, Selbstvertrauen und vor allem Geduld und Mitgefühl mit sich selbst gut gebrauchen. Und diese Fähigkeiten trainieren Sie in jeder Achtsamkeitsmeditation. Deshalb glaube ich, dass Achtsamkeit eine Chance ist, nicht nur für Sie als einzelner Student oder einzelne Studentin, sondern auch für viele andere. Sie können darauf vertrauen, dass Sie nicht allein sind und Achtsamkeit für eine erstaunlich schnell wachsende Zahl von Menschen, auch von Studierenden, ein Weg ist, die Transformationen im eigenen Innenleben sowie im Zusammenleben zu beschleunigen. Aus meiner Sicht ist das eine Notwendigkeit, um eine Zukunft zu bahnen, in der Sie, ich und Ihre Kinder noch leben wollen.

Jetzt sind wir am Ende des ersten Teils angekommen. Ich würde mich freuen, wenn es mir gelungen ist, Ihre Motivation zu stärken, das Trainingsprogramm im zweiten Teil des Buches nicht nur anzusehen, sondern sogar anzugehen.

Praxisteil: ein Trainingsprogramm

Einführendes zum Trainingsprogramm

Entschluss und Motivation

Vermutlich kennen Sie das auch aus anderen Kontexten: Training ist nicht immer locker und es macht auch nicht immer Spaß. Um Durchzuhalten brauchen Sie Motivation. Warum wollen Sie das Training eigentlich beginnen? Was versprechen Sie sich davon? Die Antworten auf diese Fragen entscheiden über ihren Entschluss das Trainingsprogramm anzugehen. Diese Fragen werden auch in der ersten Sitzung vertieft werden. Aber es ist hilfreich, eine Idee davon zu haben, warum Sie das Training beginnen wollen, schon bevor Sie loslegen. Denn Sie können davon ausgehen, dass das Trainingsprogramm umso stärker wirkt, je mehr es Ihnen gelingt, die empfohlenen Übungen tatsächlich durchzuführen. Je größer die Lücken im täglichen Training sind, umso weniger wird es sich in Ihrem Leben auswirken.

Natürlich gibt es keine richtigen oder falschen Antworten auf diese motivationsschaffenden Warum-Fragen, nur Ihre eigenen Antworten. Und die sind immer richtig, was nicht bedeutet, dass es egal wäre, wie sie die Fragen beantworten. Ihre Antworten enthalten die Kraft für den Entschluss, das Training zu beginnen und sind ein Hinweis darauf, wie stark Ihr Wille ist, auch schwierigere Phasen des Trainings durchzuhalten, die fast immer dazugehören. Aber keine Angst, es werden genauso auch die schönen Phasen kommen.

Easy does it

Wichtig ist, dass Sie sich den Hut aufsetzen und sich zugestehen, wie Sie mit dem Trainingsprogramm umgehen. Da Sie anderen keine Rechenschaft darüber abgeben müssen, brauchen Sie eigentlich „nur“ mit sich selbst und Ihren eigenen Ansprüchen zurechtzukommen. Das ist je nachdem, wie Sie gestrickt sind, allerdings eine Herausforderung. Heute sind wir geschult darin, eigene und fremde Anforderungen zu erfüllen. Und gerne machen wir unser Wohlbefinden davon abhängig, wie gut uns das gelingt. Ich habe die Erfahrung gemacht, dass es zwar auch Menschen gibt, die sehr locker mit Ansprüchen umgehen, aber die meisten sind eher streng mit sich. Das hat natürlich Vorteile, aber die Nachteile können auch groß sein. Deshalb ist meine Empfehlung für den Umgang mit dem ganzen Trainingsprogramm und mit jedem einzelnen Trainingselement und mit jeder einzelnen Meditation: Easy does it. Bleiben Sie so locker wie möglich. Nehmen Sie es sportlich. Jeder Trainingsschritt ist ein Experiment mit offenem Ausgang. Das Programm ist kein Hochleistungstraining mit klar definierten Leistungszielen, sondern ein Weg, auf dem Sie unter anderem lernen können, offener, freundlicher, wohlwollender, flexibler, anpassungsfähiger und selbstbestimmter mit sich umzugehen. Das beginnt damit, dass Sie sich möglichst wenig unter Druck setzen und sich keine Vorwürfe machen, wenn es mal schwierig wird, wenn Sie keine Lust haben, wenn Sie das Gefühl haben, dass das Training irgendwie nicht klappt. Gestehen Sie sich die Kompetenz zu, selbst zu entscheiden, was gut für Sie ist. Manchmal ist es einfach nicht der richtige Zeitpunkt für eine im Programm vorgeschlagene Übung. Machen Sie einfach eine andere, die Ihnen im Moment besser passt. Sie können das Programm jederzeit für sich anpassen oder modifizieren. Es funktioniert sowieso nur das, was bei Ihnen funktioniert. Also hören Sie darauf, was Ihre innere Stimme sagt. Erlauben Sie sich auch mal locker mit den Übungsempfehlungen umzugehen. Erst wenn Sie merken, dass die Lockerheit mit den Übungsempfehlungen stetig zunimmt, ist es an der Zeit, innezuhalten und das Programm oder Ihren Umgang mit ihm zu prüfen. Erlauben Sie sich, das Trainingsprogramm auch zu unterbrechen. Sie können es jederzeit wieder beginnen und zwar dort, wo Sie möchten. Das kann am Anfang sein oder dort, wo Sie aufgehört haben. Sie werden selbst merken, ob es hilfreich ist, wie Sie es tun.

Gestehen Sie sich auch zu, vollständig aus dem Trainingsprogramm auszusteigen. Manchmal ist es einfach nicht die Zeit, sich mit Achtsamkeit und Meditation zu beschäftigen. Machen Sie etwas anderes. Sie verlieren nichts. Sie werden sich an Achtsamkeit und Meditation erinnern, wenn die Zeit dafür gekommen ist.

Empfehlungen zur Integration der Meditationspraxis in den Alltag

Doch das ist Schnee von morgen. Wenn Sie sich entschließen, sich auf das Training einzulassen, geht es zuerst darum, Fuß zu fassen und sich so gut es geht, im Training einzurichten. Hier ein paar organisatorische Hinweise, die dabei helfen können.

- Stellen Sie sich darauf ein und freunden Sie sich damit an, dass Sie im Rahmen des Programms *regelmäßig trainieren sollten, durchschnittlich ca. 15–30 Minuten pro Tag*. Vielleicht planen Sie die Zeiten für das tägliche Training in Ihrem Kalender ein oder lassen Sie sich von Ihrem Smartphone daran erinnern.
- Denken Sie darüber nach, was Sie bereit sind, für die Dauer des Trainingsprogramms, d. h. für ein Semester, weniger zu tun oder sogar aufzugeben, falls Ihr Kalender zu voll ist, um genügend Zeit für das Training zu haben. Diese Zeiten im Vorfeld zu reservieren, bedeutet natürlich nicht, dass es immer klappt, sie auch tatsächlich für das Training zu nutzen. Aber wenn Sie von vorne herein wissen, dass Sie eigentlich keine Zeit freischaufeln können oder wollen, dann prüfen Sie Ihre Motivation, das Programm zu beginnen. Andererseits ist es vollkommen in Ordnung, mit viel Neugier loszulegen, ohne an schwierige Zeiten und Durchhalten zu denken. Oft zeigen sich schon nach kurzer Zeit Quick Wins, die motivieren und automatisch die Prioritäten zugunsten des Trainings verschieben.
- Planen Sie die 12 wöchentlichen Sitzungen, an denen Sie sich mit bestimmten Themen befassen und Reflexionsfragen beantworten, in Ihrem Kalender als festen Termin ein. Tun Sie es

vielleicht so, wie Sie normale Lehrveranstaltungen einplanen. Reservieren Sie auch für diese Sitzungen ca. 15 Minuten.

- Was die Meditationen angeht, so ist es hilfreich, mit der Zeit einen *Ort* zu finden, an dem Sie gerne sind, *um zu meditieren*. Das kann auch eine Ecke in einem Zimmer sein. Vielleicht markieren Sie sich diesen Platz mit etwas, was Sie einlädt, motiviert oder anspricht, so dass Ihr Autopilot erkennt, ah, hier an diesem Platz geht es um Meditation. So unterstützen Sie die Bildung einer Meditationsroutine.
- Sie wird auch gefördert, wenn Sie mit der Zeit *feste Trainingszeiten* finden, an denen es Ihnen einfacher fällt zu üben, weil Sie ungestört sind oder weil Sie leichter dran denken, z. B. wenn Sie die Achtsamkeitspraxis mit schon bestehenden täglichen Routinetätigkeiten verbinden, mit dem Ende der Morgen- oder Abendtoilette etwa.

Gemeinsam ist leichter.

Am besten fördern Sie die Stabilität Ihres Trainings, wenn Sie nicht alleine trainieren und das Trainingsprogramm mit anderen zusammen durchspielen. Vielleicht kennen Sie auch aus dem Sport, dass das gemeinsame Training nicht nur einen Rahmen geben, anspornen, Ort gemeinsamer Erlebnisse sein und über Schwierigkeiten und Motivationskrisen hinweghelfen kann. Eine Trainingsgruppe bietet zudem einen riesigen Vorteil: den Erfahrungsaustausch. Das gegenseitige Mitteilen von Erfahrungen, die z. B. in der Meditation gemacht wurden, ist nicht nur ein Vehikel, um gemeinsam zu lernen, Hindernisse zu besprechen und sich gegenseitig zu unterstützen, sondern auch eine immer wieder verblüffende Entlastung. Es entspannt ungemein, wenn man von anderen erfährt, dass sie mit ähnlichen Herausforderungen zu kämpfen haben, wie man selbst. Außerdem können durch einen freundlichen, mit der Zeit immer offeneren Umgang untereinander eine Verbundenheit und Vertrautheit entstehen, die neue und befriedigende Erfahrungen mit anderen ermöglichen.

Diese Vorteile machen meistens wett, dass das gemeinsame Training natürlich auch Nachteile haben kann. Terminabstimmungen können schwieriger werden, unterschiedliche Wünsche und Ansprüche können das gegenseitige Vertrauen belasten, Konflikte können entstehen usw. Aber das gemeinsame Lernen ist selbst ein Achtsamkeitstraining, in dem es darum geht, sich selbst mit den eigenen Ansprüchen, Wünschen, Vorstellungen und (Vor-)Urteilen genauso kennenzulernen und zu respektieren wie die anderen mit ihren Wünschen und Ansprüchen und gemeinsam einen Weg zu finden, der für alle gangbar und förderlich ist.

Eine Anregung, wie die gemeinsamen Sitzungen strukturiert werden können, um den gegenseitigen Respekt zu fördern und achtsames Zuhören und achtsames Sprechen zu trainieren, gebe ich weiter unten. Zuerst ein paar generelle Hinweise zu den einzelnen Elementen des Trainingsprogramms.

Die Trainingselemente

Das Trainingsprogramm besteht aus *12 Sitzungen*, die im Idealfall wöchentlich stattfinden, so dass das ganze Programm 11 Wochen dauert, etwas kürzer als ein Semester, aber auf einen typischen Semesterablauf zugeschnitten.

In den Sitzungen werden verschiedene *Achtsamkeitsmeditationen* vorgestellt, Meditationen im Liegen, Sitzen, Gehen oder in Bewegung. Die Meditationen bauen aufeinander auf. Sie werden im Laufe des Kurses anspruchsvoller, wobei Sie das auch ganz anders erleben können. Die Meditationen werden im Anhang des Buches ausführlich beschrieben. Für die Meditationen stehen Audioanleitungen zur Verfügung, die Sie z. B. auf Ihr Smartphone laden können. In jeder Sitzung gibt es Empfehlungen, wie Sie die tägliche Meditationspraxis bis zur nächsten Sitzung gestalten können.

Im Anhang des Buches gibt es *FAQ*, die Auskunft darüber geben, wie Sie mit den am häufigsten auftretenden Schwierigkeiten beim Meditieren zurechtkommen können. Ich lege Ihnen ans Herz, diese FAQ immer wieder zu Rate zu ziehen, wenn es schwierig wird. Dieses „Schwierig-werden“ kann nämlich ein Zeichen dafür sein, dass Sie sich in falschen Vorstellungen über Meditieren verrannt haben. Typische Beispiele für solche Vorstellungen sind: „Ich mache es nicht gut, weil ich dauernd an was anderes denken muss als an den Atem“ oder „Irgendwie gelingt es mir nicht, das Denken abzustellen“. Dass wir überhaupt solche Vorstellungen vom Meditieren entwickeln, passiert sehr schnell und oft merken wir es nur daran, dass Meditieren immer anstrengender wird und immer weniger Spaß macht. Deshalb nutzen Sie die FAQ, die Ihnen helfen können, typische Meditationshindernisse zu erkennen und gelassener mit ihnen umzugehen.

In jeder Sitzung werden *Themen* behandelt, die sich um Achtsamkeit, Meditation, die Belastungen und Ressourcen im Studium und Ihren Umgang mit ihnen drehen. Gegen Ende des Programms geht es auch um die Frage, wie es weiter geht in Ihrem Leben und wie Sie damit umgehen wollen, dass die Zukunft in Ihren Händen liegt.

Die *Selbstreflexion* wird durch Fragen angeregt, die in jeder Sitzung gestellt werden und bis zur nächsten Sitzung beantwortet werden sollen. Am besten Sie lesen sich die Fragen zu Beginn der jeweiligen Woche durch, damit die Fragen während der Woche im Hinterkopf wirken und Sie sie am Ende der Woche beantworten können. Die Fragen beziehen sich sowohl auf ihre Erfahrungen mit den Meditationen als auch auf die behandelten Themen. So entsteht durch die Beantwortung der Fragen ein *Lerntagebuch*, dass Ihnen hilft, sich bewusster wahrzunehmen, Ihre Ressourcen und Ihre Denk- und Verhaltensmuster besser kennenzulernen und dadurch auf neue Ideen zu kommen, wie sie anders und vielleicht konstruktiver mit den Herausforderungen Ihres Studiums und Ihres Lebens umgehen können.

Da wir schnell vergessen, wie wir uns vor ein paar Tagen oder sogar Wochen noch gefühlt, was wir gedacht und wie wir reagiert haben, sind die Antworten auf die Reflexionsfragen eine gute Möglichkeit sich vor Augen zu führen, was sich während des Trainingsprogramms verändert, die Veränderungen zu würdigen und sich vielleicht auch auf die Schulter zu klopfen.

Das Lerntagebuch führen Sie natürlich nur für sich. Und nur Sie entscheiden, wie Sie es führen und ob Sie jede Frage beantworten und wie ausführlich. Betrachten Sie es als eine Unterstützung und eine Hilfe für Ihre persönliche Entwicklung, die Sie bei Bedarf und Interesse ausgiebig nutzen oder unbeachtet lassen können. Sie brauchen bei der Beantwortung der Fragen niemand etwas zu beweisen, vor allem nicht sich selbst. Je ehrlicher Sie die Fragen beantworten, umso größer kann der Nutzen sein, den Sie aus dem Lerntagebuch ziehen. Wenn Sie zum Beispiel bemerken, dass Sie es nicht schaffen, ehrlich zu antworten oder das Lerntagebuch meiden, so ist das kein Grund, sich etwas vorzuwerfen, sondern eher mit einer freundlichen Haltung genau das zur Kenntnis zu nehmen. Vielleicht offenbart sich gerade dadurch ein tiefverankertes Denk- und Verhaltensmuster, das Sie schon lange behindert. Sie können alle Fragen im Anhang herunterladen, so dass Sie die Fragen bequem auch digital beantworten können. Aber vielleicht nutzen Sie für die Fragen ein richtiges Tagebuch oder eine Kladde. Die gute alte Art, analog mit Papier und Stift zu schreiben, hat eine eigene Qualität, die äußerst hilfreich für Sie sein kann. Die Hirnareale, die zum analogen Schreiben gebraucht werden, sind andere als die, die zum Tippen gebraucht werden. Das macht auch bei der Beantwortung der Fragen einen Unterschied. Probieren Sie es aus, was Ihnen mehr zusagt.

In der Mitte des Trainingsprogramms steht ein *Selbstführungsexperiment*, in dem Sie eingeladen werden, für zwei bis vier Wochen etwas im Umgang mit Ihrem Studium zu verändern, um neue Erfahrungen zu machen. Sie entscheiden selbst darüber, welche Ihrer Gewohnheiten Sie für diese Zeit unterbrechen oder verändern möchten. Sie treffen sozusagen mit sich selbst eine Vereinbarung, sich für die Dauer des Experiments in einem von Ihnen klar umgrenzten Rahmen anders zu verhalten als sonst, z. B. das Smartphone weniger zu nutzen, weniger aufzuschieben oder sich vielleicht mehr zu bewegen. Was Sie als Verhaltensexperiment auswählen und wie Sie sich auf das Experiment vorbereiten können, wie Sie Ihr Experiment begleiten und auswerten können, wird in mehreren Sitzungen thematisiert. Die Reflexionsfragen, die sich natürlich auch auf Ihr Experiment beziehen, können dabei helfen, die Schätze Ihrer vielleicht sehr aufschlussreichen Erfahrungen beim Selbstführungsexperiment zu heben.

Gruppensitzungen und Erfahrungsaustausch in der Gruppe

Wie schon erwähnt, ist es für viele, was nicht heißt für alle, am wirkungsvollsten, das Trainingsprogramm mit anderen zusammen in einer kleinen Gruppe durchzuspielen. Dank der Corona-Pandemie sind heute Videochats etabliert. Aus meiner Sicht ist es kein Problem, die wöchentlichen Gruppensitzungen online durchzuführen. Wichtig ist nur, dass sich alle Gruppenmitglieder sehen und hören können. Die Vorteile von Videochats sind groß: keine Raumfrage, keine Fahrzeiten und Ortsunabhängigkeit. So können auch Studierende aus verschiedenen Hochschulen oder Städten eine Lerngruppe bilden. Andererseits habe ich selbst die Erfahrung gemacht, dass es bei Online-Gruppensitzungen noch wichtiger ist, eine klare Struktur zu haben, wie die Sitzungen ablaufen sollen. Ich gebe Ihnen im Folgenden ein paar Tipps, wie eine solche Struktur aussehen kann. Vergessen Sie aber nicht, dass Sie bzw. die Gruppe darüber entscheiden, wie Sie das gemeinsame Gespräch gestalten möchten. Es ist vollkommen in Ordnung, es völlig anders zu tun, wie ich es Ihnen hier vorschlage. Solange ihre Gestaltung funktioniert, ist sie super. Verstehen Sie deshalb die Tipps nur als Anregung, nicht als einzigen Weg zu einer befriedigenden Gruppenarbeit.

- *Klärung der Sitzungstermine zu Beginn des Programms.* Für alle Arten von Trainingsgruppen ist es meistens sehr stabilisierend, wenn es feste Termine für die wöchentlichen Zusammenkünfte gibt. Ich empfehle deshalb, die Sitzungstermine für einen bestimmten Wochentag und eine bestimmte Uhrzeit zu vereinbaren, vielleicht so, als wären die Sitzungen eine für alle Teilnehmenden verbindliche Lehrveranstaltung. Sprechen Sie darüber, wie Sie damit umgehen möchten, wenn jemand krank ist oder an einem bestimmten Termin nicht teilnehmen kann oder wenn bestimmte Termine für alle nicht funktionieren. Aus meiner Sicht ist es kein Problem, die Dauer des Programms zu verlängern, solange die Sitzungslücken nicht zu groß werden. Denn wöchentliche Treffen stärken die kontinuierliche Meditationspraxis ungemein, vor allem am Anfang des Programms, wenn sich noch keine Meditationsgewohnheiten ausgebildet haben.

- *Ablauf der Sitzungen.* Auch aus anderen Trainingskontexten kennen Sie das vielleicht, dass bestimmte Trainingselemente oder vielleicht sogar der ganze Trainingsablauf immer gleich sind. Das entlastet davon, sich in jeder Sitzung immer wieder neu darüber zu verständigen, wie die Sitzung ablaufen soll oder in ein manchmal unfruchtbares Plaudern zu verfallen. Ich empfehle daher, sich in der Gruppe schon von Anfang an oder aufgrund der Erfahrungen in den ersten Sitzungen auf einen bestimmten Sitzungsablauf zu einigen. Hier ein Ablaufvorschlag von mir, der sich in Meditationskontexten bewährt hat. Jede Sitzung beginnt mit einer *gemeinsamen Meditation*. Die Meditationen können unterschiedlich lang sein und variieren, z.B. den wöchentlichen Übungsempfehlungen entnommen werden. Für das gemeinsame Meditieren können ja auch die Audioanleitungen genutzt werden.

Die größte Hebelwirkung für die Entwicklung aller hat vermutlich der *Austausch über die individuellen Erfahrungen* sowohl bei den Meditationen als auch bei der Beantwortung der Reflexionsfragen. Das setzt natürlich voraus, dass die wöchentlichen Reflexionsfragen vor der gemeinsamen Sitzung beantwortet werden. Durch einen klaren Ablauf für den Erfahrungsaustausch wird vermieden, dass einzelne zu kurz kommen und andere zu viel Raum einnehmen oder dass Plaudereien vom Hölzchen zum Stöckchen führen oder Diskussionen entstehen, die eine Eigendynamik entfalten und es schwer machen, zum Erfahrungsaustausch zurückzukommen. Meistens hilft es, jemanden festzulegen, der auf die Zeit und gegebenenfalls auch darauf achtet, dass die Gruppe zum eigentlichen Zweck der Sitzung zurückfindet. Die folgende Struktur für den Erfahrungsaustausch hat sich in Achtsamkeitsworkshops bewährt, da der Erfahrungsaustausch selbst zu einer Achtsamkeitsübung wird, in der achtsames Sprechen und achtsames Zuhören geübt werden.

Eine Struktur für den Erfahrungsaustausch

Jedes Gruppenmitglied hat eine bestimmte Zeit, z.B. drei bis fünf Minuten um von den eigenen Erfahrungen in den Meditationen oder mit den Reflexionsfragen zu erzählen. Die Zeit, die jedem Gruppenmitglied zur Verfügung steht, sollte auch nicht abgekürzt werden, wenn jemand nichts mehr zu sagen hat. Während das Gruppenmitglied seine Erfahrungen mitteilt, hören die anderen nur zu. Sie unterbrechen nicht und fragen nicht nach. Das ist umso schwerer für Sprechende und Zuhörende, wenn das sprechende Gruppenmitglied auch Pausen macht, nachdenkt, sich Zeit lässt oder einfach schweigt, weil es nichts mehr zu sagen gibt. Das Schweigen ist nicht nur erlaubt, sondern auch erwünscht. Sich zuzugestehen und es vielleicht auch auszuhalten, innezuhalten und zu schweigen, ist ein guter Weg, um achtsam zu sprechen und mehr Zugang dazu zu bekommen, was vielleicht etwas länger braucht, um bewusst zu werden und was jetzt im Moment wirklich gesagt werden will. Es erfordert vielleicht Mut und etwas Risikobereitschaft, sich nicht schon im Vorfeld genau zu überlegen, was man sagen möchte, sondern sich dem Augenblick zu überlassen und darauf zu vertrauen, dass das, was im Moment auftaucht, das ist, was gesagt werden will. Das bedeutet nicht, dass alles gesagt werden sollte, was auftaucht. Es ist und bleibt immer eine Entscheidung, ob, was und wie etwas gesagt wird. Und es kann sehr aufschlussreich sein, vielleicht etwas bewusster als sonst mitzubekommen, was man bereit ist zu sagen und was nicht und welche Bewertungen dabei eine Rolle spielen. Das Innehalten und Schweigen des Sprechenden kann gerade am Anfang auch eine Herausforderung für die Zuhörenden sein. In unserer Alltagsgesprächskultur sind Phasen des Schweigens nicht erwünscht und werden schnell als unangenehm oder sogar peinlich erlebt. Dementsprechend sind wir geneigt, Schweigephasen durch Fragen, Kommentare, Themenwechsel usw. erträglicher zu machen oder als willkommene Gelegenheit zu nutzen, selbst etwas von sich zu erzählen und nicht mehr zuzuhören. Das Schweigen des Sprechenden auszuhalten und nicht zu unterbrechen, ist deshalb ein ausgezeichneter Weg, um achtsames Zuhören zu üben. Wir bemerken dann eher, wie schnell wir ungeduldig werden, wie stark der Impuls ist, zu fragen, selbst etwas von sich zu erzählen oder der sprechenden Person durch Kommentare das Gefühl zu geben, auf ihrer Seite zu stehen. Wir bemerken vielleicht auch, wieviel Disziplin es braucht, um über einen längeren Zeitraum, jemandem die Aufmerksamkeit zu schenken.

Wichtig ist, wie in allen Achtsamkeitsübungen, *nicht rigide und streng* zu werden. Erlauben Sie sich deshalb auch die genannten Regeln zu übertreten, vor allem am Anfang. Auch das achtsame Reden und Zuhören braucht Entspanntheit, Lockerheit. Wenn Sie mal die Regel übertreten und unterbrechen, ablenken, nachfragen usw. bedeutet das nicht, dass Sie die Regeln überhaupt nicht mehr beachten. Geben Sie sich auch als Gruppe die Zeit, die Sie brauchen, um sich an die Regeln zu gewöhnen. Sie können immer wieder zum achtsamen Sprechen und Zuhören zurückkehren, wenn Sie davon abgewichen sind. In den meisten Fällen werden die Hindernisse kleiner und die positiven Wirkungen für alle bemerkbarer.

Wenn die Zeit für den Sprechenden abgelaufen ist, empfiehlt es sich kurz innezuhalten und ein paar Mal bewusst zu atmen, bevor das nächste Gruppenmitglied beginnt, von seinen Erfahrungen zu erzählen.Wenn alle Gruppenmitglieder drangekommen sind, schließt sich eine *Phase des freien Gesprächs* an, in dem sich die Gruppenmitglieder darüber austauschen können, welche Erfahrungen sie gerade gemacht haben, Fragen stellen oder bestimmte Themen aufgreifen und vertiefen können. Damit dieser offene Austausch zeitlich nicht ausufert und einzelne Gruppenmitglieder wegen anderen Terminen nicht unter Zeitdruck kommen, kann es hilfreich sind, auch ihn zeitlich zu begrenzen und die Gruppensitzung nach Ablauf der vereinbarten Zeit zu beenden.

- *Haltung in den Gruppensitzungen:* Für wichtig halte ich es, dass Sie immer wieder Ihre innere Haltung in der Gruppensitzung überprüfen und gegebenenfalls noch einmal neu ausrichten: Respektieren Sie alle Erfahrungen. Ihre eigenen und die der anderen. Erinnern Sie sich immer wieder daran, dass jede Erfahrung wertvoll ist und eine Daseinsberechtigung hat. Es gibt keine richtigen oder falschen Erfahrungen. Versuchen Sie Diskussionen um Meinungen oder Kämpfe ums Rechthaben, möglichst früh zu erkennen und zu unterbrechen. Und dann gibt es noch die größte Falle, in die wir immer wieder tappen. Gerade wenn uns das Leid von anderen nahegeht, sind wir geneigt, Ratschläge zu geben, wie sie es lindern und ihre Probleme lösen können. Wie Sie vermutlich selbst von sich kennen, sind solche Ratschläge meistens nicht hilfreich. Erstens entbehren sie prinzipiell einer tieferen Kenntnis der inneren und äußeren Situation der jeweiligen Person und zweitens suggerieren sie, dass es eigentlich ganz einfach wäre, das Problem zu lösen. Wenn es für die Person tatsächlich so wäre, gäbe es das Problem schon lange nicht mehr. Sie können aber darauf vertrauen, dass es viel unterstützender ist, Mitgefühl zu zeigen, das Leid anderer auszuhalten und ihnen die Lösung ihrer Probleme zu überlassen. Und wenn wir ehrlich sind, können wir oft genug bemerken, dass der Motor unserer Ratschläge viel weniger altruistisch ist, als es scheint. Wir möchten das Leid anderer möglichst schnell beenden, um es selbst nicht länger aushalten zu müssen.

Tipps zum Umgang mit dem Buch im Rahmen des Trainingsprogramms

Wie ich ganz am Anfang schon erwähnt habe, können nur Sie wissen, was Sie mit dem Lesen des Buches beabsichtigen und ob und wie Sie was im Buch lesen. Das gilt natürlich auch für die folgenden Seiten, auf denen das Trainingsprogramm beschrieben wird.

Aber für alle die, die das Trainingsprogramm wirklich durcharbeiten möchten, sind vielleicht folgende Tipps hilfreich.

- Lesen Sie die Beschreibung des Trainingsprogramms nicht in einem Rutsch durch, sondern lesen Sie es häppchenweise, am besten immer nur das, was zur jeweiligen Sitzung gehört.
- In den meisten Fällen macht es Sinn, die Reflexionsfragen erst gegen Ende der jeweiligen Woche zu beantworten, da sie darauf aufbauen, welche Erfahrungen Sie während der Woche mit den Übungsempfehlungen gemacht haben.
- Nutzen Sie die Audioanleitungen für die Meditationen, vor allem am Beginn des Trainingsprogramms. Sie sind vor allem darauf ausgerichtet, Personen an die Hand zu nehmen, die noch keine Meditationserfahrung haben.
- Nutzen Sie die beiden Anhänge im Buch als Nachschlagewerke. Ziehen Sie die Meditationsbeschreibungen und die FAQ zu typischen Meditationshindernissen immer wieder zu Rate, wenn Sie den Eindruck haben, dass irgendetwas in Ihrer Meditationspraxis schwierig wird oder Sie das Gefühl haben, da stimmt etwas nicht. Es gibt zwar keine Garantie, aber vermutlich werden Sie für viele Ihrer im Laufe der Zeit auftauchenden Fragen zumindest eine Antwortidee bekommen, wenn Sie in beiden Anhängen nachschauen. Scheuen Sie sich nicht, Passagen wiederholt zu lesen, auch wenn Sie sie schon zu kennen glauben. Vieles vergisst man und manche Ausführungen bekommen zu einem anderen Zeitpunkt eine völlig andere Bedeutung.

Lerntagebuchzitate als Motivationsbooster

Bevor ich in den folgenden Kapiteln die 12 Sitzungen des Trainingsprogramms detailliert beschreibe, die Wochenthemen und Reflexionsfragen kommentiere und erläutere, möchten ich Ihnen als letzten Motivationsschub, noch ein paar Lerntagebuchzitate mit auf den Weg geben. Sie sind aus den Lerntagebüchern eines Kurses zu achtsamem Selbstmanagement, den ich im Wintersemester 2021 für BWL-Studierende an der Hochschule Darmstadt zum ersten Mal gegeben habe und der seitdem als Wahlpflichtveranstaltung in das BWL-Studienangebot der Hochschule aufgenommen wurde.

Dieser Kurs ist in weiten Teilen Grundlage für das Trainingsprogramm, das Sie in den Händen halten. Ich bin den Kursteilnehmenden sehr dankbar, zum einen für Ihre wertvollen, impliziten und expliziten Feedbacks und zum zweiten für ihr Einverständnis, Auszüge aus ihren Lerntagebüchern zu veröffentlichen. Die Auszüge sind wörtliche Zitate, die ich weder geschönt, noch verändert habe. Ich habe lediglich Schreibfehler korrigiert.

Gibt es Veränderungen in Deiner Meditationspraxis (Bodyscan[37]) seitdem Du zum ersten Mal den Bodyscan gemacht hast? Wenn ja, welche?

Ja ich mache den Bodyscan eigentlich ziemlich gern inzwischen, weil ich glaube, dass er mir bei meiner Körperwahrnehmung hilft und mir das gut tut. Ich brauche auch keine Erinnerungen am Handy mehr, die mich drauf hinweisen. (Rick)

Ja, anfangs habe ich den Sinn und Zweck dieser Meditation nicht verstanden. Wie kann ich bei dieser Übung achtsamer werden, bei der

37 Ein Bodyscan ist eine bestimmte Art der Meditation, der auch Bestandteil des hier vorgestellten Trainingsprogramms ist. Sie besteht darin, mit der Aufmerksamkeit durch den ganzen Körper zu wandern und sich der Empfindungen in den einzelnen Körperregionen bewusst zu werden.

nur alle Körperteile nach und nach „gescannt" werden? Mittlerweile denke ich nicht mehr so, denn ich habe durch das mehrmalige Meditieren bemerkt, wie bedeutungsvoll der Bodyscan tatsächlich ist. Momentan mache ich die Übung sogar morgens, damit ich gut in den Tag starten kann. Ich fühle mich viel entspannter und zwangloser als davor. Das Vertrauen und der Glaube zum Bodyscan ist intensiver geworden. Es fühlt sich nicht mehr fremd an, innerlich meinen Körper zu verstehen. (Helin)

Ich fühle mich nach dem Bodyscan super. Ich bin total gelassen, stolz, Zeit für mich genommen zu haben. Früher habe ich immer ein Podcast oder LoFi-Musik gehört, um irgendwie einzuschlafen. Jetzt geschieht das komplett von alleine. Ich fühle mich viel wohler. Mein Geist schließt mit den Gedanken ab, die ich den ganzen Tag hatte, wodurch ich selber bemerke, was MIR fehlt, was ICH brauche, was sollte ICH mal für MICH machen? Eine positive Wahrnehmung war auch, dass der Bodyscan mir nicht mehr als „eine Aufgabe, die abzuarbeiten ist" vorkam. Ich war schon am Abend darauf eingestellt, dass es an die Zeit kommt, den Bodyscan durchzuführen und diese 18 Minuten für mich zu nutzen. (Ceylan)

Mich motiviert es, den Bodyscan oder die Atemmeditation regelmäßig zu machen, da man während der Meditation nichts machen muss. Es ist für mich nicht anstrengend und gleichzeitig erhalte ich danach einen positiven Effekt bzw. eine positive Auswirkung. Ich fühle mich danach immer ruhiger, gelassener und entspannter als vorher und habe währenddessen keinen Druck, sei es Zeitdruck oder Druck von anderen Personen, die etwas von einem verlangen. Ich habe, bevor ich in diesen Kurs gekommen bin, nie meditiert und momentan habe ich das Gefühl, dass mir die Meditation etwas Positives gibt, was ich vorher nie hatte bzw. gefühlt habe. Ich kann es nicht mal genau richtig beschreiben, was für ein Gefühl es ist, jedoch weiß ich, dass es sehr positiv ist und ich mich jedes Mal, wenn ich zum Meditieren komme, darauf freue. (Elena)

Ich meditiere eigentlich immer, wenn ich merke, dass ich es brauche, wie z. B. nach einem stressigen Tag oder wenn ich den ganzen Tag am Lernen war. Was ich bei der Meditation merke, ist ein entspannendes und irgendwie gutes Gefühl. Ich zwinge mich nicht mehr zu meditieren, das ist unerwartet für mich. Meditation ist für mich interessanter und spannender geworden. (Keti)

Was hast Du im Kurs gelernt? Was nimmst du aus dem Kurs mit und was möchtest Du nicht vergessen? Welches Fazit ziehst Du für Dich?

Einige Monate sind seit dem ersten Meeting unseres Moduls vergangen und ich muss sagen, dass ich persönlich gewachsen bin. Ich habe viel dazu gelernt, welches ich vorher zu 100 % nicht geglaubt hätte. Dass die Meditation so eine große Wirkung auf mich hat, hätte ich niemals gedacht. Anfangs war ich skeptisch, ob das überhaupt funktionieren wird, denn ich war zu selbstkritisch mit mir. Ich konnte mich nicht konzentrieren und sah nicht viele Erfolge. Von Meeting zu Meeting habe ich kleine Veränderungen gespürt, der springende Punkt war jedoch mein Selbstexperiment. Ich konnte mich in dieser Zeit voll mit mir und meiner Meditation auseinandersetzen. Ich bin viel geduldiger geworden. Ich habe enorm viel Selbstakzeptanz dazu gewonnen und weiß, dass ich noch mehr dazu gewinnen kann. Ich bin froh, dass ich mich für das Modul entschieden habe. Ich möchte und werde in Zukunft definitiv weiter meditieren, denn was ich in der „kurzen" Zeit gelernt habe, ist für mich persönlich ein Riesenerfolg. Wenn ich weiter mache, kann ich bestimmt noch viel mehr dazu lernen. (Aladin)

Ich habe gelernt,

- *mit mir nicht zu streng umzugehen und einige Situationen zu akzeptieren, um danach zu handeln.*
- *Probleme, welche ich nicht weiter beeinflussen kann, nicht weiterhin mich stören zu lassen.*
- *Meditationstechniken im Alltag effektiv einzusetzen und sie zu meinem Vorteil zu nutzen.*
- *alles gelassener zu sehen, und mich nicht durch kleinere Dinge aus der Bahn werfen zu lassen.*

Für mich war bemerkenswert, dass durch kleinere Meditationsübungen der Alltag schon sehr beeinflusst werden kann. Ohne dieses Modul wäre ich vermutlich nicht auf die Idee gekommen, dass ich auf Instagram verzichte und meine Konzentrationsfähigkeit stärken kann. Das Projektmodul als Gesamtes betrachtet, war eine sehr interessante Erfahrung und kurz gesagt ein großer Erfolg, daran teilgenommen zu haben. Ich bin auch dankbar, dass die Hochschule diesen Kurs angeboten hat. (Toshi)

Ich finde es immer wieder erstaunlich, was für eine Wirkung Achtsamkeitspraxis auf Leute hat, die vorher nichts mit dem Thema zu tun hatten. Alleine schon die simple STOP Übung[38] *hat bei einigen eine Veränderung in der Wahrnehmung bewirkt, welche fast immer positiver Natur war. Ich finde es sehr interessant, mit wie wenig Aufwand, in dem Fall wenige Minuten am Tag, man seine Denkmuster und seine Gedankentätigkeit ändern kann. Man hat diese Fähigkeit schon die ganze Zeit, nur in der heutigen Welt, in der wir ständig von einer Informationsflut übergossen werden, vergisst man diese schnell. Deswegen finde ich es wichtig, Leute darauf aufmerksam zu machen, dass sie selbst in der Lage sind, diese Fähigkeit zu trainieren und zu nutzen. (Marcel)*

Ich habe gelernt, dass ich kein Roboter bin. Ich muss oft Zeit für mich haben. Ich habe gelernt, wie man den Stress vermeiden kann, z. B. durch tief Atmen. Der Weg zum Glücklichsein fängt damit an, mich richtig zu verstehen und innere Kraft und Stärke zu finden. In BWL haben wir 1000 Wirtschaftsstrategien gelernt und keine einzige Strategie unseren Körper zu verstehen und den Weg zu uns selbst zu finden. (Khaled)

Es hat mich berührt, dass es doch eine Möglichkeit gibt aus diesem Gedankenkreisen rauszukommen. Es war für mich auch wichtig, dass ich diese Erfahrung gemacht habe, weil ich es schon immer mal ma-

38 Die STOP-Übung ist auch Bestandteil des folgenden Trainingsprogramms. Sie wurde auch schon oben im Kapitel „Eine vierte Leitersprosse: die Achtsamkeitspraxis - ohne Training keine Fitness" beschrieben.

chen wollte, mich aber nicht getraut habe. Ich fand es auch schön zu sehen, dass jeder Mensch eine andere Auffassung/Sichtweise auf bestimmte Sachen hat. Ich habe durch das Projekt neue Menschen kennengelernt und konnte mich mit ihnen austauschen. Außerdem habe ich eine Methode für mich gefunden, die ich in stressigen Momenten anwenden kann. Es hat mir die Augen geöffnet und ich habe jetzt erst gemerkt, wie sehr ich in meinem eigenen Automatismus lebe und wie sehr es einen doch seelisch belastet. Außerdem ist mir aufgefallen, dass ich noch viel an mir arbeiten muss. Aber auch dass es okay ist, wie ich bin und dass ich nicht perfekt sein muss. (Yasemin)

Ich hatte zwar Erwartungen an dieses Modul, aber konnte mir nicht genau vorstellen, wie das ablaufen wird und ob es wirklich was helfen wird. Mittlerweile kann ich wirklich sagen, dass dieses Modul mein Leben bereichert hat. Ich bin strukturierter und gehe besser mit mir selbst um. Ich möchte mir auf jeden Fall das positive Annehmen von Gedanken und Gefühlen behalten. Man geht ganz automatisch dadurch besser mit sich und seinem Körper um. Beim Schreiben von diesen Zeilen fällt mir auch auf, dass ich ganz unterbewusst eine Art STOP-Übung mache. Es gab Momente, beispielsweise wo ich mit der Familie am Tisch saß und kurz in mich hinein geatmet habe und bemerkt habe, wie dankbar ich war. In dem Moment saß ich da, habe geatmet und gespürt, dass ich glücklich war. (Diana)

1. Sitzung: Warum beginne ich das Trainingsprogramm und Achtsamkeit als Innehalten

Die erste Sitzung des Trainingsprogramms dient vor allem dazu, sich noch einmal der eigenen Motivation zu vergewissern, sich die Möhren auszumalen, die Sie durch das Training erreichen möchten und Ihnen mit der STOP-Übung einen leichten Einstieg in die Achtsamkeitspraxis zu bieten. Diese Übung braucht nur wenig zusätzliche Zeit und führt bei vielen auch relativ schnell zu positiven Erfahrungen. Achtung: bei vielen, nicht bei allen. Wenn die positiven Erfahrungen ausbleiben, heißt das noch nichts, vor allem nicht, dass Sie etwas falsch machen oder ungeeignet für Meditation wären. Geben Sie sich etwas Zeit, um in die Achtsamkeitspraxis hineinzufinden. Vielleicht ist es in der 2. Woche schon ganz anders.

Lerntagebuchfragen für Woche 1

Warum möchte ich das Trainingsprogramm beginnen? Was motiviert mich dazu? Was verspreche ich mir vom Trainingsprogramm?

Wie oben schon erwähnt, kann die Motivation, das Trainingsprogramm zu beginnen, sehr unterschiedlich sein. Man muss nicht erst den Kopf unterm Arm tragen, um gute Gründe zu haben, Achtsamkeit und Meditation auszuprobieren. Es gibt keine minderwertigen Gründe dafür. Es zählt allein, ob Ihre Gründe ausreichen, Sie in Bewegung zu setzen und das Training zu beginnen. Und das Training beginnt damit, dass Sie sich bewusstwerden, was Sie eigentlich dazu motiviert, sich auf das Programm einzulassen. Meistens gibt es nicht nur einen, sondern mehrere Gründe: vordergründige, die Ihnen ziemlich schnell einfallen, und manchmal auch hintergründigere, verborgenere, die Zeit brauchen, bis sie sich zeigen, weil sie einen längeren Weg ans Licht des Bewusstseins haben. Deshalb gönnen Sie sich Zeit, die erste Frage zu beantworten und glauben Sie sich nicht ungeprüft, wenn Sie der Ansicht sind, dass Ihre Antworten schon klar wären. Vielleicht kitzeln Sie Ihre Neugier auf sich selbst, wenn Sie die erste Frage mit einem kleinen Wörtchen ergänzen: Warum möchte ich **wirklich** das Trainingsprogramm beginnen?

Auch wenn Ihre Gründe immer individuell sind und sowieso nur Ihre eigenen persönlichen Motive Bedeutung haben, so kann es vielleicht Ihren Entschluss erleichtern, wenn Sie für ihn aus populärem Munde Rückenwind bekommen. Wenn Sie möchten, schauen Sie sich doch das Video „So hilft Achtsamkeit gegen Unistress" von Gert Scobel an.[39]

Woran würde ich am Ende des Trainingsprogramms konkret in meinem Alltag merken, z. B. beim Studieren, im Umgang mit anderen oder in der Sicht auf meine Zukunft, dass es sich gelohnt hat, das Programm gemacht zu haben?

Diese Frage scheint vielleicht auf den ersten Blick nur eine anders formulierte Wiederholung der ersten Frage zu sein. Aber das täuscht. Denn die zweite Frage führt direkt in die Niederungen Ihres Studienalltags, durch die Sie sich Tag für Tag durchkämpfen müssen und an denen und in denen Sie leiden. Typische Niederungen habe ich in der Einleitung des Buches zusammengestellt, z. B. Einsamkeit, Aufschieben, Handyabhängigkeit, Prüfungsangst, das Gefühl nicht gut genug zu sein, permanente Selbstkritik usw. Solche Niederungen belasten, weil sie im Alltag immer wieder die gleichen, unerquicklichen automatischen Gedanken- und Verhaltensmuster auslösen. Deshalb übergehen wir sie auch gerne. Wir kennen sie eh schon zur Genüge, vermeiden ihren unangenehmen emotionalen Beigeschmack und haben auch schon lange genug, meistens erfolglos, versucht, aus diesen Niederungen herauszukommen. Mit der Selbstreflexionsfrage möchte ich Sie einladen, sich ihnen auf eine positive Art zuzuwenden, nämlich sich einen Alltag *auszumalen*, in dem es Ihnen gelungen ist, sie zu verlassen. Malen Sie sich diese Möhren aus, die Sie durch ein erfolgreiches Training

39 Scobel, Gert (2020): So hilft Achtsamkeit gegen Unistress, https://www.youtube.com/watch?v=9ZILNcCGr-o

ernten könnten. Wie würden Sie sich im Alltag, in bestimmten Situationen anders verhalten, wie würden Sie anders denken oder sich anders fühlen, wenn das Training erfolgreich ist?

Natürlich gibt es keine Garantie, dass alles, was Sie sich ausmalen, auch tatsächlich stattfindet. Und vielleicht meldet sich auch der Skeptiker oder die Skeptikerin in Ihnen, die vor überzogenen Erwartungen warnen und Sie vor Enttäuschungen bewahren wollen: „Das klappt sowieso nicht. Hat es ja noch nie. Wieso jetzt?" Aber vielleicht können Sie Ihre skeptischen Stimmen besänftigen, indem Sie ihnen signalisieren, dass Sie sie hören und sich doch gerne auf das Ausmalen der Möhren einlassen. Vielleicht bemerken Sie beim Ausmalen, dass es tatsächlich eine andere Welt jenseits Ihres Autopiloten gibt, die Ihnen gar nicht *so* fremd ist. Im Idealfall motivieren Sie die ausgemalten Möhren, sich mit noch größerer Entschlossenheit dem Trainingsprogramm zu widmen. Denn zumindest eine verlässliche Wirkung des Programms ist, dass Sie mit ihm die „ewige Wiederkehr des Gleichen" unterbrechen. Und das allein ist schon eine riesige Veränderung, die meistens viel mehr möglich macht, als Ihre skeptischen Stimmen glauben.

Wie gelingt es mir, die STOP- oder die Atemraumübung in meinen Alltag zu integrieren? Mit welchen Hindernissen werde ich konfrontiert? Wie gehe ich mit den Hindernissen um?

Zu den Praxisempfehlungen der ersten Woche gehört die STOP-Übung, wie ich sie im Kapitel „Was ist Achtsamkeit" schon vorgestellt habe.

Die Atemraumübung[40] ist aus meiner Sicht eine erweiterte STOP-Übung, bei der an den Befindlichkeitscheck, d. h. das „Observe" der STOP-Übung, noch eine kleine Atembeobachtung angehängt wird, bei der die Aufmerksamkeit zuerst auf den Atem und

40 Die Atemraumübung ist nach meinem Kenntnisstand zum ersten Mal in Williams, Mark; Teasdale, John; Segal, Zindel; Kabat-Zinn, Jon (2009): Der achtsame Weg durch die Depression, beschrieben worden. Das Buch ist auch für Nicht-Depressive sehr empfehlenswert, weil in ihm die klassischen MBSR-Achtsamkeitsmeditationen gut erläutert werden und es zudem zwei CD's mit guten Audioanleitungen für diese Meditationen enthält.

dann auf den Körper als Ganzes gerichtet wird. Eine schriftliche Anleitung für die STOP-Übung und die Atemraumübung finden Sie im Anhang. Dort finden Sie auch eine STOP-Karte zum Ausdrucken und Ausschneiden als Aufsteller für Ihren Schreibtisch. Eine fünfminütige Audioanleitung für die Atemraumübung können Sie hier herunterladen.

https://utb.de/do/10.36198/9783838560472-m01

Es kann sein, dass es Ihnen schon in der ersten Woche gelingt, die empfohlenen Achtsamkeitsübungen ohne Probleme in den Alltag zu integrieren. Dann gehören Sie zu einer eher kleinen Minderheit. Den meisten gelingt es in der ersten Woche des Trainingsprogramms nicht so gut, selbst die kleinen, oder vielleicht müsste ich sagen: gerade die kleinen Übungen in den Alltag einzubauen. Es kann viele Gründe dafür geben. Der häufigste ist: Die kleinen Übungen gehen im Alltagstrubel einfach unter. Sie werden vergessen. Umso wichtiger ist es, dass Sie sich, *ohne sich Vorwürfe zu machen*, möglichst nüchtern der Frage widmen, was Sie tun können, um mehr daran zu denken. Hier ein paar Anregungen: Nutzen Sie besondere Anlässe für die Übung, z. B. erfreuliche, ärgerliche oder bevorstehende aufregende oder herausfordernde Ereignisse, wie z. B. der erste Besuch einer Lehrveranstaltung. Oder lassen Sie sich zu bestimmten Zeiten von Ihrem Smartphone an die Übungen erinnern. Oder installieren Sie einen Erinnerungsanker auf Ihrem Schreibtisch, z. B. einen Zettel, eine Figur oder ähnliches.

Neben dem Vergessen gibt es natürlich viele andere Gründe, die Sie von der Achtsamkeitspraxis abhalten. Hier eine kleine Auswahl: Keine Lust haben, die Übung langweilig finden, keinen Übungseffekt merken, sich gegen ein „Ich soll oder ich muss das jetzt machen" wehren usw. Der erste Schritt, dass es ihnen besser gelingt, die Übungen zu praktizieren, ist Achtsamkeit: Sich bewusstwerden, was genau Sie daran hindert zu praktizieren.

Vielleicht hilft es Ihnen auch, mit den Übungen zu experimentieren, mal die STOP-Übung, mal die Atemraumübung durchzuführen, die Übungen mal kürzer, mal länger, zu verschiedenen Tageszeiten, mal mit und mal ohne Audioanleitung zu machen.

Auf jeden Fall ist es hilfreich, sich bewusst zu werden, wie Sie mit den Praxisempfehlungen umgehen. Das ist die Absicht dieser und aller folgenden ähnlichen Reflexionsfragen.

Welche Erfahrungen mache ich während oder nach der STOP- oder Atemraumübung?

Diese Frage lädt Sie ein, sich auch der unterschiedlichen Erfahrungen bewusst zu werden, die Sie im Zusammenhang mit den kleinen Achtsamkeitsübungen machen. Vielleicht machen Sie angenehme Erfahrungen. Sie werden ruhiger, aufmerksamer, fühlen sich erfrischter, klarer. Je mehr Sie diese positiven, aber vielleicht unspektakulären Wirkungen bewusst wahrnehmen, desto mehr stärken Sie Ihre Übungsmotivation.

Nehmen Sie auch unangenehme Erfahrungen wahr und ernst: Langeweile, Anstrengung, Wirkungslosigkeit, Widerwillen oder zu viele mentale Ablenkungen. Gestehen Sie sich auch solche Erfahrungen zu und verurteilen Sie sich nicht dafür. Im Gegenteil. Nutzen Sie sie, um etwas über sich zu erfahren. Vielleicht helfen Ihnen die folgenden Fragen dabei: Was genau ist eigentlich das Unangenehme, Langweilige, Anstrengende? Ist das Unangenehme immer gleich oder ist es je nach Situation, Tageszeit oder Stimmung unterschiedlich. Welche Erwartungen, Wünsche oder Vorstellungen verbinden Sie mit den Übungen, z. B. mit der Atembeobachtung? Vielleicht setzen Sie sich unter Druck und erschweren sich einen lockeren, spielerischen Umgang mit den Übungen.

Ansonsten lege ich Ihnen ans Herz, auch im weiteren Verlauf des Programms, immer wieder die FAQ im Anhang zu Rate zu ziehen. Dort habe ich typische Schwierigkeiten beim Meditieren zusammengestellt und gebe Anregungen, wie Sie mit ihnen umgehen können.

Praxisempfehlungen für Woche 1

- Dreimal täglich eine STOP-Übung oder zweimal täglich eine Atemraumübung praktizieren
- Die Tagebuchfragen für Woche 1 beantworten

2. Sitzung: Achtsamkeitstraining durch Meditation: der Bodyscan

In der zweiten Sitzung wird Meditation eingeführt, die wichtigste Form, Achtsamkeit zu trainieren. Als erste längere Meditationsform wird der Bodyscan eingeführt. Eine schriftliche Anleitung zum Bodyscan finden Sie im Anhang. Ich empfehle Ihnen für die Durchführung des Bodyscans eine Audioanleitung zu nutzen. Eine von mir gesprochene Audioanleitung finden Sie über den Link oder QR-Code. Sie dauert ca. 20 Minuten. Laden Sie sich die Audioanleitung am besten auf Ihr Smartphone. So haben Sie sie jederzeit verfügbar.

https://utb.de/do/10.36198/9783838560472-m04

Wenn Ihr Tag voll ist, sind 20 Minuten keine Kleinigkeit. Sie kommen dann nicht daran vorbei, sich die Zeit bewusst zu nehmen bzw. einzuplanen. Dazu müssen Sie vielleicht etwas an ihren Prioritäten verändern, eine erste Motivationsherausforderung, die noch größer werden kann, wenn sich die Quick Wins doch nicht so quick einstellen und sich der Spaß an der Meditation in Grenzen hält.

Wichtig ist, dass Sie den Bodyscan so regelmäßig wie möglich machen, was nicht bedeutet, immer zur gleichen Tageszeit. Probieren Sie aus, wann er am besten für Sie funktioniert. Sie müssen ihn nicht gerne machen. Sie müssen sich danach auch nicht besser fühlen. Sie brauchen auch nicht auf eine gute Gelegenheit zu warten oder darauf, dass Sie Lust haben, ihn zu machen. Manchmal gehören gerade am Anfang auch etwas Überwindung und Entschlossenheit dazu, den Bodyscan zu machen.

Andererseits: „In jedem Anfang wohnt ein Zauber inne“[41], der auch Ihnen helfen kann, einen schwierigen Anfang zu meistern. Auf jeden Fall können Sie darauf vertrauen, dass sich die Erfahrungen mit und im Bodyscan im Laufe der Zeit verändern werden. Also packen Sie die erste längere Meditation an, seien Sie neugierig auf Ihre Erfahrungen, glauben Sie nicht Ihren Befürchtungen und lassen Sie sich von Ihrem Erleben überraschen.

Übrigens wenn Sie sich noch einmal vergewissern möchten, dass das, was Sie jetzt vorhaben, Hand und Fuß hat und keine esoterische Spinnerei ist und der erste Teil des Buches nicht mehr so lebendig in Ihnen ist, dann lege ich Ihnen ans Herz, sich das Video „Achtsamkeit – was ist das eigentlich?“ von Gerd Scobel[42] anzusehen. In nur 25 Minuten schafft er eine, aus meiner Sicht gute und hilfreiche Charakterisierung von Achtsamkeit und Meditation, die Ihnen auch helfen kann, die Anfangshürden zu überwinden.

Lerntagebuchfragen für Woche 2

Wie gelingt es mir, den Bodyscan im Alltag zu integrieren? Mit welchen Hindernissen werde ich konfrontiert und wie gehe ich mit ihnen um?

Gerade wenn es Ihnen schwerfällt, den Bodyscan zu machen, aus welchen Gründen auch immer, ist das Wichtigste, dass Sie sich das nicht auch noch vorwerfen. Es kann viele Gründe geben, äußere, wie z. B. großer Termindruck, wenig Gelegenheit, ungestört zu sein, eine laute Wohnsituation oder innere Gründe, wie z. B. Unruhe, Unlust oder einfach Vergesslichkeit.

Versuchen Sie so genau wie möglich herauszufinden, was Sie während der Woche an den einzelnen Tagen daran hindert bzw. gehindert hat, den Bodyscan zu machen, so nüchtern und ehrlich wie möglich. Manchmal passiert auch Ungeplantes, was die ganze

41 Zeile aus dem Gedicht „Stufen“ von Hermann Hesse: https://www.lyrikline.org/de/gedichte/stufen-5494

42 Scobel, Gert (2019): Achtsamkeit – was ist das eigentlich? https://www.youtube.com/watch?v=c259e3BmxiE

freie Zeit und die gesamte Aufmerksamkeit in Anspruch nimmt, z. B. wenn Sie selbst oder jemand aus der Familie krankwerden oder Sie für jemanden einspringen und sich kümmern müssen. Vielleicht gibt es aber auch Hindernisse, die zumindest von außen betrachtet den Eindruck erwecken, dass Sie sie eigentlich leicht überwinden könnten, z. B. mit etwas mehr Willenskraft. Das mag stimmen, ist aber oft nur eine Einladung sich selbst zu kritisieren und vor allem die Größe des Hindernisses für Sie herunterzuspielen. Zudem nutzen Sie nicht die Chance, etwas zu lernen, die darin steckt, sich näher mit den Hindernissen auseinanderzusetzen. Eine Möglichkeit, sie zu erforschen, ist es, Ihre Gedanken aufzuschreiben, die im Zusammenhang mit dem Bodyscan oder der Entscheidung, den Bodyscan nicht zu machen, aufgetaucht sind.

Diese Bewusstwerdung ist immer der erste Schritt, dass sich etwas verändert oder dass Ihnen etwas Neues einfällt, wie Sie die Hindernisse aus dem Weg räumen oder anders als bisher mit ihnen umgehen können. Sich einfach unter Druck zu setzen ist weder eine achtsame noch eine kluge Reaktion auf eine nicht so gut funktionierende Integration des Bodyscans in den Alltag. Denn über kurz oder lang ist Druck kontraproduktiv, weil er den inneren Widerstand nährt und die Motivation untergräbt.

Wichtig ist, dass Sie trotz der Schwierigkeiten Ihre Absicht aufrechterhalten, den Bodyscan so regelmäßig wie möglich zu praktizieren. Paradoxerweise können Sie Ihre Absicht am besten stabilisieren, wenn Sie Ihre Integrationsschwierigkeiten anerkennen und mit Freundlichkeit, Wohlwollen, Geduld und Mitgefühl darauf reagieren.

Welche Erfahrungen mache ich während des Bodyscans? Gibt es Unerwartetes, Überraschendes, Bemerkenswertes, Erstaunliches? Gibt es Hindernisse oder Schwierigkeiten, die während des Bodyscans auftauchen und wie gehe ich mit ihnen um?

Es gibt unendlich viele Erfahrungen, die Sie im Bodyscan machen können. Angenehme, unangenehme oder solche, die Sie weder als angenehm noch als unangenehm erleben. Jede Erfahrung ist wertvoll. Schenken Sie jeder Erfahrung, die Ihnen bei der Beantwortung dieser Frage in den Sinn kommt, Ihre Aufmerksamkeit. Es gibt keine zu kleinen oder minderwertigen Erfahrungen.

Die Frage nach dem Unerwarteten, Erstaunlichem kann Ihnen helfen, Ihr Interesse an Ihren Erfahrungen wach zu halten und sich bewusster zu werden, wie oft Erwartungen oder Befürchtungen einfach falsch sind.

Sie werden wahrscheinlich bemerken, dass die Erfahrungen, die Sie im Bodyscan machen und die Ihnen bei der Beantwortung der Frage in den Sinn kommen, weitaus vielfältiger sind, als nur die Empfindungen im und am Körper, die beim Bodyscan im Fokus stehen. Befürchtungen, Wünsche, Ansprüche, die den Bodyscan selbst betreffen, gehören genauso dazu wie Sorgen, Erinnerungen und Planungen oder Emotionen, wie Wohlbefinden, Freude, Langeweile, Ungeduld oder Schläfrigkeit.

Vielleicht bemerken Sie auch, wie Sie sowohl bei der Beantwortung der Fragen als auch während des Bodyscans die Erfahrungen selbst wieder bewerten als gut, angenehm, förderlich oder als schlecht, hinderlich und unangenehm. Vielleicht bemerken Sie auch, wie Sie aufgrund der Bewertungen auf das, was Sie erleben reagieren, z. B. „So ist es bestimmt richtig oder bestimmt falsch." „So müsste es immer sein oder so möchte ich es nicht wieder erleben."

Nehmen Sie alles, was Ihnen zu den obigen Fragen einfällt, einfach zur Kenntnis und gestehen Sie sich genau die Erfahrungen zu, die Ihnen einfallen und auch Ihre Reaktionen auf die Erfahrungen. Das Ziel der Fragen ist nämlich nicht, etwas oder sich selbst zu verändern, sondern nur sich dessen bewusst zu werden, was passiert und die Bewusstheit zu trainieren. Vielleicht entdecken Sie, dass sich mit der Zeit von ganz alleine Ihre Erfahrungen verändern oder dass Sie von ganz alleine anders reagieren, weil Ihnen etwas bewusst geworden ist.

Wie geht es mir nach einem Bodyscan? Welche Nachwirkungen spüre ich nach einem Bodyscan?

Die Fragen zielen darauf, sich bewusst zu machen, wie der Bodyscan wirkt. Häufig werden seine Nachwirkungen als positiv erlebt, selbst dann, wenn der Bodyscan selbst gar nicht so erlebt wird. Sich dieser Nachwirkungen bewusst zu werden, stärkt die Motivation in den meisten Fällen von ganz alleine.

Aber positive Erfahrungen können auch eine Falle sein. Im Handumdrehen, machen wir den Bodyscan, *um* diese positiven Wirkungen zu erzielen. Und schon instrumentalisieren wir ihn. Das ist verständlich, aber riskant, weil wir früher oder später auch mit weniger angenehmen Nachwirkungen konfrontiert sein können und dann vielleicht enttäuscht sind oder glauben, etwas falsch zu machen. Aber beim Bodyscan wie bei allen anderen Meditationen gibt es keine Wirkgarantie.

Umso wichtiger ist es, sich der tatsächlichen Wirkungen des Bodyscans bewusst zu werden. Diese Bewusstheit ist wie immer der Hebel, der hilft, sich beim Meditieren weniger von den Wirkungen und von unseren Reaktionen auf sie, beeinflussen zu lassen und sich immer wieder neu auf jeden Bodyscan als eine einzigartige Erfahrung, die es nur hier und jetzt gibt, einzulassen.

Praxisempfehlungen für Woche 2

- Dreimal täglich eine STOP-Übung oder zweimal täglich eine Atemraumübung praktizieren
- Einmal täglich einen Bodyscan mit Audioanleitung praktizieren
- Die Tagebuchfragen für Woche 2 beantworten

3. Sitzung: Meditationsroutine entwickeln und die mitgebrachten Ressourcen fürs Studium

Nachdem Sie sich in den ersten beiden Sitzungen zum ersten Mal mit Achtsamkeit und Meditation vertraut machen konnten, geht es in dieser Sitzung zum ersten Mal auch um Ihr Studium, nämlich darum, dass Sie merken, was Sie für Ihr Leben als Student oder Studentin schon mitbringen, was Sie können, worauf Sie sich verlassen können, was Sie aufgrund Ihrer bisherigen Lebenserfahrung gelernt haben, worauf Sie bei der Bewältigung Ihrer Herausforderungen im Studium und in Ihrem Privatleben vertrauen können, weil Sie es schon unter Beweis gestellt haben. Meistens wissen wir gar nicht, was wir alles können, was uns alles spontan, ohne dass wir uns anstrengen müssen, zur Verfügung steht. Die letzten beiden Fragen drehen sich um dieses Thema.

Doch zuerst geht es, wie in allen folgenden Sitzungen darum, die eigene Achtsamkeits- und Meditationspraxis zu reflektieren.

Lerntagebuchfragen für Woche 3

Wie gelingt es mir, den Bodyscan in der zweiten Woche in den Alltag zu integrieren? Sind die Hindernisse die gleichen oder haben sie sich verändert?

Vielleicht erscheinen Ihnen die Fragen, wie eine Wiederholung der Fragen von letzter Woche. Im Prinzip sind sie das auch. Aber gehen Sie nicht zu schnell über sie hinweg. Wir alle sind geneigt, vermeintlich bekanntes nicht mehr genau zu erforschen, nach dem Motto: Ja, kenn ich schon, also weiter zum nächsten. Aber das ist ein, im besten Sinn des Wortes, unachtsamer Trugschluss. Denn jeder Tag, jeder Moment und jede Meditation ist ein Unikat. Es kann Ähnlichkeiten geben, aber wenn wir genau hinschauen, bemerken wir, dass es heute anders ist als gestern und vorgestern. Jede Meditation hat eine eigene Qualität und birgt einmalige Erfahrungen. Nur in unserem verallgemeinernden Denken sind die

Meditationen gleich. Das ist die Macht der Worte. Haben wir einmal ein Begriff für unsere Erfahrungen gefunden, kanalisieren und prägen Sie unsere Wahrnehmung und verleiten uns, die tausend kleinen Erfahrungen, die nicht zum Begriff passen, zu übergehen.

Diese und auch die entsprechenden Fragen in den folgenden Wochen sind immer wieder die Einladung, sich mit Interesse und wachen Sinnen den Erfahrungen in und mit der Achtsamkeitspraxis zuzuwenden. Vermeintliche Kleinigkeiten sind oft viel wichtiger als man glaubt. Zwei Beispiele: Vielleicht kostet es Sie nur ein ganz kleines bisschen weniger Überwindung, den Bodyscan zu machen, als in der ersten Woche und schon bekommen Sie ihn öfter hin als letzte Woche. Vielleicht nehmen Sie Ihre Gedankenfluchten ein ganz kleines bisschen weniger persönlich als in der ersten Woche und schon können Sie vielleicht bemerken, dass Sie sich nach dem Bodyscan wohler fühlen. Natürlich kann die Veränderung auch in die andere Richtung gehen. Bleiben Sie dann so gelassen wie möglich. Wenn sich Zweifel oder selbstkritische Gedanken einstellen, so reicht es, sie zur Kenntnis zu nehmen und einfach den Bodyscan weiter zu praktizieren. Die Erfahrungen, die Sie im Bodyscan machen, werden schon beim nächsten Mal anders sein, zumindest manche. Seien Sie interessiert daran, was beim nächsten Bodyscan anders, neu und vielleicht unerwartet ist.

Worauf kann ich mich bei mir selbst verlassen? Was kann ich, ohne mich anstrengen zu müssen?

Diese Frage zielt weniger darauf, was Sie bisher in der Schule oder im Studium gelernt haben, sondern mehr auf Ihre inneren Haltungen, Antriebe oder Charaktereigenschaften, die Sie haben und die Sie meistens ganz automatisch nutzen, um Herausforderungen zu bewältigen. Hier ein paar Beispiele: Sie sind einfach zäh und ausdauernd und lassen sich nicht so einfach entmutigen. Sie entscheiden überlegt, mit Vorsicht und nicht vorschnell. Sie sind eher gründlich und ordentlich und gehen planvoll vor. Es macht Ihnen nichts aus, bei Anderen Hilfe und Unterstützung zu suchen. Sie können spontan und ohne langes Nachdenken reagieren und sich auf Neues einlassen. Sie gehen die Herausforderungen eher optimistisch an oder glauben, dass Sie sie schon irgendwie hinbekommen. Sie kommen schnell auf neue Ideen und Ihnen fällt immer irgendetwas ein, was Sie weiterbringt. Sie kneifen nicht und packen die Dinge an, wenn es notwendig ist.

Im Gegensatz zu unseren Schwächen, sind uns unsere Stärken oft viel weniger bewusst. Ein Blick auf andere kann da helfen. Dabei geht es nicht um einen Vergleich, um besser oder schlechter, sondern nur um Unterschiede. Wenn Sie merken, dass Sie die Neigung haben, beim Blick auf andere mit einer Negativbrille auf sich selbst oder auf andere zu schauen und ein bestimmtes Verhalten als Schwäche zu sehen, überlegen Sie sich die Vorteile des Verhaltens. Glauben Sie nicht, dass es keine gäbe.

Also erkennen und würdigen Sie Ihre Talente. Sie haben viel, viel mehr, als Sie glauben.

Wie habe ich es bisher geschafft, schwierige Situationen und Herausforderungen zu meistern? Was habe ich gelernt dabei?

Auch wenn Sie vielleicht noch relativ jung sind, haben Sie schon schwierige Phasen in Ihrem Leben gehabt. Sie haben einen Schulabschluss geschafft und mussten vielleicht schon mit Trennungen, Schicksalsschlägen, Krankheiten, Familienkonflikten, schlechten Noten oder Einsamkeit zurechtkommen. Es gibt immer einen Beitrag, den Sie geleistet haben, um solche oder andere schwierige Zeiten zu überstehen. Mit der Frage möchte ich Sie motivieren, sich zu vergegenwärtigen, wie Sie durch das, was Sie gedacht und getan haben, dazu beigetragen haben, die schwierige Situation erträglicher zu machen und besser zu überstehen? Wie haben Sie das hinbekommen? Glauben Sie nicht, dass *nur* die Zeit die Wunden geheilt hat. Sie haben auf jeden Fall mitgewirkt. Die Frage ist: wie?

Der andere Aspekt ist, dass wir immer etwas aus schwierigen Lebensphasen lernen und meistens etwas, was uns stärker und resilienter macht. Auch das ist oft ziemlich vergraben. Vielleicht lassen Sie sich bei der Suche nach Ihren Lernerfolgen von den Resilienzfaktoren inspirieren, die ich im Kapitel „Achtsamkeit und Resilienz“ vorgestellt habe.

Es kann natürlich sein, dass die schwierigen Lebensphasen noch gar nicht vorbei sind und sie heute noch nachwirken oder sie gerade in einer solchen Phase stecken. Umso wichtiger ist es, dass Sie das wahr- und ernstnehmen und sich klar machen, wie stark Ihr Leben im Moment davon belastet ist. Achtsamkeit und Meditation können zwar eine große Unterstützung sein, schwierige Lebensphasen zu bewältigen, sie sind aber kein Allheilmittel. Fragen Sie sich deshalb, ob das, was Sie tun, genug ist, um mit Ihrer gegenwärtigen Situation zurecht zu kommen, ohne dass Sie in die Knie gehen. Wenn nicht, ziehen Sie in Erwägung, sich Hilfe zu suchen. Es ist keine Schande, sondern zeugt von Mut und Stärke, die Probleme bei den Hörnern zu packen und sich Unterstützung zu suchen. Es gibt an den meisten Hochschulen entsprechende Beratungsangebote. Scheuen Sie sich nicht, diese zu nutzen. Es geht um Ihr Leben und für das sind nur Sie zuständig.

Praxisempfehlungen für Woche 3

- Dreimal täglich eine STOP-Übung oder zweimal täglich eine Atemraumübung praktizieren
- Einmal täglich einen Bodyscan mit Audioanleitung praktizieren
- Die Tagebuchfragen für Woche 3 beantworten

4. Sitzung: Achtsamkeit in Bewegung und meine sozialen Ressourcen: Freunde, Familie, Partner(in)

Nachdem Sie vor zwei Wochen den Bodyscan als eine erste Achtsamkeitsmeditation kennengelernt haben, geht es in dieser Sitzung um eine neue Art der Meditation. Das Objekt dieser Meditation sind zwar auch die Körperempfindungen wie beim Bodyscan, allerdings die Empfindungen, die sich ergeben, wenn sich der Körper bewegt. Für diese Bewegungsmeditation sind einfache Yogaübungen gut geeignet. Eine Audioanleitung für eine zwanzigminütige Sequenz achtsames Yoga können Sie hier und im Anhang herunterladen.

https://utb.de/do/10.36198/9783838560472-m07

Sie können auch andere Bewegungsübungen für diese Meditation nutzen, aber die Yogaübungen haben den Vorteil, dass Sie die Grenzen Ihrer Bewegungsmöglichkeiten einfach und leicht wahrnehmen und kennenlernen können. Dabei können Sie sich auch damit auseinandersetzen, wie Sie mit ihnen umgehen. Ein wirklich wichtiges Lernfeld. Denn im Grunde genommen sind alle Ihre Grenzen letztlich körperliche, die Ihnen der Körper in vielfältigen Formen vor Augen führt: Kopfweh, Rückenschmerzen, Schlafprobleme, Fressattacken usw. Ihre Studienwelt ist allerdings gespickt mit kognitiven Anforderungen von anderen oder von Ihnen selbst, die leicht dazu verführen, Ihren Körper und seine Grenzen im täglichen Trubel des Müssens und Sollens zu überhören und zu ignorieren. Das gehört bis zu einem gewissen Grad zum Leben dazu.

Manchmal müssen wir halt mal die Zähne zusammenbeißen. Aber es ist etwas völlig anderes, das Zähne-Zusammenbeißen als Standardnorm im Kopf zu haben und regelmäßig die eigenen Grenzen mit Füßen zu treten. Das hat immer mehr oder weniger schlimme Folgen, die sich blöderweise oft erst später zeigen und dann vielleicht nicht mehr so einfach zu beheben sind.

Es gibt natürlich auch eine gegenteilige Tendenz im Umgang mit Grenzen, die ich aber heute bei Studierenden viel seltener erlebe, nämlich den Schongang, die großflächige und weitgehend situationsunabhängige Vermeidung von Anstrengung. Auch dieses Verhalten hat Gründe. Niemand ist einfach so antriebslos. Denken Sie an die Bedürfnisstruktur, die ich oben skizziert habe. Von Hause aus sind wir so gestrickt, dass wir uns auch entwickeln, wachsen und uns daran freuen möchten, dass wir mit eigener Kraft und Anstrengung Hindernisse überwinden können. Wenn wir keine Motivation haben, etwas zu erreichen, hat das Gründe. Deshalb werten Sie Ihr vielleicht antriebsloses Verhalten nicht noch mit dem Wort Faulheit ab. Die Yogaübungen können Ihnen einerseits helfen, dass Ihnen nicht nur die Vermeidung von Anstrengung bewusstwird, sondern vielleicht auch das, was dieses Verhalten triggert. Und sie können Ihnen helfen, neue Erfahrungen zu machen, wenn Sie an der ein oder anderen Stelle die Anstrengungs-Vermeidungsstrategie aufgeben. Vielleicht entdecken Sie dabei auch wieder den Spaß, den es macht, sich anzustrengen und etwas hinzubekommen.

Der zweite Schwerpunkt dieser Sitzung ist Ihr soziales Netzwerk. Es gibt kaum etwas, was so wichtig, so unterstützend, so anregend und so interessant für uns als soziale, sprachbegabte Tiere ist wie das Zusammensein und Interagieren mit Anderen. Vielleicht haben Sie in der Corona-Pandemie feststellen können, wie schlimm es für sie als Studierende war, Freunde nicht treffen, keine neuen Leute kennenlernen, sich zwischen den Vorlesungen und Seminaren nicht mit anderen austauschen und zusammen lernen zu können. Vielleicht haben Sie auch gemerkt, dass Social Media diesen Verlust nicht wettmacht.

Es lohnt sich also, sich damit auseinanderzusetzen, wie Sie in Ihr soziales Umfeld eingebettet sind und was Ihnen im Zusammensein mit anderen wirklich wichtig ist und guttut. Und vielleicht kommen Sie dadurch auch auf Ideen, wie Sie Ihr soziales Netzwerk stärken können und wie es Ihnen bei der Bewältigung Ihres Studiums helfen kann. Menschen, auf die man sich verlassen kann, denen man vertraut, die einem wohlwollen und bei denen man sich traut, etwas von der Schattenseite zu zeigen, auf die wir nicht stolz sind, über die wir ungern sprechen und die wir meistens auch nicht in Social-Media-Posts anleuchten, sind ein kostbarer Schatz. Denn es ist stressreduzierend und erleichternd, sich zumindest ein bisschen so zeigen zu können, wie man wirklich ist. Oft haben wir ja den Eindruck, uns von der besten Seite zeigen zu müssen, um überhaupt mitspielen zu können. Das ist sehr anstrengend. Social Media ist da nicht ganz unschuldig, dass wir den Eindruck bekommen, dass die anderen hinter der herausgeputzten, hell erleuchteten Fassade in genauso schönen, aufgeräumten und sauberen Zimmern wohnen und nur man selbst in einer unaufgeräumten Wohnung mit hässlichen Möbeln und schmutzigen Ecken. Das ist aber ein großer Irrtum. Ich kenne jedenfalls niemanden, hinter dessen schöner Fassade alle Hinterzimmer auch ordentlich und adrett wären.

Lerntagebuchfragen für Woche 4

Welche angenehmen oder auch unangenehmen Erfahrungen mache ich mit den achtsamen Yogaübungen? Mit welchen Hindernissen oder Widerständen werde ich konfrontiert und wie gehe ich mit ihnen um.

Die Erläuterungen möchte ich mit ein paar Worten zur inneren Haltung beginnen, mit der Sie die Yogaübungen am besten angehen.

Nehmen Sie sie locker: Easy does it. Nehmen Sie die Audioanleitungen als eine Einladung und eine Leitplanke, die helfen kann, sich nicht in Gedanken zu verlieren und die immer wieder daran erinnert, worum es bei den Übungen in erster Linie geht, nämlich das bewusste Wahrnehmen der Körperempfindungen in den Muskeln, Gelenken oder an der Haut. Zwar gibt es im Anhang auch Abbildungen für die einzelnen Yogaübungen, aber ich empfehle Ihnen die Audioanleitung zu nutzen, um die Übungen, soweit möglich, mit geschlossenen Augen machen zu können. Geschlossene Augen helfen manchmal, sich noch besser auf die Körperempfindungen bei den Bewegungen zu konzentrieren.

Aber nehmen Sie die Audioanleitung nicht zu ernst. Bei dieser Art der Bewegungsmeditation geht es nicht darum, dass Sie die Yogaübungen möglichst korrekt ausführen, worum es in vielen Yogakursen geht, oder dass Sie die Dehnungen und Haltungen so lange halten, wie es die Audioanleitung vorgibt. Wichtiger als die Anleitung sind Ihre eigenen Körperwahrnehmungen. Die sagen Ihnen, ob eine Übung im Moment gut für Sie ist, ob Sie genauso ausgeführt werden sollte wie in der Anleitung vorgesehen oder ob vielleicht eine andere Bewegung im Moment besser für Ihren Körper ist. Erlauben Sie sich auch, eine Übung jederzeit früher zu beenden, wenn es Ihrem Körper zu unangenehm wird. Gestehen Sie sich diese Entscheidungsfreiheit zu. Nur Sie können wissen, was im Moment für Ihren Körper gut ist, wieweit er an seine Grenzen gebracht werden möchte und wo eigentlich diese Grenzen sind. Die können heute anderswo liegen als gestern oder morgen. Überlassen Sie Ihrem Körper die Führung. Vielleicht bemerken Sie dabei, wie schnell der Geist zur Stelle ist, um Ihre Bewegungen zu bewerten, hohe Ansprüche an Ihren Körper zu stellen und von ihm möglichst richtige und starke Dehnungen zu verlangen. Das ist vollkommen in Ordnung, was aber nicht bedeutet, den Ansprüchen und Forderungen auch nachzukommen. Das geht umso besser, je mehr es Ihnen gelingt, die Aufmerksamkeit immer wieder auf Ihre Körperempfindungen zu lenken und so genau wie möglich auf Ihren Körper zu hören.

Letztlich geht es bei diesen Yogaübungen immer nur darum, einen guten Mittelweg zwischen Grenzen beachten und Grenzen herausfordern zu finden und einen aufmerksamen und liebevollen Umgang mit Ihrem Körper zu kultivieren.

Welche angenehmen oder freudigen Erfahrungen habe ich in dieser Woche im Studium oder im Privatleben mit anderen Menschen gemacht?

Diese Frage zielt darauf, sich während der Woche bewusst zu werden, wenn Ihnen gerade etwas Angenehmes oder Erfreuliches im Gespräch oder im Zusammensein mit anderen widerfährt. Im Idealfall bemerken Sie das in dem Moment, wo es passiert. Oft wird es aber erst später bewusst. Kein Problem. Entscheidend ist, dass es Ihnen überhaupt bewusstwird. Vielleicht können Sie sich die Situation noch einmal vergegenwärtigen und das freudige oder angenehme Gefühl stellt sich noch mal ein. Kosten Sie es aus. Meistens verbessert das Ihre momentane Befindlichkeit.

Seien Sie nicht zu anspruchsvoll. Nehmen Sie auch sehr kleine angenehme Emotionen zur Kenntnis. Vielleicht bemerken Sie dann, dass es überraschend viele solcher kleinen Ereignisse im Zwischenmenschlichen gibt. Meistens gibt es nämlich viel mehr als wir meinen. Wir bemerken es nur nicht, weil wir ihnen keine Aufmerksamkeit schenken.

Vielleicht entdecken Sie auch bestimmte Auslöser, bestimmte Wörter, oder Verhaltensweisen, die bei Ihnen angenehme und freudige Gefühle auslösen, was vielleicht auch schon Hinweise auf die Beantwortung der nächsten Frage enthält.

Welche Menschen tun mir gut, welche tun mir weniger gut? Wer interessiert mich, wer interessiert mich weniger? Woran merke ich das? Was könnte ich tun, um mehr Kontakt mit den Menschen zu haben, die mir guttun und interessant sind und weniger Kontakt mit den Menschen, die mir nicht guttun.

Es ist für niemand egal, mit welchen Menschen er oder sie sich umgibt und seine Zeit verbringt. Das gilt auf für Sie. Menschen können nährend, unterstützend und interessant sein. Sie können aber auch langweilig, kräftezehrend und nervenaufreibend sein. Die Fragen zielen darauf, dass Sie sich Ihres sozialen Netzwerks bewusster werden und sich auch erlauben, in Ihrem Sinn etwas daran zu verändern.

Vielleicht bemerken Sie dabei auch, dass Interesse und Kontaktwünsche nicht nur dadurch geschürt werden, dass jemand genauso tickt wie Sie und ähnliche Ansichten vertritt wie Sie, sondern auch anders ist, denkt und handelt wie Sie. Meinungsblasen sind zwar attraktiv, bequem und komfortabel, aber sie tragen oft wenig dazu bei, unser Bedürfnis nach Neuem, Entwicklung und Wachstum zu befriedigen. Deshalb werden Sie sich bewusst, wer und was Sie anzieht, wer und was Sie interessiert und erlauben Sie sich, Ihrem Interesse zu folgen.

Praxisempfehlungen für Woche 4

- Dreimal täglich eine STOP-Übung oder zweimal täglich eine Atemraumübung praktizieren
- Mindestens dreimal in der Woche achtsames Yoga mit Audioanleitung praktizieren und an den anderen Tagen einen Bodyscan
- Die Tagebuchfragen für Woche 4 beantworten

5. Sitzung: die Hürden des Studierens und das Selbstführungsexperiment

Die letzten beiden Sitzungen haben sich um Ressourcen gedreht, die Sie schon haben, um mit Ihren aktuellen Herausforderungen zurecht zu kommen. Im Zentrum dieser Sitzung stehen die Herausforderungen selbst, mit denen Sie im Moment kämpfen und wie Sie auf diese normalerweise reagieren. Das ist auch die Grundlage für das Selbstführungsexperiment, das in dieser Woche startet. Ausgangspunkt für das Experiment ist, dass Sie sich bewusstwerden, was eigentlich Ihre Herausforderungen beim Studieren sind und wie Sie mit ihnen umgehen. Packen Sie sie an, schieben Sie sie auf, lenken Sie sich ab, schließen Sie sich in Ihrer Bude ein und verzichten auf Abwechslung und Bewegung? Vermutlich geht es Ihnen wie den meisten Studierenden: Manches was Sie tun oder lassen, ist nicht gerade förderlich für Ihr Studium, Ihr Wohlbefinden oder Ihre Gesundheit. Vielleicht ist Ihnen das sogar bewusst, Sie schaffen es nur nicht, etwas daran zu ändern. Die unangenehme Wahrheit ist aber: Wenn Sie immer das Gleiche tun, kommt immer das Gleiche heraus.

Der Sinn des Selbstführungsexperiments ist deshalb, einen klar definierten, zeitlich begrenzten Kontext zu schaffen, der es Ihnen erleichtert, aus dem, mit persönlichen Niederlagen gespickten, Morgen-morgen-nur-nicht-heute-Muster rauszukommen und tatsächlich etwas Kleines in Ihrem Studienalltag zu verändern. So können Sie neue Erfahrungen mit sich und dem Studieren machen. Vielleicht merken Sie im Rahmen des Selbstführungsexperiments, dass Sie nicht nur in der Lage sind, sich zu überwinden und den manchmal beängstigenden Studien-Stier bei den Hörnern zu packen, sondern dass er sich leichter als befürchtet zähmen lässt und die Auswirkungen der Zähmung unerwartet groß sind.

Lerntagebuchfragen für Woche 5

Wie gelingt es mir in der fünften Woche, die Meditationspraxis in meinen Alltag zu integrieren? Gibt es Veränderungen in meiner Meditationspraxis seitdem ich zum ersten Mal den Bodyscan bzw. die Yogaübungen gemacht habe? Wenn ja, welche?

Vielleicht haben Sie ja schon eine Meditationsgewohnheit etablieren können. Dann ist es auf jeden Fall leichter, sich für die Meditationen Zeit zu nehmen und es ist wichtig, das zu würdigen. Eine Meditationsgewohnheit ist nie eine Selbstverständlichkeit.

Wenn es für Sie immer noch schwierig ist, die Meditationen in Ihren Tagesablauf hineinzubekommen oder sich dazu zu motivieren, sie zu machen, dann ist das Wichtigste, dass Sie sich keine Vorwürfe machen. Prüfen Sie stattdessen Ihre Motivation. Vielleicht können Sie sie damit stärken, dass Sie sich noch einmal bewusst machen, warum Sie das Programm eigentlich angefangen haben und was Sie mit ihm erreichen möchten. Und überlegen Sie dann, wie Sie Ihre Prioritäten im Tag verschieben können, so dass eine Meditation Platz hat, oder was Ihnen helfen würde, sich zu überwinden zu meditieren. Vergessen Sie nicht: Es ist nicht notwendig, dass Sie gerne meditieren oder dass es Ihnen Spaß macht. Sie können darauf vertrauen, dass sich das verändert, wenn Sie immer wieder meditieren. Phasen, in denen es einfacher und angenehmer ist zu meditieren, werden meistens auch wieder von Phasen abgelöst, in denen es schwerer oder unangenehmer ist zu meditieren. Und umgekehrt. Und vergessen Sie auch nicht: Jeder Moment ist ein guter Moment, um die Meditationspraxis wieder aufzunehmen. Sie haben nichts verpasst.

Mit welchen Belastungen oder Hindernissen im Studium kämpfe ich am meisten? Wie reagiere ich auf Sie? Sind die Reaktionen angemessen, hilfreich, förderlich für mich, mein Wohlbefinden und meine Studienleistung?

Studieren ist für die wenigsten easy going. Es gibt äußere Belastungen, etwa schwierige Studienthemen, unangenehme oder anspruchsvolle Dozierende, einen vollen Stundenplan und Zeitdruck, weil Sie vielleicht auch noch Geld verdienen müssen. Es gibt tausend innere Hindernisse, z. B. Zweifel am gewählten Studiengang oder an den eigenen Fähigkeiten, keine oder unangemessene Lernorganisation, Perfektionismus, Erfolgsdruck usw. Aber oft sind nur ein paar Belastungen wirklich ausschlaggebend, genauso wie nur ein paar innere Studierhürden wirklich behindern. Welche sind das bei Ihnen?

Ihre Antworten auf die letzte Frage können Ihnen helfen, klarer zu werden, wie und ob Ihre Reaktionen überhaupt verändert werden können oder sollen. Denn manchmal zeigt es sich, dass unsere Reaktionen aus der Nähe betrachtet, gar nicht so unproduktiv sind, wie sie scheinen. Vielleicht glauben Sie ja nur, dass beispielsweise Ihre unsystematische und sprunghafte Art zu lernen unproduktiv wäre. Bei genauem Hinschauen merken Sie aber, dass Sie gerade durch dieses Springen zwischen Studienthemen Ihr Interesse und Ihre Aufmerksamkeit wachhalten können.

Aber natürlich gibt es viele Reaktionen, die meistens unproduktiv sind, z. B. zu wenig schlafen, keine Lernpausen machen oder pausenlos das Lernen unterbrechen.

Es lohnt sich klarer zu werden, was Sie tatsächlich belastet und wie Sie die Belastungen durch Ihr Verhalten und Ihre Gedanken verstärken. Die Antworten sind auf jeden Fall ein erster Schritt für Veränderungen. Die beginnen nämlich immer mit einem ersten Schritt, der oft sehr unscheinbar aussieht.

Welche Verhaltensweisen oder Gedanken könnten mir im Studium guttun und mein Wohlbefinden, meine Zufriedenheit und meine Leistungsfähigkeit fördern?

Um diese Fragen nicht zu schnell zu beantworten, nämlich ohne, dass Sie sie wirklich auf sich wirken gelassen haben, schlage ich Ihnen einen kleinen Umweg bei der Beantwortung vor. Stellen Sie sich eine weise, kluge Version von sich vor, die Sie gernhat, die Sie sehr gut kennt, die Ihnen wirklich wohlgesonnen ist und vor allem Ihr Wohl, sowohl im Moment als auch langfristig im Blick hat, und die sich durch allzu kurzfristige Freuden oder allzu verbissenes Studieren nicht davon ablenken lässt, dass es auch in diesem Moment um eine gute Gegenwart *und* eine gute Zukunft für Sie geht, die immer viel, viel größer, weiter und reicher ist als die Note in der nächsten Klausur. Wie würde diese Version von Ihnen auf die Fragen antworten? Lassen Sie sich überraschen.

Welche für mich neue oder ungewohnte Verhaltensweise, die mir guttut in meinem Studium und/oder für mein Wohlbefinden, möchte ich zu meinem Selbstführungsexperiment machen? Was wäre das beste Ergebnis meines Selbstführungsexperiments, dass ich mir vorstellen kann?

Vielleicht haben die ersten beiden Fragenkomplexe schon Hinweise auf eine Antwort auf diese Frage enthalten. Nehmen Sie sich trotzdem Zeit, die Fragen gut zu bedenken. Wenn Sie wirklich willens sind, das Selbstführungsexperiment durchzuführen, lohnt es sich, sich für die Antwort Zeit zu lassen. Hier drei Tipps bzw. Kriterien, die Ihnen helfen können, eine gute Antwort zu finden:

1) Versuchen Sie nicht Ihre Welt auf den Kopf zu stellen und zu viel zu wollen. Je kleiner die Verhaltensveränderung ist, umso realistischer ist es, das Experiment erfolgreich zum Abschluss zu bringen, d. h. die Verhaltensänderung ab der nächsten, der sechsten Sitzung, zwei Wochen lang beizubehalten.
2) Machen Sie es sich andererseits auch nicht zu leicht. Wählen Sie eine Verhaltensänderung aus, die für Sie neu und ungewohnt ist. Seien Sie erfinderisch. Wichtig ist, dass es Ihnen realistisch erscheint, dass Sie sich für zwei Wochen überwinden können, sich anders zu verhalten als sonst.
3) Legen Sie das Verhalten möglichst konkret fest, um das es im Selbstführungsexperiment gehen soll. Je klarer der Anfang und das Ende der Verhaltensänderung, umso besser und einfacher haben Sie es. Überfordern Sie sich nicht mit grenzenlosen Vorhaben, wie „Ich schiebe nichts mehr auf". Machen Sie Ihr Experiment konkret, z. B. Ich gebe dem ersten Aufschiebe-Impuls am Tag nicht nach.

In einen Vergleich gegossen besagen die Tipps: Kleine, aber frische Brötchen schmecken besser als große von gestern.

Zur Inspiration für Ihre Ideenfindung hier ein paar Beispiele für Selbstführungsexperimente aus meinen Kursen:

- Eine Stunde früher als sonst ins Bett gehen
- Das Handy für eine bestimmte Dauer am Tag auf Flugmodus stellen
- Social-Media-Aktivitäten auf bestimmte Tageszeiten begrenzen
- Täglich einen Spaziergang von mindestens 30 Minuten machen
- Mindestens 80 % der täglichen To-do-Liste abarbeiten
- Im Tagesplan Zeiten für Pausen und Entspannung lassen und einhalten
- Täglich 20 Minuten früher aufstehen und meditieren
- Dreimal in der Woche für 60 Minuten im Fitnessstudio trainieren
- Die drei wichtigsten Vorlesungen zeitnah nacharbeiten
- Jeden Werktag 2 Stunden an der Hausarbeit arbeiten

Die zweite Frage zielt darauf, sich auszumalen, wie sich das Experiment auswirken soll, wenn es super läuft. Es kann sehr motivierend sein, das Experiment überhaupt anzufangen, wenn Sie sich im Vorfeld vorstellen, was Sie sich von dem Experiment versprechen und was alles anders und besser ist als jetzt, wenn Sie das Experiment durchhalten. Denken Sie dabei an die unterschiedlichsten Aspekte Ihres Lebens: Wie würde sich ein erfolgreiches Experiment auf Ihr Studium und Ihre Prüfungen auswirken? Wie würde es Ihre Befindlichkeit, Ihre Zufriedenheit, Ihre Lebensfreude, Ihr Selbstvertrauen verbessern. Wie würden Ihre Beziehungen zu Partnern, Freunden, Bekannten, Eltern usw. davon profitieren?

Praxisempfehlungen für Woche 5

- Eine STOP-Übung oder eine Atemraumübung praktizieren, wenn Aufschieben oder Konzentrationsschwäche bemerkt werden
- Einmal täglich achtsames Yoga mit Audioanleitung oder einen Bodyscan mit Audioanleitung praktizieren
- Die Tagebuchfragen für Woche 5 beantworten
- Eine Verhaltensänderung als Thema des Selbstführungsexperiments auswählen

6. Sitzung: Sitzmeditation und Start des Selbstführungsexperiments

In dieser Woche wird eine neue, für manche anspruchsvolle Art der Meditation eingeführt: die Sitzmeditation. Bei ihr geht es darum, in drei aufeinanderfolgenden Phasen die Aufmerksamkeit auf bestimmte Objekte zu richten, zuerst auf den Atem, danach auf den Körper als Ganzes und zum Schluss auf die Geräusche. Eine wichtige Unterstützung für den Geist, präsent zu bleiben und die Konzentration auf das jeweilige Objekt aufrechtzuerhalten, ist die Sitzhaltung. Dazu gibt es verschiedene Möglichkeiten, die von Alexander Poraj, einem Zen-Meditationslehrer, in einem auf Youtube veröffentlichten Video[43] sehr gut erklärt werden.

Lassen Sie sich aber nicht davon ins Bockshorn jagen, dass im Video auch die anspruchsvollste Sitzhaltung, der Lotussitz, vorgestellt wird und dass für viele Sitzhaltungen ein besonderes Meditationskissen hilfreich ist. Im Rahmen dieses Trainingsprogramms ist eine zusammengerollte Decke als Ersatz für ein spezielles Meditationskissen oder ein Hocker oder ein Stuhl als Sitzgelegenheit völlig ausreichend. Eine etwa zwanzigminütige Audioanleitung für die Sitzmeditation können Sie über den Link und QR-Code herunterladen.

https://utb.de/do/10.36198/9783838560472-m05

43 Poraj, Alexander (2016): Tipps zur richtigen Haltung beim Meditieren von Zen-Meister Alexander Poraj https://www.youtube.com/watch?v=Ap89d-ST_5o&t=62s

Nachdem Sie sich in der letzten Woche mit Ihren Herausforderungen im Studium beschäftigt haben und sich Gedanken gemacht haben, was Sie im Rahmen eines Selbstführungsexperiments anders machen könnten als sonst, geht es in dieser Woche los mit dem Experiment. Es könnte interessant werden. Denn ausgemacht ist es noch nicht, ob Sie die Energie und Motivation aufbringen, Ihr Verhalten zu ändern. Wenn nicht, ist das noch kein Beinbruch. Vielleicht reichen schon kleine Anpassungen, um das Experiment wieder in realistischere Bahnen zu lenken. Und selbst wenn Sie es schaffen, das Experiment wie geplant durchzuführen, so ist immer noch offen, wie es sich auswirkt. Auf jeden Fall könnte die Woche spannend sein.

Lerntagebuchfragen für Woche 6

Welche Erfahrungen mache ich in der 6. Woche in und mit meiner Meditationspraxis, insbesondere was erlebe ich in der Sitzmeditation?

Die Frage ist einerseits immer wieder die gleiche Einladung, sich der eigenen Achtsamkeitspraxis bewusst zu werden. Wie integrieren Sie die Praxis in Ihren Alltag? Was sind Faktoren, die die Integration begünstigen oder erschweren? Was können Sie vielleicht an den Faktoren verändern, damit es leichter wird. Und andererseits bezieht sich die Frage darauf, was Sie beim Meditieren selbst erleben. Eine Frage, die gerade für die neue Sitzmeditation bedeutsam ist.

Vielleicht bemerken Sie, dass die Sitzmeditation anfälliger dafür ist, dass der Geist abschweift. Wie reagieren Sie, wenn Sie bemerken, dass Sie vielleicht von einem chaotischen Gedankenwust überrollt werden oder dass Sie mit Ihren Gedanken immer wieder und vielleicht minutenlang abgetaucht sind? Wie gehen Sie damit um? Mit verstärkter Anstrengung? Mit Selbstvorwürfen? Mit Gelassenheit? Mit Akzeptanz? Mit Interesse für die Gedanken? Wichtig ist, dass Ihnen bewusstwird, wie Sie reagieren. Erst die Bewusstheit bietet Ihnen die Chance, etwas an Ihren Reaktionen zu verändern und vielleicht auch zu bemerken, wie schwer es ist, an den Reaktionen etwas zu verändern.

Vielleicht bemerken Sie, wie tief verankert unsere Reaktionen sind, etwas weghaben zu wollen, z. B. das Abschweifen oder etwas erreichen oder behalten zu wollen, z. B. die Ruhe, die sich einstellen kann, wenn die Konzentration klappt. Auf jeden Fall werden Sie in der Meditation mit allen Wünschen konfrontiert, die Sie auch aus dem Alltag kennen: Angenehmes erreichen oder konservieren wollen und Unangenehmes loswerden wollen. In der Meditation können Sie aber im Gegensatz zum meist unbewussten Agieren im Alltag eine andere Haltung gegenüber diesen Automatismen trainieren. Sie können üben, sich mit mehr Herz zu behandeln: freundlicher, wohlwollender, akzeptierender, verständnisvoller, geduldiger und liebevoller. Und vor allem können Sie üben mitfühlender mit sich sein, wenn Sie immer wieder versuchen das Leidvolle aus Ihrer Welt zu beseitigen und es doch nicht so richtig schaffen. Achtsamkeit hilft ja auch nicht, das Leid zu verringern, sondern nur, es durch unsere Abwehr nicht noch größer zu machen. Meditation ist wie ein Erfahrungslabor, in dem Sie in einem eng begrenzten Rahmen, vielleicht einfacher als außerhalb des Labors, erleben können, was sich verändert, wenn Sie z. B. den Kampf gegen das Abschweifen aufgeben und es wirklich als Teil Ihrer Meditation annehmen.

Wenn Sie mehr über einen konstruktiven Umgang mit Meditationshindernissen erfahren möchten, mit denen viele und vielleicht auch Sie in einer Sitzmeditation konfrontiert sind, lege ich Ihnen die FAQ im Anhang ans Herz. Vielleicht finden Sie dort Ihre Frage und vielleicht auch eine für Sie hilfreiche Antwort.

Welche Erfahrungen mache ich in der ersten Woche meines Selbstführungsexperiments? Wie könnte ich das Selbstführungsexperiment anpassen, wenn es mich in der ursprünglichen Form unter- oder überfordert?

In erster Linie zielt die Frage darauf, die Aufmerksamkeit darauf zu lenken, was sich durch das Experiment verändert. Dabei zählen auch Kleinigkeiten. Interessant kann es auch sein, Ihre Erwartungen und Befürchtungen mit den tatsächlichen Erfahrungen zu vergleichen. Vielleicht gibt es Überraschungen sowohl in die eine als auch in die andere Richtung.

Manchmal funktioniert das Selbstführungsexperiment gut. Dann klopfen Sie sich auf die Schulter und würdigen Sie Ihre Leistung. Wenn Sie Schwierigkeiten mit dem Schulterklopfen haben, dann kann das *auch* daran liegen, dass Sie die Latte einfach zu niedrig gehangen haben, so dass es eigentlich keine Leistung für Sie ist, sie zu überspringen. In diesem Fall können Sie darüber nachdenken, wie Sie die Latte etwas höher hängen können, so dass es tatsächlich eine kleine Herausforderung ist, sie zu überspringen. Es kann natürlich auch viele andere Gründe dafür geben, dass es Ihnen widerstrebt, sich dafür anzuerkennen, dass Sie es geschafft haben, sich immer wieder zu überwinden. Dann kann es sehr erhellend für Sie sein, sich zu fragen, was genau das Widerstreben ausmacht.

Es kann aber auch sein, dass das Experiment nicht so funktioniert, wie Sie es geplant haben, vielleicht weil Sie die Latte zu hoch gehangen haben und unterschätzt haben, wie schwer Ihnen das neue Verhalten fällt. Aus meiner Erfahrung passiert es öfter, dass die Latte zu hoch als zu niedrig hängt. Auf jeden Fall ist es hilfreich, wenn Sie es nicht als persönliches Versagen sehen, sondern einfach zur Kenntnis nehmen, dass das Experiment so, wie sie es geplant haben, nicht funktioniert. Dafür kann es viele Gründe geben. Überlegen Sie, an welchen Schrauben Sie drehen können und wie sie das Experiment für die nächste Woche realistischer machen können. Es ist jedenfalls besser, die geforderte Sprunghöhe kleiner zu machen oder ein ganz anderes Selbstführungsexperiment zu machen als das Springen ganz aufzugeben. Vielleicht hilft Ihnen eine Anekdote von Thomas Edison dabeizubleiben. Nach 1.000 Fehlversuchen, eine Glühbirne zu erfinden, sagte ein Mitarbeiter zu ihm: Wir sind gescheitert. Er erwiderte ihm: Wir sind nicht gescheitert. Ich kenne jetzt 1.000 Wege, wie man eine Glühbirne *nicht* baut. Edison hat dann noch etwa 2.000 Versuche gebraucht bis er die Glühbirne erfunden hat.

Womit hadere ich in meinem Alltag, was hätte ich gerne anders, wie es ist? Wie wäre es anders, was wäre vielleicht sogar möglich, wenn ich mich damit anfreunden würde, dass die Dinge so sind, wie sie sind, d. h. auch mit allen unangenehmen Folgen, die das hat?

Mit dieser Frage nähern Sie sich dem Herz von Achtsamkeit, wie ich es oben im dritten Leitersprossen-Kapitel skizziert habe und wie Sie ihm jederzeit auch in der Sitzmeditation begegnen können: Dem Anfreunden mit dem, was ist, aber was wir gerne anders hätten, weil es uns nicht in den Kram passt. In einem Fall ist es vielleicht das öde Pauken für eine Klausur, im andern Fall ist es vielleicht die Gedankenflut, die die Konzentration auf das Meditationsobjekt so schwer macht. Diese Parallelität macht ganz nebenbei erneut plausibel, warum wir überhaupt meditieren. Es geht nämlich immer auch um ein Akzeptanztraining.

Aber Vorsicht. Das sollten Sie nicht auf die leichte Schulter nehmen nach dem Motto: Ok, das habe ich verstanden und dann glauben, dass Sie dieses Verstehen der Akzeptanz einen Millimeter nähergebracht hätte. Die Dinge zu akzeptieren, wie sie sind, ist eine der größten Herausforderungen überhaupt. Gleichzeitig birgt sie die größten Wirkungen. Akzeptanz schaltet den Autopiloten ab, die Sicht auf die Dinge verändert sich grundlegend und völlig Neues wird möglich. Es lohnt sich also, sich zu bemühen und sich vor allem für den zweiten Teil der obigen Frage Zeit zu nehmen.

Um sich bei diesem Bemühen nicht zu überfordern und sich dann auch noch schlecht zu fühlen, weil man wie ein Pferd vor einem zu hohen Oxer scheut, schlage ich Ihnen eine Modifikation der obigen Frage vor: Was wäre anders, wenn ich *versuchsweise, sozusagen als Gedankenexperiment*, d.h. nur im Rahmen dieser Selbstreflexion, etwas ganz bestimmtes Unangenehmes in meinem Leben, mit dem ich hadere, als Bestandteil meines momentanen Lebens akzeptieren würde? Wie würde ich mich dann fühlen? Was würde das bei mir auslösen?

Es kann sein, dass der Oxer trotz Relativierung immer noch zu hoch für Sie ist und sich noch nicht einmal die Ahnung einer neuen Sicht zeigt. Dann ist wahrscheinlich zu viel Leid im Spiel, das zu wehtut und das Sie – endlich – weghaben möchten. Das sollte dann kein Grund sein, sich zusätzlich zum Leid auch noch vorzuwerfen, dass Sie es nicht akzeptieren können, sondern nur ein Grund, mitfühlend mit sich umzugehen, Ihr Leid als solches anzuerkennen und sich Verständnis entgegenbringen oder noch besser, sich innerlich in den Arm zu nehmen, so gut Sie das können.

Praxisempfehlungen für Woche 6

- Eine STOP-Übung oder eine Atemraumübung praktizieren, wenn Hader und Nicht-Einverstandsein mit der Realität bemerkt werden
- Mindestens dreimal in der Woche eine Sitzmeditation mit Audioanleitung praktizieren, an den anderen Tagen entweder einen Bodyscan oder achtsames Yoga praktizieren
- Die Tagebuchfragen für Woche 6 beantworten
- Das Selbstführungsexperiment beginnen

7. Sitzung: Stress mit anderen und zweite Woche Selbstführungsexperiment

Neben der üblichen Reflexion der Meditationspraxis und den Erfahrungen, die Sie bei der Weiterführung des Selbstführungsexperiments machen, geht es in dieser Sitzung um eine der herausforderndsten Aspekte des Lebens: der Umgang mit anderen, wenn sie nicht so reagieren, wie wir es gerne hätten. Das passiert praktisch jeden Tag. Nur im Gegensatz zum Hader oder Ärger über das eher langfristig Unangenehme im Leben, worum es in der letzten Sitzung ging, sind die automatischen Stressreaktionen im Zwischenmenschlichen eine Frage von Sekundenbruchteilen. Um bei uns eine Stressreaktion zu provozieren, d. h. tendenziell wegzulaufen oder zu verletzen, brauchen wir noch nicht einmal Worte. Es reichen Mienen oder Minigesten und wir sind in unserem, oft nicht sehr konstruktiven Reaktionsautomatismus. Manchmal bereuen wir unser Verhalten. Aber die Reue allein schützt kaum vor der nächsten Beziehungs-Stressreaktion, wenn nicht noch etwas Bewusstheit dazukommt. Auf sie zielt die dritte Frage. Wie immer geht es dabei nicht darum, etwas zu verändern, sondern lediglich darum, bewusster mitzukriegen, was passiert. Das allein ist schon Sand im Getriebe der Automatismen und Nährboden für neue Verhaltensideen.

Lerntagebuchfragen für Woche 7

Welche Erfahrungen mache ich in dieser Woche in meiner Meditationspraxis, insbesondere mit der Sitzmeditation? Gibt es Neues, Interessantes, Unerwartetes, Überraschendes? Wie leicht oder wie schwer fällt es, mir die Zeit zum Meditieren zu nehmen?

Vielleicht haben sich bei der Beantwortung dieser immer wieder ähnlichen Fragen zu Ihrer Meditationspraxis auch schon Gewohnheiten eingestellt und vielleicht auch Unachtsamkeit oder Langeweile. Um sich von ihnen nicht einlullen zu lassen und Ihre Erfahrungen tatsächlich wach und interessiert zur Kenntnis zu nehmen, können Sie sich auf die zweite Frage konzentrieren. Sie können diese Frage auch während Ihrer Meditationspraxis im Hinterkopf behalten und Ihre Praxiserfahrungen immer wieder darauf abklopfen, was jetzt gerade neu, überraschend, anders, unerwartet, vielleicht sogar verblüffend ist. Jon Kabat-Zinn nennt diese innere Haltung, die immer wieder aktiviert und kultiviert werden muss, Anfängergeist.

Eine weitere Möglichkeit, das Interesse an den eigenen Praxiserfahrungen wach zu halten, ist es, die Gewohnheiten zu unterbrechen, wie Sie diese Frage beantworten und sie auf eine andere, neue Art zu beantworten. Sie können das z. B. im Journaling-Modus machen, wobei Sie alles aufschreiben, was Ihnen bei der Beantwortung der Frage an Gedanken, Bewertungen, Empfindungen in den Sinn kommt oder bewusstwird, möglichst ohne Bewertung und ohne auf Rechtschreibung, Syntax oder Ausdrucksweise zu achten. Sie schreiben einfach auf, was Sie denken. Damit die Verbindung zwischen Kopf und Hand in Fluss kommen kann, brauchen Sie vielleicht etwas mehr Zeit als sonst.

Eine andere Möglichkeit, sich der Frage zu widmen, ist es, die Antwort zu malen oder zu zeichnen. Auch hier geht es nicht darum, Picasso Konkurrenz zu machen, sondern möglichst urteilsfrei drauflos zu malen und sich dem Stift zu überlassen, ohne ein Design zu planen, ein erdachtes oder vorgestelltes Bild aufs Papier zu zaubern oder eine Gestaltungsidee zu verfolgen.

Solche Wege, Fragen zu beantworten, können Sie natürlich auch bei allen anderen Fragen beschreiten, vor allem bei solchen, die Ihnen wichtig sind oder bei denen sie möglichst wenig von gewohnten Denkmustern beeinflusst werden wollen.

Welche Erfahrungen mache ich in der zweiten Woche des Selbstführungsexperiments? Was ist für mich unerwartet, merkwürdig, interessant, überraschend?

Vielleicht können Sie in der zweiten Woche schon einen Teil Ihrer Ernte einfahren, weil das Experiment sich mittlerweile erkennbar positiv auf Ihre Leistungsfähigkeit oder Ihr Wohlbefinden auswirkt. Wenn das so ist, kosten Sie die Ernte aus und machen Sie sich klar, was Sie dafür getan haben und wie anstrengend es für Sie war, das zu tun. Denn gar nicht so selten, ist die Anstrengung, das Experiment durchzuführen, viel kleiner als erwartet.

Aber es kann auch umgekehrt laufen. Auch in der zweiten Woche ist das Selbstführungsexperiment noch kein Selbstläufer. Äußere Umstände können das Experiment genauso belasten, wie Motivationseinbrüche. Halten Sie aber, so gut es Ihnen möglich ist, daran fest, das Experiment zu Ende zu führen. Überlegen Sie, wie in der ersten Woche, wie Sie das Experiment modifizieren können, so dass Sie es schaffen können, es nicht abzubrechen. Vielleicht lernen Sie ganz nebenbei, wie Sie mit Enttäuschungen umgehen können, ohne gleich die Flinte ins Korn zu werfen. Und wenn Sie es schaffen, das Experiment weiterzuführen, dann ist auf jeden Fall ein großes Schulterklopfen fällig, egal wie klein Sie die Verhaltensänderung gemacht haben.

Was triggert automatische Stressreaktionen bei mir in Beziehungen oder Gesprächen mit anderen? Wie reagiere ich und wie wirken sich die Stressreaktionen aus?

Vielleicht schauen Sie sich zum Verständnis der Fragen noch einmal das Schaubild im Stress-Kapitel an. Die Fragen beziehen sich darauf, welche verbalen oder nonverbalen Verhaltensweisen von anderen ärgern oder ängstigen Sie? Wie reagieren Sie dann und welche Konsequenzen hat Ihre Reaktion für Sie selbst, für Ihr Gegenüber und für die Beziehung mit Ihrem Gegenüber?

Ich empfehle Ihnen, sich den Fragen anhand eines oder mehrerer konkreter Beispiele zu nähern, die Ihnen noch frisch im Gedächtnis sind. So verlieren Sie weniger den Bodenkontakt und verfangen sich weniger in Generalisierungen. Diese sind nämlich einer der Faktoren, die den Autopiloten so ungeheuer schnell und gleichzeitig so anfällig für Irrtümer machen. Und auf die Spur der Irrtümer kommen Sie nur, wenn Sie bei Ihren Wahrnehmungen in der konkreten Situation bleiben. Nur so haben Sie eine Chance zu prüfen, wie angemessen Ihre Reaktion war. Denn die hängt zum größten Teil davon ab, wie Sie das Verhalten des Gegenübers eingeschätzt oder bewertet haben. Deshalb gehen Sie auch der Frage nach, was Ihnen bei Ihrer Reaktion durch den Kopf gegangen ist, was Sie gedacht haben.

Zum Schluss noch zwei Hinweise, um eine mögliche Selbstkritik im Zaum zu halten: 1) Werfen Sie sich nicht vor, dass Sie reagiert haben, wie Sie reagiert haben, selbst wenn Sie die Reaktion im Nachhinein als unangemessen ansehen oder wenn sie auch noch unangenehme Folgen gehabt hat, z. B. Streit, Aggression, Rückzug, Beziehungsabbruch. Das alleine ist ja schon schlimm genug. Selbstvorwürfe ändern nichts, machen alles aber noch schlimmer. Was hilft, ist Verständnis und Selbstmitgefühl. 2) Die obigen Fragen sind anspruchsvoll. Sie erfordern viel Konzentration, Mut und im Idealfall ein Erlebnis aus der unmittelbaren Vergangenheit, das Ihnen noch gut in Erinnerung ist. Beides ist nicht immer verfügbar. Bleiben Sie also locker, wenn Sie die Frage im Moment überfordert. Sie können jederzeit zu Ihr zurückkehren. Wenn sie wichtig für Sie ist, wird sie Ihnen im richtigen Moment einfallen.

Praxisempfehlungen für Woche 7

- Eine STOP-Übung praktizieren, wenn Ärger oder Wut beim Kontakt mit anderen bemerkt werden
- Mindestens dreimal in der Woche eine Sitzmeditation mit Audioanleitung praktizieren, an den anderen Tagen entweder einen Bodyscan oder achtsames Yoga praktizieren
- Die Tagebuchfragen für Woche 7 beantworten
- Das Selbstführungsexperiment in der zweiten Woche durchführen

8. Sitzung: Gehmeditation, achtsam zuhören und Auswertung des Selbstführungsexperiments

In dieser Sitzung wird eine neue Form der Meditation eingeführt: Die Gehmeditation. Sie ist eine Meditationsform, bei der es um die Konzentration auf die körperlichen Erfahrungen beim Prozess des Gehens geht. Sie ist für manche eine gute Alternative zur Sitzmeditation oder zum Bodyscan, da der Körper wie beim achtsamen Yoga in Bewegung ist, aber ohne dabei körperliche Grenzen auszutesten. Gerade in der Phase, in der Sie viel am Schreibtisch sitzen müssen, kann die Gehmeditation ein guter Ausgleich sein.

In der klassischen Gehmeditation gehen Sie eine kleine Strecke von ein paar Metern immer hin und her. Wenn das Ihre Wohnung nicht zulässt, können Sie auch im Kreis gehen oder die Meditation nach draußen verlegen. Dort können Sie Ihre Strecke beliebig wählen. Es ist auch nicht notwendig, die Gehmeditation in einem sehr langsamen Schritttempo durchzuführen, so dass es für Andere nicht erkennbar ist oder komisch wirkt, wenn Sie eine Gehmeditation machen. Im Prinzip können Sie jedes Gehen, z. B. den Toilettengang, zu einer Gehmeditation machen.

https://utb.de/do/10.36198/9783838560472-m06

Über den Link und QR-Code können Sie eine Audioanleitung für eine ca. zwanzigminütige Gehmeditation herunterladen. Die Anleitung ist auf die klassische Form der Gehmeditation ausgerichtet, bei der man eine bestimmte Strecke immer hin und her geht. Die

Anleitung funktioniert aber auch, wenn Sie im Kreis gehen oder einen Spaziergang machen.

Das zweite Thema der Sitzung ist die Auswertung des Selbstführungsexperiments. Gerade wenn das Experiment nicht so geklappt hat, wie Sie es geplant haben und die Ergebnisse nicht so sind, wie Sie sie sich gewünscht haben, ist die Frage, was Sie daraus gelernt haben, umso wichtiger. Denn, wie schon Wilhelm Busch gewusst hat, aus Fehlern wird man klug, drum ist einer nicht genug. Doch in den meisten Fällen funktioniert das Experiment. Es bringt nicht nur die gewünschten Ergebnisse, sondern oft noch einen Haufen unerwarteter, positiver Nebenwirkungen. Auf jeden Fall ist das Experiment eine Erfahrungs-Schatzkiste, die es zu heben lohnt.

Die dritte Frage führt das Thema „Beziehungsstress" aus der letzten Sitzung weiter. Es geht um ein absolut wirksames Prophylaktikum gegen ihn: achtsames Zuhören. Deshalb wird auch zum ersten Mal im Laufe des Trainings die STOP-Übung oder die Atemraumübung als Teil der empfohlenen Wochenpraxis ersetzt durch die Einladung, in Gesprächen immer wieder achtsames Zuhören zu praktizieren, was ja auch so etwas ist, wie Innehalten.

Lerntagebuchfragen für Woche 8

Welche Erfahrungen mache ich mit der Meditationspraxis in dieser Woche? Welche Erfahrungen mache ich in den Meditationen, insbesondere in der Gehmeditation?

Wenn Sie schon eine Meditationsroutine entwickelt haben, ist es wichtig, dass Sie das würdigen, indem Sie sie anerkennen und sich dafür wertschätzen, regelmäßig zu meditieren. Vielleicht ist es auch so etwas, wie ein Bedürfnis geworden zu meditieren. Wertschätzen Sie das Bedürfnis. Es kann sich jederzeit abschwächen oder sogar Widerstand und Abneigung gegen das Meditieren entstehen.

Wenn es für Sie immer noch oder wieder eine Herausforderung ist, sich im Alltag zur Meditation zu überwinden, sind Sie in guter Gesellschaft. Sie können sicher sein, dass es viele andere gibt, denen es ähnlich geht wie ihnen. Auch nach vielen Jahren der

Meditation kenne ich das auch. Also kein Problem nur von Ihnen, sondern eins, das bei vielen zur Meditationspraxis dazugehört. Also nehmen Sie es nicht persönlich, nach dem Motto: Ich kann das nicht. Ich bin zu faul oder ich mache was falsch, sonst würde es ja mehr Spaß machen. Aber wenn Sie an der Herausforderung zu meditieren etwas ändern möchten, dann kommen Sie nicht daran vorbei, sich Ihren Hindernissen zuzuwenden und sie etwas genauer unter die Lupe zu nehmen. Sind es eher äußere Hindernisse, z. B. Prüfungsdruck oder ein riesiges Arbeitspensum oder eher innere Hindernisse, z. B. Unlust, Unruhe oder Enttäuschung über die bisher ausbleibenden positiven Wirkungen. Eine möglichst kluge Antwort, wie Sie mit den Hindernissen umgehen können, finden Sie nur, wenn Sie sie anerkennen und erforschen. Das unterbricht den Kampf gegen sie, was allein die Situation schon grundlegend verändern kann.

Wenn es aber, aus welchen Gründen auch immer, für Sie nicht mehr passt, das Training weiterzumachen, erlauben Sie sich auch das und gestehen Sie sich zu, das Training zu unterbrechen, nur teilweise durchzuführen oder ganz abzubrechen. Wie oben schon mal erwähnt, es ist Ihr Leben und Sie können darauf wetten, dass Achtsamkeit und Meditation wieder bei Ihnen anklopfen wird, wenn die Zeit reif ist. Die Option abzubrechen, sollten Sie sich immer zugestehen. Sie macht es umso anerkennungswürdiger, wenn Sie das Training trotz Schwierigkeiten weiterführen.

Jetzt noch ein paar Hinweise zur Gehmeditation. Im Prinzip funktioniert die Gehmeditation genauso wie die Sitzmeditation, nur dass das Meditationsobjekt das Gehen ist. Es geht also in der Gehmeditation nicht darum, von A nach B zu kommen, sondern darum, bewusst wahrzunehmen, welche Körperempfindungen vor allem in den Füßen und Beinen durch die Gehbewegungen entstehen. Auch wenn das Schritttempo für die Meditation nicht entscheidend ist und auch der Ort, wo gegangen wird, nicht so wichtig ist, ist es vor allem am Anfang hilfreich, sich mit der Gehmeditation in einem langsamen Schritttempo und in einem geschützten Raum vertraut zu machen. Deshalb bezieht sich die Audioanleitung auf die klassische Form der Gehmeditation, bei der man eine relativ kurze Strecke immer wieder hin und her geht. Diese strenge Form der Gehmeditation unterstützt die Konzentration. Äußere sinnliche Reize und damit zusammenhängende Gedanken, Assoziationen und Bewertungen werden reduziert und das Hin- und Hergehen verdeutlicht, dass es bei der Gehmeditation nicht darum geht, ein Ziel zu erreichen, sondern nur darum, das Gehen als einen Vorgang wahrzunehmen, der sich von Moment zu Moment entfaltet und mit vielen Körperempfindungen verbunden ist. Weitere Hinweise finden Sie in der Beschreibung der Meditation im Anhang des Buches und in der Audioanleitung.

Was ist mein Fazit aus dem Selbstführungsexperiment? Welche Erkenntnisse oder Einsichten habe ich aus dem Experiment gewonnen? Was möchte ich nicht vergessen? Möchte ich das neue Verhalten, vielleicht in modifizierter Form, beibehalten? Wenn ja, wie?

Diese Fragen sind eine Einladung, die Früchte Ihrer Anstrengungen im Rahmen des Experiments zu ernten. Vergessen Sie übrigens nicht, dass es immer etwas zu ernten gibt, auch wenn Sie den Eindruck haben, dass das Experiment gescheitert ist. Die Erkenntnis „so nicht“, ist vielleicht wertvoller für Sie, als ein So-la-la-Ergebnis, aus dem Sie gar nicht so viel ableiten können.

Geben Sie sich auf jeden Fall nicht mit den ersten spontanen Antworten auf die Fragen zufrieden. Lassen Sie sie in sich wirken und nehmen Sie sich Zeit für die Antworten, vor allem für die zweite Frage. Meistens gibt es mehr Einsichten und Entdeckungen als das, was Ihnen sofort in den Sinn. Es gibt immer auch Nebenschauplätze, auf denen sich auch etwas verändert hat, was einer Berücksichtigung wert ist. Wenn Ihr Experiment zum Beispiel darin bestanden hat, durch weniger Social-Media-Konsum besser und effektiver zu lernen, was sich dann auch im Experiment bewahrheitet hat, hat das meistens nicht nur Auswirkungen auf die Zufriedenheit mit Ihrer Studienleistung, sondern oft auch auf Ihre Beziehungen zu anderen, weil Sie vielleicht gelassener, froher und aufgeschlossener sind. Auch diese Nebenwirkungen zu bemerken, stärkt Ihre Entschlossenheit, das Experiment vielleicht in modifizierter Form weiterzuführen. Denn einer der Ziele, ein solches Selbstführungsexperiment als zentralen Bestandteil in das Training aufzunehmen, ist, dass Sie einen funktionierenden Verhaltenshebel finden, dessen Betätigung Ihnen das Studium erleichtert, was viele Studierenden gegen Ende des Semesters gut brauchen können. Typischerweise werfen Semesterabschlussarbeiten oder Klausurvorbereitungen einen langen Schatten voraus, der die Stimmung ziemlich abkühlen kann.

Welche Erfahrungen mache ich, wenn ich anderen achtsamer zuhöre, sie weniger unterbreche und darauf achte, welche Gefühle bei anderen mitschwingen, um die Sicht des Gegenübers besser zu verstehen?

Im Anschluss an die Frage der letzten Woche, was in der Kommunikation oder Kooperation mit anderen Ihre automatischen Stressreaktionen aktiviert, geht es in dieser Woche darum, im Umgang mit anderen, selbst den ersten Schritt zu machen, um den Stresslevel sowohl bei Ihrem Gegenüber als auch bei Ihnen selbst zu reduzieren. Wie? Die einfache Antwort ist: zuhören.

Wieviel Streit, wieviel Missverständnisse und elende Diskussionen würden sich erübrigen, wenn wir mehr darauf hören würden, was unser Gegenüber sagt. Das klingt so simpel, ist aber ein herausforderndes Unterfangen. Denn meistens möchte man selbst gerne reden, beneidet, bewundert, bemitleidet oder einfach nur verstanden werden. Aufmerksamkeit zu bekommen, ist ein tiefes Bedürfnis von uns. Sie tatsächlich zu bekommen, setzt Endorphine in Massen frei und macht high. Das ist der Motor, der Social Media am Laufen hält und in digitalen Abhängigkeiten durchdrehen kann.

Jemandem wirklich Aufmerksamkeit zu schenken, ihm oder ihr mit ganzem Ohr zuzuhören und nicht gleichzeitig an 1.000 andere Dinge zu denken, die einen selbst umtreiben oder die Hälfte der Aufmerksamkeit dem Smartphone-Display zu schenken, ist wirklich nicht einfach und in der Tat ein Geschenk, das Sie jemand machen können. Das Geschenk besteht darin, dass Sie für die Zeit des Zuhörens von sich und Ihren eigenen Bedürfnissen absehen und Ihr Gegenüber in den Mittelpunkt Ihrer Aufmerksamkeit stellen.

Die obigen Fragen drehen sich darum, welche neuen Erfahrungen Sie mit einem solchen achtsamen Zuhören machen können, was es auslöst bei Ihnen, beim Gegenüber und wie es die Gesprächsatmosphäre oder Ihre Beziehung zum Gegenüber verändert.

Hier noch zwei Hinweise, die Sie dabei unterstützen können, achtsam zuzuhören und die es für Sie vielleicht interessant und reizvoll machen, immer wieder Gesprächssituationen zu nutzen, um achtsam zuzuhören.

1) Wenn wir jemand zuhören, taucht oft über kurz oder lang der Impuls auf, den Sprechenden zu unterbrechen, nachzufragen, selbst etwas zu sagen oder gedanklich abzuschweifen. Meistens läuft das völlig unbewusst ab. Vielleicht machen Sie ein Spiel daraus, wie lange es Ihnen gelingt, zuzuhören, ohne solchen Impulsen nachzukommen. Ein solches Spiel kann helfen, dass Sie sich überhaupt bewusstwerden, wann Sie die Aufmerksamkeit vom Sprechenden abziehen möchten. Und wie in einer Atemmeditation, wenn Sie bemerken, dass Sie abgeschweift sind, können Sie Ihre Aufmerksamkeit bewusst wieder auf den Sprechenden richten, möglichst ohne Selbstvorwürfe, genauso wie in der Meditation. Schauen Sie, ob Sie so lange in diesem Spiel bleiben können, bis sich eine Gesprächspause ergibt und Ihr Gesprächsbeitrag dran ist.
2) Oft ist der Grund, warum unsere Aufmerksamkeit vom Sprechenden weggeht, dass uns das Gesagte nicht genug interessiert. Eine gute Möglichkeit, das Interesse aufrechtzuerhalten, ist anders zuzuhören, d. h. mit einem anderen, als dem alltäglichen Fokus. Ein erhellender und deshalb interessanter Fokus kann sein, dass Sie beim Zuhören vor allem auf die emotionalen Reaktionen Ihres Gegenübers achten. Welche Gefühlsregungen nehmen Sie beim Sprechenden wahr? Welche Gefühle stehen hinter dem Gesagten? Und wenn Sie noch einen weiteren Schritt von sich selbst weggehen möchten, versuchen Sie, das Gesagte ganz aus der Sicht des Sprechenden zu verstehen und seine Sichtweise gewissermaßen zu erspüren. Denn diese ist immer durch Gefühle und Bedürfnisse geprägt.

Praxisempfehlungen für Woche 8

- In Gesprächen achtsames Zuhören üben
- Mindestens dreimal in der Woche eine Gehmeditation mit Audioanleitung praktizieren, an den anderen Tagen entweder einen Bodyscan, achtsames Yoga oder eine Sitzmeditation praktizieren
- Die Tagebuchfragen für Woche 8 beantworten
- Das Selbstführungsexperiment auswerten

9. Sitzung: Meditation nach Lust und Laune und Semesterfinish

Das Trainingsprogramm kommt auf die Zielgerade, vielleicht genauso wie das Semester.

Was die Meditationspraxis angeht, so ist es sinnvoll, sich langsam der Frage zu widmen, ob und in welcher Form Sie die Praxis nach dem Ende des Curriculums fortführen möchten. Erfahrungsgemäß hat vor allem die Meditationspraxis eine Chance dazu, die eher als angenehm, wenig anstrengend, irgendwie wirksam und passend erlebt wird. Aber welche ist das? Darum dreht sich die erste Reflexionsfrage.

Das zweite Thema dieser Sitzung hat sich bei Ihnen vielleicht schon von ganz alleine in den Vordergrund gedrängt: das Semesterende. In vielen Studiengängen steigt der Druck gegen Ende des Semesters. Klausuren, Prüfungen, Präsentationen müssen vorbereitet und Hausarbeiten geschrieben werden. Das meistens ziemlich anstrengende Finish auf der Semesterzielgeraden könnte auch für Sie eine Nagelprobe sein, ob sich Ihre ganzen Achtsamkeits- und Meditationsanstrengungen lohnen und sich irgendetwas verändert hat im Umgang mit dem Semesterfinish. Das ist Thema der zweiten Frage.

Die dritte Frage dreht sich darum, dass Sie sich der Automatismen bewusstwerden, die bei Ihnen durch den Lern- und Leistungsdruck aktiviert werden. Vielleicht tauchen dann auch Ideen auf, wie Sie Denk- und Verhaltensgewohnheiten, die weder Ihrem Wohlbefinden noch Ihrer Leistungsfähigkeit dienen, unterbrechen können.

Lerntagebuchfragen für Woche 9

Welche Erfahrungen mache ich damit, die Art der Meditation zu wählen und auch mal ohne Audioanleitung zu meditieren?

Mittlerweile haben Sie vier Meditationsarten kennengelernt: den Bodyscan, achtsames Yoga, die Sitz- und die Gehmeditation. Vielleicht haben Sie festgestellt, dass Ihnen manche Meditationsarten mehr zusagen als andere und dass sich das auch von Situation zu Situation verändern kann. Nutzen Sie die Wochenpraxis, um sich klarer zu werden, wie Sie jeweils die Meditationsart wählen, wenn es keine Empfehlung für eine bestimmte Meditationsart gibt und was die Wahl bei Ihnen auslöst: Steigt der Druck, dass die Meditation angenehm und leicht sein muss, weil sie ja selbstgewählt ist? Zweifeln Sie daran, dass Ihre Wahl gut ist? Verunsichert es Sie, dass das Curriculum mehr Wahlfreiheit lässt? Sind Sie froh darüber? Was löst der kleine Schritt in die Meditations-Selbständigkeit bei Ihnen aus?

Ein weiterer Schritt in die Selbständigkeit ist es, wenn Sie auch mal das gewohnte Meditationsgeländer loslassen und ohne Audioanleitung meditieren oder auch im Internet nach anderen Meditationsanleitungen Ausschau halten und sie ausprobieren. Für das Meditieren ohne gesprochene Anleitung können Sie auf spezielle Meditations-Apps zurückgreifen, die Ihnen die gewünschte Meditationsdauer signalisieren und die Sie oft kostenfrei unter dem Stichwort „Meditation Timer“ in App-Stores finden können.

Welche Erfahrungen mache ich in diesem Semester mit der Semesterabschlussphase? Wie gehe ich mit Hausarbeiten, Klausur- und Prüfungsvorbereitungen oder anderen geforderten Studienleistungen um?

In vielen Fällen wirkt sich das Achtsamkeitstraining auch darauf aus, wie Sie auf die geforderten Semesterabschlussleistungen reagieren. Typische Veränderungen, die ich in meinen Kursen genannt bekommen habe, sind: Gelassener auf die Prüfungen reagieren, weniger Angst vor schlechten Noten haben, weil dadurch „die Welt nicht untergeht“, früher mit dem Lernen anfangen, weniger aufschieben, sich selbst weniger vom Lernen ablenken oder von anderen ablenken lassen, mehr auf sich achten und sein körperliches und geistiges Wohlbefinden ernster nehmen, sich nicht zu viel vornehmen und die Ansprüche an sich nicht zu hoch hängen.

Es gibt viele verschiedene Möglichkeiten, wie sich das Achtsamkeitstraining positiv auf Ihr Studieren auswirken kann. Möglicherweise ist Ihnen aber auch gar nicht so klar, ob und wie genau sich das Training auf das Semesterfinish auswirkt. Vielleicht sind Sie insgesamt einfach nur besser drauf als im letzten Semester.

Es kann aber auch sein, dass Sie keinerlei Entlastung verspüren, dass sich nichts daran geändert hat, wie Sie mit den geforderten Studienleistungen umgehen. Es kann sogar sein, dass Sie die Semesterabschlussphase noch mehr belastet als sonst. Umso wichtiger ist es, dass Sie sich die Sache genau ansehen. Gibt es äußere Umstände, z. B. größeres oder schwierigeres Studienpensum, Belastungen im Privatleben oder sind Sie im ersten Semester, wo alles sowieso neu ist und schnell auch überfordernd sein kann. Oder gibt es innere Gründe, wie z. B. Prüfungsängste, die Sie schon aus der Schulzeit kennen oder digitale Abhängigkeiten, die Sie nicht in den Griff bekommen. Achtsamkeit und Meditation sind kein Allheilmittel, das jedes tief verankerte Denk- und Verhaltensmuster verändert. Ich lege Ihnen ans Herz, solche Muster und den Leidensdruck, der mit ihnen einhergeht, ernst zu nehmen und vielleicht auch professionelle Hilfe zu suchen. Das ist immer ein schwieriger Schritt, der entweder viel Mut oder große Ausweglosigkeit braucht. Jedenfalls ist es besser, frühzeitig mutig zu sein, als die Ausweglosigkeit abzuwarten.

Wie erschwere ich mir die Semesterabschlussphase durch das, was ich denke oder tue? Was hilft mir oder was könnte mir helfen, diese Automatismen zu unterbrechen und Neues auszuprobieren.

Mit diesen Fragen geht es ans Eingemachte. Sie sind weder leicht zu beantworten, noch sind die Antworten leicht verdaulich. Und wie immer ist der erste Schritt, sich der Art und Weise bewusst zu werden, wie Sie lernen. Wie lange lernen Sie? Wann verlieren Sie die Konzentration? Wie gehen Sie damit um? Wie und mit was unterbrechen Sie sich beim Lernen und lenken sich ab? Wann und wie schieben Sie auf? Was genau sind die Auslöser, dass Sie das Lernen unterbrechen oder gar nicht erst anfangen?

Entscheidend ist, dass Sie sich so freundlich und verständnisvoll wie möglich selbst erforschen. Sie können sicher sein, dass es immer Gründe gibt, wie Sie sich verhalten. Vielleicht erinnern Sie sich daran, was ich oben zum Autopiloten geschrieben habe. Wir haben immer gleichzeitig verschiedene Bedürfnisse, die nicht in jeder Situation in Einklang zu bringen sind und manchmal stehen sie sich im Weg. Beim Lernen sind oft zwei Bedürfnis in permanentem Clinch: das Bedürfnis nach Spaß und Lust, die hier und jetzt erlebt werden wollen, und das Bedürfnis, sich zu entwickeln und sich als stark und wirksam zu erleben, z. B. bestätigt durch gute Noten. Eine längerfristig funktionierende Lösung dieses Clinches setzt voraus, dass Sie beide Bedürfnisse anerkennen und einen Weg finden, beiden gerecht zu werden, indem Sie z. B. Zeiten festlegen, wann Sie dem einen und wann Sie dem anderen nachkommen. Auf jeden Fall sollten Sie sich nicht dafür verurteilen, dass Sie Unlust oder andere unangenehme Gefühle vermeiden wollen, die sich beim Lernen eben nicht immer vermeiden lassen. Paradoxerweise schmilzt der Widerstand, wenn Sie ihn anerkennen. Das stärkt vielleicht auch den Entschluss, sich zu überwinden und eine unlustige Zeit in Kauf zu nehmen und sich auf das Lernen einzulassen. Vielleicht haben Sie ja auch schon die Erfahrung gemacht, dass es dann gar nicht so schlimm ist, wie Sie befürchtet haben.

Die Frage ist also: Was können Sie tun, um beiden Bedürfnissen gerecht zu werden und nicht dauernd ein Bedürfnis mit Füßen zu treten. Hier gibt es unzählige Antworten. Aber es funktionieren nur die, die bei Ihnen funktionieren. Diese selbst rauszufinden, kann Ihnen niemand abnehmen. Vielleicht hat Ihnen ja das Selbstführungsexperiment schon eine Lösungsidee geschenkt. Ansonsten können Youtube-Videos, Gespräche mit anderen Studierenden oder auch Bücher sehr hilfreich sein. Sie können Impulse geben und neue Ideen ins Spiel bringen und Ihnen vor Augen führen, dass Sie nicht allein sind mit Ihren Problemen.

Wie im letzten Fragekomplex schon angesprochen, nehmen Sie es ernst, wenn Sie keine Lösung finden und im Bedürfnisclinch immer nur ein Bedürfnis gewinnt. Es kann sein, dass sich dieses Bedürfnis verselbständigt hat, durchdreht, und andere Bedürfnisse kaum noch eine Chance haben, ausgelebt zu werden, wie z. B. bei überzogenem Ehrgeiz oder digitalen Süchten. Wenn Sie bemerken, dass Sie alleine nicht weiterkommen, nehmen Sie Ihren Mut zusammen und suchen Sie sich professionelle Hilfe. Das ist ein Zeichen von Stärke, nicht von Schwäche. Es ist ein erster Schritt aus dem Leid, das immer entsteht, wenn ein Bedürfnis durchdreht.

Praxisempfehlungen für Woche 9

- Sich der eigenen Gedanken und Verhaltensweisen bewusstwerden, die die Semesterabschlussarbeiten (Hausarbeiten, Prüfungs- und Klausurvorbereitungen) erschweren
- Eine STOP-Übung oder eine Atemraumübung praktizieren, wenn Aufschieben oder häufiges Unterbrechen von Prüfungs- und Klausurvorbereitungen oder Konzentrationsschwächen bemerkt werden
- Täglich ca. 20 Minuten mit oder ohne Audioanleitung eine der Meditationsarten praktizieren, die am jeweiligen Tag am passendsten, einfachsten oder angenehmsten erscheint
- Die Tagebuchfragen für Woche 9 beantworten

10. Sitzung: achtsam Spazieren und Beachtung der eigenen Grenzen

Alle bisherigen Meditationen waren mit Ausnahme der Phase des Hörens in der Sitzmeditation darauf ausgerichtet, die Aufmerksamkeit nach innen zu lenken. Jetzt gegen Ende des Kurses geht es darum, den Fokus der Aufmerksamkeit wieder nach außen zu richten. Denn Achtsamkeit bezieht sich ja nicht nur auf die inneren Erfahrungen, wie Gedanken, Gefühle oder inneren Körperempfindungen, sondern auch auf die Erfahrungen über unsere Sinne: Sehen, Hören, Riechen, Schmecken und Tasten. Die bisherige Achtsamkeitspraxis kann uns helfen, den Sinneseindrücken wieder bewusster zu folgen und ihnen länger Aufmerksamkeit zu schenken. Das ist eine Herausforderung, wenn wir im Stress sind und deshalb meistens im Autopilotmodus sind. Und der tut uns gerade dann nicht immer gut. Denn im Autopilotmodus hat das, was wir sehen, hören oder riechen kaum eine Bedeutung und ist meistens nur Anlass für Kopfkino oder Stress-Automatismen. Sinnliche Genüsse und Erholung brauchen aber Aufmerksamkeit. Nur so können sie einen wichtigen Beitrag zur Stressreduktion leisten. Achtsam Spazieren, vor allem in der Natur, ist eine Meditation, die einen Rahmen bietet, in dem das Herunterkommen leichter fällt, weil die Umgebung mithilft.

Das zweite Thema dieser Sitzung ist wie in der letzten das Semesterfinish. Gerade wenn es im Studium hoch hergeht und der Studienstress am größten ist, werden die Grenzen der Belastbarkeit leicht übersehen, genauso wie die grundlegenden körperlichen und sozialen Bedürfnisse. Ihnen auch im Semesterfinish Aufmerksamkeit zu sichern, ist der Sinn der anderen beiden Reflexionsfragen dieser Sitzung.

Lerntagebuchfragen für Woche 10

Welche Erfahrungen mache ich in und mit der Meditationspraxis in der vielleicht stressigen Phase am Semesterende und welche Erfahrungen mache ich mit dem achtsamen Spazieren? Was könnte mich darin unterstützen, die Meditationspraxis aufrecht zu erhalten?

Bei vielen Studierenden steigen gegen Semesterende der Stress und das Arbeitsvolumen. Es kann dann sehr herausfordernd sein, die Meditationspraxis aufrechtzuerhalten, auch wenn Sie schon gemerkt haben, dass Meditation gerade in solchen Zeiten einen wichtigen Ausgleich bieten kann. Aber vergessen Sie nicht: Es ist allein Ihre Entscheidung, ob und wie Sie die Praxis aufrechterhalten möchten. Sich zusätzlich zum Studieren auch noch in Bezug auf die Meditationspraxis unter Druck zu setzen, ist wenig hilfreich, weder für die Meditationspraxis selbst, noch für ihre positiven Auswirkungen auf den Alltag. Also entscheiden sie weise.

Um Ihnen die Entscheidung etwas einfacher zu machen, wird in dieser Sitzung eine neue Meditationsform eingeführt, die neben der Schulung der Konzentration und der Präsenz gleichzeitig auch körperlich erholsam und entspannend ist: das achtsame Spazieren. Diese Meditationsart bringt Sie einerseits vom Schreibtisch weg und bringt Sie in eine unangestrengte Bewegung, was alleine schon hilfreich sein kann.

Andererseits üben Sie, Ihre Sinne zu öffnen, was vor allem in einem natürlichen Umfeld, z. B. in einem Park oder in Wald und Wiesen genussreich und entspannend sein kann. Sie können das achtsame Spazieren natürlich in jedem Ambiente praktizieren, d. h. auch in einer lauten Straße. Aber wenn Sie nicht nur Ihre Konzentration und Ihre Akzeptanz z. B. der Umgebungsräusche, trainieren, sondern auch einen körperlichen Gewinn haben möchten, dann empfehle ich Ihnen, den Spaziergang in einer Umgebung zu machen, die ruhiger ist und wo es zumindest ein paar Bäume oder Sträucher gibt, die Sie auf sich wirken lassen können.

Für das achtsame Gehen gibt es keine Audioanleitung, da die Art und Weise, wie Sie die Meditation gestalten können, so vielfältig ist. Eine Beschreibung einiger dieser Gestaltungsmöglichkeiten finden Sie im Anhang. Experimentieren Sie mit den Möglichkeiten und bleiben Sie bei derjenigen, die Ihnen am leichtesten fällt oder für Sie am interessantesten ist.

Wie gehe ich in der oft arbeitsintensiven Phase am Ende des Semesters mit meinen körperlichen und sozialen Bedürfnissen um?

Auch in Zeiten, in denen Abgabe-, Klausur- und Prüfungstermine drücken, ist es nicht zuletzt für Ihre Leistungsfähigkeit wichtig, dass Sie eine Balance zwischen Ihren unterschiedlichen Bedürfnissen hinbekommen. Es ist völlig in Ordnung und für unser Wohlbefinden meist kein Problem, über kürzere Strecken ein Bedürfnis in den Vordergrund zu rücken. Über längere Distanzen kann das unangenehme Folgen haben, wenn wir zu einseitig fokussiert sind: Demotivation, Unkonzentriertheit, Fressattacken, verstärktes Surfen, depressive Verstimmungen, Selbstmitleid, große Reizbarkeit oder Krach mit Freund oder Freundin und noch vieles mehr. Sie können ja selbst überlegen, was bei Ihnen schon aus dem Ruder gelaufen ist, wenn Sie sich für eine gute Note überfordert haben.

Das Semesterfinish können Sie vielleicht mit einem Gebirgspass vergleichen, den Sie mit dem Fahrrad bezwingen möchten. Bei einer geführten Fahrradtour, an der ich mal teilgenommen habe, hat uns der Tourguide am Beginn eines langen Passanstiegs vier Regeln mit auf den Weg gegeben, um gut oben anzukommen. Die Regeln habe ich seitdem nie wieder vergessen, vielleicht weil sie nicht nur fürs Bergfahren gelten: 1) Fahr immer dein Tempo. Lass dich nicht von Leuten, die dich überholen, aus dem Rhythmus bringen 2) Trink, bevor du Durst hast. 3) Iss, bevor du Hunger hast. 4) Mach Pause, bevor du müde bist.

Einen fünften Punkt würde ich noch ergänzen, zumindest was Ihren Semestergebirgspass angeht: Rede, bevor Du vereinsamst. Am Semesterende müssen Sie vielleicht auch mal die Kontakte mit anderen einschränken. Bei manchen ist das vielleicht auch kein Verlust. Es gibt aber auch soziale Beziehungen, die für Sie wichtig sind und die Sie sich mit viel Disziplin verkneifen müssten. Das ist mal ok, aber je öfter das passiert, desto mehr fördern Sie die oben genannten Folgen.

Die Frage bleibt also: Wie gestalten Sie Ihr Semesterfinish und wie gestalten Sie die Balance zwischen Ihren Bedürfnissen?

Wo sind meine Grenzen beim Studieren, woran erkenne ich sie und wie gehe ich mit ihnen um?

Diese Frage ist in gewisser Weise eine Ergänzung und Konkretisierung der vorherigen Frage. Sie lädt ein, gerade in den anstrengenden Phasen des Lernens und der Fokussierung auf Prüfungen oder ähnliches, den Rest Ihres Lebens nicht aus den Augen zu verlieren. Der zeigt sich unter anderem, aber am unabweisbarsten daran, dass Ihre mentalen Fähigkeiten begrenzt sind. Sie können nicht von morgens bis abends konzentriert lernen, verstehen und etwas behalten. Mentale Ressourcen sind genauso erschöpfbar, wie körperliche. Das Problem ist nur, dass wir, gerade wenn der Druck groß ist, geneigt sind, unsere eigene Realität nicht wahr-, geschweige denn ernst zu nehmen.

Das Ziel dieser Frage ist deshalb, Sie einzuladen, auch beim Lernen immer wieder innezuhalten und sich immer wieder bewusstzuwerden, z.B. mit einer kleinen STOP-Übung in regelmäßigen Abständen, wie es Ihnen gerade geht, wie es um Ihre Leistungsfähigkeit bestellt ist und welche Signale Sie schon bemerken können, die darauf hindeuten, dass es Zeit ist, eine Pause zu machen, aufzustehen, rumzulaufen, das Zimmer zu lüften, zur Toilette zu gehen, etwas zu essen oder zu trinken, in WhatsApp reinzuschauen, das Zimmer zu lüften, sich etwas Schönes für das Wochenende oder die Zeit nach den Prüfungen zu überlegen oder sich mit einem Freund oder einer Freundin zu verabreden.

Gestehen Sie sich auch zu, das Lernen zu beenden, wenn Sie merken, dass Ihre Motivation auf dem Nullpunkt ist, Sie sich dauernd ablenken, mit was auch immer, und Ihre Zeit am Schreibtisch nur noch der Gewissensberuhigung dient. Im Tunnelblick auf die Prüfungen kommt schnell die Wahrheit unter die Räder: Durchfallen können Sie nämlich auch mit gutem Gewissen, wenn Sie schlecht vorbereitet sind. Und die Ausrede, dass Sie doch solange am Schreibtisch gesessen und gelernt haben oder dass die Prüfung zu schwer war, ist bestenfalls eine Verteidigungslinie für die Ohren anderer. Sie selbst wissen, wie es wirklich war.

Natürlich hängt der Studienerfolg von zig Faktoren ab: Wie interessant das Thema für Sie ist und wie gut Sie mit ihm zurechtkommen, wie günstig die Rahmenbedingungen fürs Lernen sind, wie stark Sie durch andere Faktoren, z.B. Geldverdienen, Konflikte mit Familie oder Partner belastet sind usw. Aber an einem entscheidenden Faktor kommen Sie nie vorbei: an Ihren mentalen Ressourcen. Es lohnt sich, sie im Blick zu behalten.

Praxisempfehlungen für Woche 10

- Eine STOP-Übung oder eine Atemraumübung regelmäßig in die Vorbereitung für Klausuren und Prüfungen oder die Arbeit an einer Semesterabschlussarbeit einbauen
- Mindestens dreimal in der Woche einen Achtsamkeitsspaziergang machen und an den anderen Tagen eine der anderen Meditationsarten praktizieren
- Die Tagebuchfragen für Woche 10 beantworten

11. Sitzung: selbstbestimmt meditieren und der größere Kontext

Im ersten Teil des Buches habe ich versucht, Ihnen zu vermitteln, wie wir ticken und wie wir sowohl für unsere Innenwelt als auch unsere Außenwelt verantwortlich sind, weil wir Sie beeinflussen können. Was wir heute denken und tun, bestimmt das, was morgen ist, die äußere Realität genauso wie unser inneres Erleben. Wir sind weder Herrscher mit grenzenloser Macht noch ohnmächtige Opfer. Wir haben trotz unseres Autopiloten und vieler Dinge, die wir nicht beeinflussen können, immer eine Wahl, wie wir mit uns selbst, anderen Menschen und der Welt um uns herum umgehen und was wir mit unseren Entscheidungen und unseren Handlungen fördern und stärken oder behindern und schwächen. Es ist weder für Sie noch fürs große Ganze nicht egal, wie Sie jetzt denken und was Sie jetzt tun oder unterlassen, weder für Ihre eigene Zukunft, noch die Zukunft anderer Menschen, noch für unsere Lebensbedingungen insgesamt. Es ist deshalb nicht unerheblich, sich möglichst klug zu verhalten. Das heißt, weder den Kopf in den Sand zu stecken noch sich zu überfordern. Vor allem heißt das aber, den Tunnelblick immer wieder zu weiten, der sich so schnell und unbemerkt einstellt, wenn der Stress zunimmt. Der Tunnel gaukelt uns vor, dass das, was wir am Ende des Tunnels sehen, was oft genug nur einfach die nächste Herausforderung oder die nächste Stufe auf der Lebenstreppe ist, schon die ganze Treppe oder zumindest die wichtigste Stufe der ganzen Treppe wäre. Das ist sie fast nie.

Achtsamkeit und Meditation sind ein äußerst wirkungsvoller Weg, um immer wieder aus dem Bann des Tunnelblicks aufzuwachen und den Blick zu weiten. Das Weiten haben Sie in diesem Curriculum gelernt, selbst wenn Ihnen das gar nicht bewusst ist. In jeder Meditation haben Sie trainiert, sich nicht von Ihrem Autopiloten die Aufmerksamkeit bannen und die Sicht auf alles andere vernebeln zu lassen. Deshalb dreht sich die erste Frage in der letzten Woche darum, wie es nach dem Curriculum weitergehen kann mit Ihrer Meditationspraxis.

Ein gutes Übungsfeld zum Weiten des Blicks sind die anstehenden Klausuren und Prüfungen. Sie in einen größeren Kontext zu stellen, ist die Einladung des zweiten Fragekomplexes. Wie wichtig sind die Semesterprüfungen und -noten tatsächlich für Sie, Ihre Zukunft, Ihr Leben? Vielleicht helfen Ihnen die Antworten auf diese Fragen, den Notendruck, den Sie vielleicht spüren, etwas zu mildern.

Die dritte Frage dreht sich letztlich darum, wer Sie sind. Denn Sie sind einzigartig. Sie sind eine einzigartige Kombination aus Erfahrungen, die zu Denkmustern, Überzeugungen, Haltungen geronnen sind, Talenten, von denen Sie vielleicht noch gar keine Ahnung haben, vielen, vielen Stärken und Kompetenzen, von denen Sie vermutlich viele übersehen oder geringschätzen, spezifischen Interessen, Vorlieben und Wünschen. Niemand anderes auf dieser Welt kann das bieten, was Sie bieten können. Natürlich ist das nicht so einfach herauszufinden, was Sie eigentlich ausmacht und wer Sie wirklich sind und was eigentlich, salopp gesprochen, Ihr Job ist auf dieser Welt. Manchmal reicht dafür noch nicht einmal ein ganzes Leben. Aber zumindest können Sie heute schon mit dieser Frage beginnen, deren Antwort im besten Sinn des Wortes Ihr Leben erfüllt: Was könnte Ihr Beitrag sein, um die Welt für Sie selbst und für andere, ein kleines Stück lebenswerter zu machen?

Weder auf die zweite noch die dritte Frage gibt es endgültige oder ein für alle Mal richtige Antworten. Das ist auch nicht der Sinn der Fragen. Verstehen Sie sie eher als eine Einladung, Ihrer Phantasie freien Lauf zu lassen, Ihren Mut und ihr Selbstbewusstsein zu aktivieren, um ein Big Picture für sich selbst zu zeichnen, was nicht einengen, sondern beleben soll. Das Big Picture sollte nicht den Charakter eines s.m.a.r.t.en Ziels bekommen. Im Gegenteil. Es lebt davon, dass es eher un**s**pezifisch, ganz sicher nicht **m**essbar, bestenfalls **a**ttraktiv, aber nicht unbedingt **r**ealistisch und ganz sicher nicht **t**erminiert ist. Also nehmen Sie die Fragen als Gelegenheit etwas zu spinnen, was Sie sich wohl sonst im Semesterfinish verkneifen müssen.

Lerntagebuchfragen für Woche 11

Möchte ich die Meditationspraxis auch nach dem Ende des Trainingsprogramms weiterführen? Wenn ja, wie?

Zuerst der wichtigste Hinweis zu dieser Frage: Sie müssen nicht weitermachen. Erlauben Sie sich, die Meditationspraxis einfach aufzuhören. Machen Sie sich keinen Kopf, dass Sie etwas Wichtiges verpassen oder Ihre Resilienz nicht genug ausbilden würden oder ähnliches. Ihre Absicht, die Meditationspraxis am Leben zu erhalten, hätte vermutlich einen ziemlich kargen Nährboden. Über kurz oder lang würde das Pflänzchen wahrscheinlich sowieso eingehen. Doch andererseits haben Sie mit dem Achtsamkeitstraining einen Samen gelegt, der jederzeit wieder bewässert und zum Leben erweckt werden kann, wenn die Zeit reif ist.

Aus eigener Erfahrung und vielen Erzählungen von ehemaligen Kursteilnehmenden weiß ich, wie herausfordernd es ist, eine Meditationspraxis nach einem Achtsamkeitskurs aufrechtzuerhalten. Nicht immer gelingt das, meistens weil die Praxis einschläft und die Motivation und die Energie für sie durch den Alltag aufgerieben wird.

Deshalb ein paar Hinweise, die Sie dabei unterstützen können, diesem „Alltagsabrieb“ entgegenzuwirken:

1) Suchen Sie sich Gleichgesinnte, mit denen Sie gemeinsam meditieren können. Eine Gruppe stärkt und motiviert ungemein. Vielleicht haben Sie das ja auch im Trainingsprogramm selbst kennengelernt und vielleicht hat ein Teil der Lerngruppe Interesse an einer Fortführung. Überlegen Sie sich gemeinsam, wie sie diese gestalten möchten.
2) Nehmen Sie sich nur die Meditationspraxis vor, die für Sie angenehm und leicht ist. Reduzieren Sie Ihre Ansprüche an Ihre Meditationspraxis und was dabei herauskommen soll. Machen Sie es sich einfach. Vielleicht machen Sie die Erfahrung, dass Sie mehr geschenkt bekommen, je weniger Sie sich anstrengen. Außerdem können Sie die Meditationspraxis jederzeit anpas-

sen. Sie können sie noch bequemer oder auch anspruchsvoller und interessanter machen.

3) Wie bei der körperlichen Fitness ist es besser und gesünder, weniger, aber häufiger zu trainieren, als sich einmal wöchentlich auszupowern. Meditieren Sie also lieber kürzer, aber dafür häufiger.
4) Wenn Sie merken, dass die Motivation schwindet, was völlig normal ist, und dagegen etwas unternehmen möchten, können Bücher, Vorträge, Seminare, Kurse und nicht zuletzt Gespräche wichtige Impulse geben. Dank Corona, gibt es mittlerweile ein riesiges Arsenal an guten Online-Angeboten, vor allem Vorträge, die Sie sich gratis oder für wenig Geld ansehen können.
5) Bleiben Sie auch dann freundlich zu sich, wenn die Praxis eingeschlafen ist oder einzuschlafen droht. Wie oben schon angedeutet: Ihr Wecker wird läuten, wenn die Zeit zum Wachwerden gekommen ist.

Was möchte ich in meinem Leben verwirklichen oder erleben? Was soll mein zukünftiges Leben ausmachen? Wie trage ich im Moment dazu bei? Wie wichtig sind die Noten dieses Semesters für meine Zukunft?

Wie schon erwähnt, betrachten Sie diesen Fragekomplex als Einladung, Ihren Phantasien, Wünschen und Visionen einfach mal Auslauf zu geben oder mit Ihnen einen Aus-Flug zu machen, ohne gleich den Höhenflug mit vielen Wenn und Aber zunichte zu machen. Beschränken Sie ihn nicht nur auf das Berufliche oder das Geldverdienen. Kinder, Kunst, Krawall und Koffer können auch zum Aus-Flug gehören. Vielleicht nutzen Sie zur Beantwortung der Fragen andere Medien, z. B. Buntstifte und Zeichenblock, Zeitschriften für Collagen oder alltäglich Utensilien, um eine Skulptur oder Plastik zu machen. Wenn es Ihnen gelingt, Ihre ästhetischen Ansprüche klein zu halten, haben diese Medien den großen Vorteil, dass sie weniger von unserem internen Zensor überwacht werden können, da Ihre Bedeutung meistens nicht auf den ersten Blick klar ist. Um sich ihr anzunähern, können Sie Ihr Werk unter drei Perspektiven betrachten: Was ist für mich überraschend, neu, unerwartet? Was berührt mich? Welche Handlungsimpulse löst das Werk bei mir aus?

Wenn Sie Ihrer, wie auch immer formulierten Antwort auf die ersten beiden Fragen ein Stück nähergekommen sind, können Sie sich auch den beiden anderen Fragen zuwenden. Bleiben Sie dabei so locker und spielerisch wie möglich. Es geht nicht darum, Ihr jetziges Leben oder Ihr Studium in Frage zu stellen oder sich zu kritisieren, nach dem Motto: So wie ich jetzt lebe, ist es eigentlich falsch, sondern sich bewusst zu werden, welche Aspekte Ihres Lebens im Moment vielleicht zu viel oder zu wenig Bedeutung haben oder Beachtung bekommen.

Vielleicht hilft Ihnen das, auch die Noten, die Sie jetzt am Semesterende bekommen, etwas zu relativieren. Aus großer Flughöhe gesehen, sind weder die guten noch die schlechten Noten, die Sie jetzt bekommen, wirklich lebensentscheidend und meistens noch nicht einmal berufsentscheidend. Also: Take it easy.

Was macht mich aus? Was kann die Welt von mir bekommen, was vielleicht nur ich ihr geben kann? Was ist mein Beitrag für eine Welt, in der ich in Zukunft leben möchte?

Diese Fragen sind ähnlich offen und unbegrenzt wie die vorigen Fragen. Nur die Perspektive ist eine andere. Es geht nämlich nicht darum, was die Zukunft Ihnen bringt, sondern umgekehrt, was Sie der Welt geben können, um sie ein ganz klein wenig lebenswerter zu machen, nicht zuletzt auch für Sie selbst. Im Hintergrund dieser Fragen stehen natürlich die riesigen, globalen Krisen, die unser aller Leben immer mehr herausfordern und unsere bisher so stabile Welt erschüttern. Wenn ich das schreibe, leidet Deutschland unter einer großen Hitze und Dürre, befürchtet gleichzeitig im Winter wegen Gasmangels zu frieren und hat Angst vor sozialen Unruhen aufgrund von Inflation und explodierenden Energiekosten. Niemand, auch Sie nicht, können die Augen davor verschließen, dass die Welt in der wir leben, brüchiger geworden ist und vieles dafürspricht, dass das in der nächsten Zeit eher schlimmer als besser wird. Ich weiß, das ist keine gute Botschaft, aber so ist es nun mal. Umso wichtiger ist es, dass wir weder als Gesellschaft, noch als Individuum verzagen und uns unserer Wirkmächtigkeit bewusst bleiben und die Chancen ergreifen, die gerade in solchen Umbruchphasen auf der Straße liegen und nur entdeckt und aufgehoben werden müssen. Vor allem Sie als junger Mensch, sind mehr als noch vor ein paar Jahren herausgefordert, Ihren Teil dazu beizutragen, dass die Welt lebenswert bleibt.

Bei den obigen Fragen geht es trotz aller Krisen überhaupt nicht darum, von sich abzusehen, sich selbst weniger und andere oder die Umwelt wichtiger zu nehmen und das eigene Wohl im Interesse des so bröcklig gewordenen Gemeinwohls und der Natur hintenanzustellen. Es geht vielmehr darum, dass Sie sich bewusster werden, was Sie können, was Ihnen Spaß macht, was Sie interessiert, was Ihre Neugier reizt und deshalb der Welt bieten können, weil es Ihr Ding ist.

Ich empfehle Ihnen, auch für die Beantwortung dieser Fragen, andere Medien als Stift und Papier oder das Schreiben am Rechner auszuprobieren. Es könnte gewinnbringend sein, weil Sie mehr Zugang zu dem bekommen, was sie ausmacht, worüber Sie sich im Alltag wenig oder gar nicht bewusst sind. Lassen Sie sich also von sich selbst überraschen und inspirieren.

Praxisempfehlungen für Woche 11

- Eine STOP-Übung oder eine Atemraumübung immer dann praktizieren, wenn ein Innehalten und Zu-sich-Kommen hilfreich erscheint
- Täglich ca. 20 Minuten mit oder ohne Audioanleitung die Meditationsart praktizieren, die am jeweiligen Tag am passendsten, einfachsten oder angenehmsten erscheint
- Darüber nachdenken, ob und wie die Meditationspraxis weitergehen soll
- Die Tagebuchfragen für Woche 11 beantworten

12. Sitzung: Rückschau, Fazit, Wertschätzung

Das Trainingsprogramm endet mit dieser Sitzung. Vielleicht war es gar nicht anstrengend für Sie und hat einfach nur Spaß gemacht und so gewirkt, wie Sie es sich gewünscht haben. Aber meistens ist ein solches Programm kein Selbstläufer. Gerade dann ziehe ich meinen Hut, wenn Sie es bis hierhin durchgehalten haben. Ich weiß, was es bedeutet, sich immer wieder aufzuraffen, sich immer wieder neu zu motivieren, mit Rückschlägen, Zweifel, Selbstzweifel, Ungeduld und vielen anderen Hürden zurecht zu kommen. Am besten wissen Sie selbst, wie groß die Anstrengung für Sie war, dabei zu bleiben. Auf jeden Fall ist das Ende des Trainings ein guter Anlass, dass Sie sich dafür anerkennen, es gemacht zu haben. Jede Hürde, die Sie während der Trainingswochen überwunden haben, jede Minute, die Sie für das Training und nicht für andere Dinge verwendet haben, sind genug Gründe, sich dafür wertzuschätzen. Vielleicht überlegen Sie, wie Sie diese Wertschätzung sich selbst gegenüber sichtbar oder erlebbar zum Ausdruck bringen können.

Die beiden Abschlussfragen sind Einladungen, ein Fazit zu ziehen, in Bezug auf Ihre Meditationspraxis und in Bezug auf das Trainingsprogramm als Ganzes.

Ich hoffe sehr, dass Ihr Fazit positiv ausfällt. Wenn Sie das Programm tatsächlich bis zum Schluss durchgeführt haben, dann ist die Wahrscheinlichkeit groß, dass Sie vom Training profitiert haben. Je klarer Ihnen ist, was sich für Sie verändert hat im Laufe des Trainings, umso besser verankert es sich in Ihrem Gedächtnis.

Und ich würde mich sehr freuen, wenn der Abschluss des Trainings nicht das Ende ihrer Bemühungen um Achtsamkeit und Meditation wäre. Denn sie sind ja kein Selbstzweck, sondern ein Weg, freundlicher, klüger, kreativer und gelassener auf die Herausforderungen des Lebens zu antworten und weniger automatisch zu reagieren. Dieses achtsame Antworten auf die Höhen und Tiefen des Lebens ist leider keine Kompetenz, die wir irgendwann gelernt haben und dann können, wie Lesen oder Autofahren, sondern sie ist eine Art geistiger Fitness, die wir wie einen Muskel immer wieder trainieren müssen.

Lerntagebuchfragen für Woche 12

Wenn ich zurückschaue auf meine Meditationserfahrungen in diesem Achtsamkeitstraining, was war für mich „be-merkenswert", auch im Sinne von „was möchte ich mir merken"?

Vielleicht hilft es Ihnen, die Fragen zu beantworten, wenn Sie sich an den Anfang des Trainings zurückerinnern und in Ihrem Lerntagebuch die Fragen zu Ihren Meditationserfahrungen durchlesen. Mit welchen Annahmen, Hoffnungen und Befürchtungen sind Sie gestartet, wie haben die Erfahrungen in und mit den Meditationen Ihre Meinung, Haltung und Einstellung zur Meditation verändert und wie stehen Sie jetzt zu ihr.

Was ist für mich das Fazit aus dem Trainingsprogramm? Was war für mich wichtig? Was hat mich berührt? Was hat mich überrascht? Was habe ich gelernt?

Vielleicht sehen Sie sich zur Beantwortung dieser Fragen auch noch mal Ihr Lerntagebuch an. Lassen Sie das ganze Programm anhand Ihrer Antworten noch mal Revue passieren. Ansonsten glaube ich, dass die Fragen für sich sprechen, so dass ich auf weitere Hinweise zu ihrer Beantwortung verzichten kann.

Zum Abschluss Dank und gute Wünsche

Ich danke Ihnen für Ihr Interesse an Achtsamkeit, Ihr Bemühen, sich auf den Weg zu machen, und vor allem dafür, dass Sie sich mit diesem Buch beschäftigt haben. Denn erst Ihre Beschäftigung mit dem Buch, verleiht ihm Sinn.

Ich freue mich, wenn Ihnen das Achtsamkeitsprogramm geholfen hat, besser mit den Belastungen des Studiums umzugehen, und es Ihnen einen neuen Zugang zu sich selbst geebnet hat.

Wenn Sie weiter auf dem Weg der Achtsamkeit bleiben möchten, was mich noch mehr freuen würde, lege ich Ihnen die Hinweise zur Weiterführung der Achtsamkeitspraxis im Anhang ans Herz. Vielleicht finden Sie dort hilfreiche Anregungen, wie Sie auf diesem Weg bleiben oder immer wieder zu ihm zurückfinden können.

Ich wünsche Ihnen einen tollen Semester- und Studienabschluss, eine Berufswahl, die das aus Ihnen herauskitzelt, was in Ihnen drinsteckt und ein erfülltes und andere bereicherndes Leben.

Anhang: Trainingsmaterialien

Meditationsanleitungen

STOP-Übung

Die STOP-Übung ist eine kleine Achtsamkeitsübung zum Innehalten im Tagesablauf. Die Übung ist eine gute Möglichkeit, um im Alltag immer wieder aus den Gedanken, Sorgen, Phantasien über die Zukunft, Erinnerungen, Hader mit Erlebtem und Vergangenem, Abschweifungen und Ablenkungen herauszukommen und wieder mit der gegenwärtigen Realität Kontakt aufzunehmen und das wahrzunehmen, was im Moment tatsächlich ist, sich bewusst zu werden, was man gerade denkt und tut und wie es einem gefühlsmäßig und körperlich geht. Die Übung hilft, sich wieder mit dem zu verbinden, was ist und was jetzt tatsächlich ansteht und sich weniger davon ablenken und bannen zu lassen, was sein sollte und wie es besser wäre.

Wichtig bei der STOP-Übung ist die innere Haltung, mit der sie durchgeführt wird, nämlich interessiert, freundlich, wohlwollend und mit einer annehmenden „Aha-so-ist-das-gerade-bei-mir-Haltung“ ohne Hader oder Selbstkritik.

Um im Tagesverlauf immer wieder an die Übung erinnert zu werden, können Sie das folgende Bild mit der Kurzerklärung und einen kleinen Aufsteller für Ihren Schreibtisch herunterladen und ausdrucken.

https://utb.de/do/10.36198/9783838560472-m02

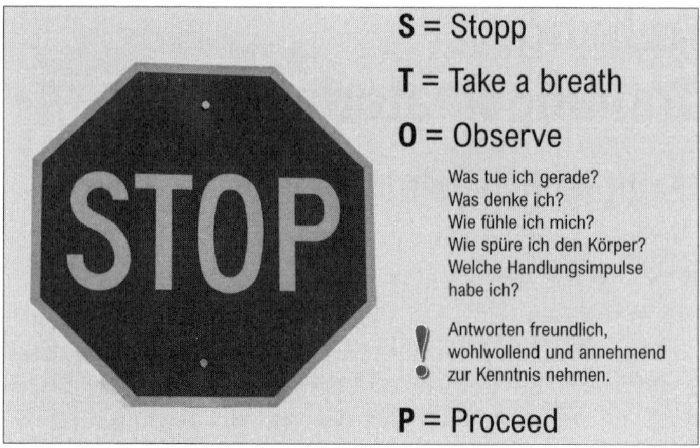

Atemraumübung

Die Atemraumübung ist eine erweiterte STOP-Übung, bei der Sie nach dem Befindlichkeitscheck, dem Observe in der STOP-Übung noch zwei weitere Phasen anhängen: einmal die Sammlung der Aufmerksamkeit beim Atem und dann die Ausdehnung der Aufmerksamkeit auf den Körper als Ganzes.

Eine Audioanleitung für eine fünfminütige Atemraumübung können Sie hier herunterladen und z. B. auf Ihr Smartphone laden, so dass Sie sie immer dabeihaben.

https://utb.de/do/10.36198/9783838560472-m01

Hier ein paar schriftliche Hinweise zur Durchführung einer Atemraumübung. Die Atemraumübung ohne Audioanleitung zu machen, hat den Vorteil, dass Sie sie beliebig kürzen oder verlängern können.

Hinweise zur Durchführung einer Atemraumübung

Vorbereitungsphase

- Die Übung können Sie im Sitzen, Liegen oder auch im Stehen praktizieren.
- Die Aufmerksamkeit nach innen lenken, den Blick senken oder die Augen schließen, falls Sie das dabei unterstützt, sich auf Ihr Innenleben zu konzentrieren.
- Sich daran erinnern, eine interessierte, freundliche und annehmende innere Haltung sich selbst gegenüber einzunehmen und sie so gut es im jeweiligen Moment möglich ist, während der Übung aufrechtzuerhalten bzw. sie immer wieder zu erneuern.

Befindlichkeitscheck

- Die Aufmerksamkeit auf die Körperempfindungen richten: Welche Körperempfindungen kommen von ganz alleine ins Gewahrsein?
- Die Aufmerksamkeit auf die momentane Stimmung oder Gefühlslage richten: Ist sie angenehm, unangenehm, neutral oder von einem bestimmten Gefühl dominiert?
- Die Aufmerksamkeit auf die Gedanken richten: Womit ist der Geist im Moment beschäftigt, mit Erinnerungen, Bewertungen, Planungen, Sorgen, Phantasien usw.?

Sammlung beim Atem

- Die Aufmerksamkeit zum Atem bringen und die durch die Atembewegung verursachten Körperempfindungen bewusst wahrnehmen; falls es Sie unterstützt, mit der Aufmerksamkeit dem Atem zu folgen, eine Körperregion auswählen, wo der

Atem besonders leicht spürbar ist, z. B. an der Bauchdecke, Im Brustbereich oder an der Nasenspitze.
- Kein Problem daraus machen, wenn der Geist vom Atem abschweift; ohne Selbstvorwürfe die Aufmerksamkeit einfach immer wieder zum Atem zurückbringen.

Ausweitung der Aufmerksamkeit auf den Körper als Ganzes

- Die Aufmerksamkeit vom Atem auf Stellen im Körper ausweiten, wo der Atem noch spürbar ist.
- Die Aufmerksamkeit noch weiter auf den ganzen Körper ausweiten und Ihre Haltung bewusst spüren, wie Sie jetzt sitzen, liegen oder stehen und vielleicht die Haut als Grenze des Körpers zur Umgebung spüren.
- Wenn Sie bemerken, dass einzelne Körperregionen angespannt sind oder sich unangenehm anfühlen oder sogar schmerzen, können Sie sich diesen Regionen zuwenden, den Atem dorthin lenken und mit jedem Ausatmen, die Anspannung lockern und, so gut das geht, weicher werden und das Unangenehme da sein lassen.
- Sich bewusst machen, dass mit jedem Einatmen neue Energie in den Körper strömt und mit jedem Ausatmen Verbrauchtes abtransportiert wird.
- Die Übung beenden mit einem kleinen Dankeschön an Sie selbst, dass Sie die Übung gemacht haben.

Bodyscan

Der Bodyscan ist eine Meditation, bei der es darum geht, mit der Aufmerksamkeit durch den ganzen Körper zu wandern und dabei die Körperempfindungen an den verschiedenen Körperstellen bewusst wahrzunehmen. Sie können den Bodyscan im Liegen, Sitzen oder auch im Stehen praktizieren. Meistens wird er im Liegen praktiziert, weil diese Körperhaltung die Entspannung und das Seinlassen auch von unangenehmen Empfindungen am meisten unterstützt. Die Audioanleitung für einen ca. zwanzigminütigen Bodyscan, die Sie hier herunterladen können, bezieht sich deshalb auch auf einen Bodyscan im Liegen. Sie können aber die Audioanleitung auch für einen Bodyscan im Sitzen oder Stehen nutzen. Meistens geht das problemlos.

https://utb.de/do/10.36198/9783838560472-m04

Den Bodyscan nicht im Liegen zu praktizieren, ist eine gute Möglichkeit, eine der häufig auftretenden Phänomene beim Bodyscan zu vermeiden: das Einschlafen. Vielleicht gehören Sie auch zu den Menschen, die regelmäßig zu wenig schlafen, einfach weil Ihr Leben so ausgefüllt ist, so vieles wichtiger oder interessanter scheint als schlafen. Das ist zwar sehr verbreitet, aber dem Körper tut der kontinuierliche Schlafmangel nicht gut. Deshalb versucht er, Schlaf zu bekommen, wo immer die inneren und äußeren Umstände es möglich machen. Und diese Umstände sind ideal beim Bodyscan: Liegen, Entspannung, Stille, keine äußeren Reize. Nur der mehr oder weniger stabile Wille, aufmerksam zu sein, sind ein Schlafhindernis, das ein starkes Schlafbedürfnis aber mit Leichtigkeit überwinden kann. Mit anderen Worten: Der Bodyscan kann wie eine Schlaftablette wirken. Ich möchte Ihnen deshalb zwei Tipps mit auf den Meditationsweg geben:

1) Einschlafen ist ok. Es zeigt oft nur, wie groß das Schlafbedürfnis ist. Gestehen Sie sich deshalb auch zu, den Bodyscan als Schlaftablette ohne Nebenwirkungen zu nutzen, wenn es Ihnen guttut. Es geht ja um Sie. Meditation ist kein Selbstzweck.
2) Wenn Sie aber den Bodyscan trotz Ihres Schlafbedürfnisses als Meditation durchhalten möchten, weil er Ihnen auf andere Weise guttut, dann gibt es mehrere Möglichkeiten, die Wachheit zu unterstützen. Wie oben schon gesagt, können Sie den Bodyscan auch im Sitzen oder sogar im Stehen praktizieren. Wenn Sie ihn im Liegen machen, können Sie damit experimentieren, die Augen offenzuhalten oder die Unterarme aufzustellen, so dass Sie automatisch wach werden, wenn die Arme beim Einschlafen drohen, auf den Boden zu fallen. Auf jeden Fall bleiben Sie wohlwollend Ihrer Schläfrigkeit gegenüber. Kritisieren Sie sich nicht für sie und versuchen Sie sie nicht abzustellen. Lassen Sie sich auf die Erfahrung ein, wie es ist, den Bodyscan *mit* Schläfrigkeit zu praktizieren. Und wenn Sie dann doch einschlafen, war halt das Schlafbedürfnis dringlicher und wichtiger für Sie. Kein Problem.

Zur Vorbereitung für den Bodyscan sorgen Sie dafür, dass Sie während der Meditation möglichst ungestört sind und Sie auch Ihr Handy in Ruhe lässt. Vielleicht schon eine erste Herausforderung. Meine Empfehlung: Nehmen Sie sie an. Nur dann können Sie feststellen, ob Ihre Befürchtungen zutreffen, dass Sie das nicht durchhalten oder dass Sie während der Übung dauernd an Ihr Handy denken. Meistens tun Sie das nämlich nicht. Und wenn doch, nehmen Sie es nicht so tragisch und gestehen Sie sich zu, dass Sie Zeit und Übung brauchen, um sich von Ihrer Handyabhängigkeit zu lösen.

Wenn Sie den Bodyscan im Liegen machen, dann ist die Nutzung einer Yogamatte oder eines weichen Teppichs meistens besser als das Bett, das als solches schon das Signal Schlafen setzt.

Für den Kopf empfiehlt sich ein kleines Kopfkissen. Mehr Equipment ist meistens nicht nötig, es sei denn, Sie haben irgendwelche körperlichen Probleme mit dem Liegen, dann sorgen Sie vielleicht mit weiteren Kissen, z. B. unter den Kniegelenken dafür, dass Sie bequem auf dem Rücken liegen können.

Wenn Sie den Bodyscan im Sitzen machen möchten, lesen Sie am besten weiter unten die Hinweise zur Haltung in der Sitzmeditation durch. Beim Bodyscan im Stehen, ist nur wichtig, dass Sie sich möglichst aufrecht und gleichzeitig entspannt hinstellen und die Hände einfach neben dem Körper hängen lassen. Je nachdem, was für Sie angenehmer ist, lassen Sie die Augen offen oder geschlossen.

Wenn Sie den Bodyscan ohne Audioanleitung machen, können Sie damit experimentieren, wie es für Sie ist, wenn Sie sich gar keine oder eine bestimme Zeitdauer vorgeben, deren Ende Sie sich durch Ihr Handy signalisieren lassen können. Vielleicht probieren Sie auch aus, Ihre zeitliche Orientierung während des Bodyscan durch regelmäßige Handysignale, z. B. alle 5 Minuten zu unterstützen. Hierfür gibt es spezialisierte Apps, die Sie unter dem Stichwort „Meditation Timer“ finden können.

Hinweise zur Durchführung eines Bodyscan im Liegen

Vorbemerkung

Es gibt verschiedene Möglichkeiten, im Rahmen eines Bodyscan durch den Körper zu reisen. Man kann am Kopf beginnen und bei den Füßen enden oder umgekehrt oder in der Mitte beginnen und nach oben und unten wandern. Tun Sie es so, wie es für Sie am einfachsten ist. Aus meiner Erfahrung gibt es keine grundsätzlichen Qualitätsunterschiede bei der Art der Rundreise.

Die folgende Anleitung und auch die Audioanleitung folgen der Reiseroute von unten nach oben. Aber fühlen Sie sich frei, die Route auch nach Ihrem Gutdünken abzuwandeln. Das Wesentliche, nämlich die innere Haltung, ist in allen Routen dieselbe.

Vorbereitungsphase

- Den Bodyscan damit beginnen, zu spüren wie es sich jetzt anfühlt, hier zu liegen, mit offenen oder geschlossenen Augen, je nachdem, was sich für Sie im Moment gut anfühlt.
- Die Kontaktflächen mit der Unterlage spüren: an den Fersen, den Beinen, dem Gesäß, dem Rücken und am Kopf
- Die Aufmerksamkeit zum Atem bringen und spüren, wie er von ganz alleine in Sie einströmt und Sie wieder verlässt. Sich mit jedem Ausatmen noch etwas tiefer in die Matte sinken lassen und überflüssige Anspannungen loslassen.
- Sich daran erinnern, dass es im Bodyscan *nicht* darum geht, irgendetwas zu erreichen, beispielsweise einen bestimmten wohligen oder entspannten Zustand, eine bestimmte Stimmung oder eine möglichst differenzierte Körperwahrnehmung, sondern nur darum, alles so wohlwollend und freundlich wie möglich zur Kenntnis zu nehmen, was sich von Moment zu Moment von ganz alleine zeigt und bewusstwird.
- Sich daran erinnern, dass es nicht wichtig ist, ob überhaupt etwas oder was gespürt wird, ob es angenehm oder unangenehm, intensiv oder kaum wahrnehmbar ist, sondern dass es nur wichtig ist, eine offene, annehmende Haltung gegenüber dem aufrechtzuerhalten, was sich zeigt, egal was das ist.
- Sich daran erinnern, dass Gedanken, Geräusche oder andere Ereignisse dazugehören und immer wieder von den Körperempfindungen ablenken können und lediglich Anlass sind, sich möglichst ohne Selbstvorwürfe oder Hader mit äußeren Umständen wieder freundlich und wohlwollend den Körperempfindungen zuzuwenden.
- Sich daran erinnern, dass es Ihre Entscheidung ist, welche der Möglichkeiten Sie wählen, mit schmerzhaften Körperempfindungen umzugehen: Die Aufmerksamkeit zur schmerzenden Körperregion lenken und dorthin atmen, um die Schmerzen zu erforschen oder die Aufmerksamkeit auf andere nicht schmerzende Körperregionen, z. B. den Atem, lenken, um Abstand zu den Schmerzen zu bekommen, die Meditationshaltung verän-

dern, um die Schmerzen zu reduzieren oder als letzte Option, den Bodyscan abbrechen.

Mit der Aufmerksamkeit durch die Körperregionen wandern

- Den Bodyscan mit dem linken Fuß beginnen: Welche Empfindungen an und im linken Fuß sind wahrnehmbar. Das können Kühle, Wärme, Feuchtigkeit, Trockenheit, ein Kribbeln, der Kontakt mit der Unterlage, mit Strümpfen, mit der Luft usw. sein.
- Nacheinander weitergehen zum linken Unterschenkel, Kniegelenk und Oberschenkel und zum Abschluss das linke Bein als Ganzes spüren.
- Vom linken Bein ins rechte Bein wechseln und das rechte Bein genauso wie vorher das linke von unten nach oben durchgehen und zum Abschluss das rechte Bein als Ganzes spüren.
- Die Aufmerksamkeit zum Beckenbereich wandern lassen, das Gesäß, die Körperöffnungen und den Unterbauch spüren.
- Sich dann nacheinander auf den unteren Rücken und dann auf den oberen Rücken mit den Schulterblättern konzentrieren. Die Kontaktflächen des Rückens mit der Unterlage oder die Atembewegungen im Rücken oder an den Schulterblättern lassen sich meistens gut und einfach spüren. Falls Sie Verspannungen im Rückenbereich bemerken, können Sie dorthin atmen und mit jedem Ausatmen weicher werden und die Verspannungen, so gut das im jeweiligen Moment geht, lockern.
- Die Aufmerksamkeit weiterwandern lassen nach vorne zum Bauchbereich, zur Bauchdecke, deren Atembewegungen meist leicht zu spüren sind und auch zu dem, was vielleicht im Bauch an Verdauungsbewegungen und Empfindungen bemerkbar ist.
- Dann zum Brustbereich gehen, zum Heben und Senken des Brustkorbs und wahrnehmen, was außer dem Atmen in diesem Körperbereich an der Haut oder auch in der Brust spürbar ist.
- Weiter die Aufmerksamkeit nach oben zum Schulterbereich mit den Schultergelenken und anschließend zum Hals wandern lassen. Vielleicht Verspannungen spüren und mit dem Atem lockern, so gut das geht.

- Dann beide Arme und Hände gleichzeitig in den Fokus nehmen und nacheinander die Aufmerksamkeit von den Fingern über die Handinnen und -außenflächen, die Handgelenke, die Unterarme, die Ellenbogengelenke bis zu den Oberarmen wandern lassen.
- Am Ende des Bodyscan, die Aufmerksamkeit auf den Kopf richten und die verschiedenen Teile des Kopfes der Reihe nach in den Fokus nehmen: Hinterkopf, Kiefergelenk, Unterkiefer, Kinn, Mundbereich, auch innen, Backen, Nase, Augen, Stirn, Schläfen, Ohren, Schädel, Scheitelpunkt.

Abschluss des Bodyscan

- Die Aufmerksamkeit von Kopf bis zu den Füßen ausdehnen und den Körper als Ganzes spüren, wie er hier liegt und „geatmet" wird.
- Sich dafür anerkennen, sich die Zeit für den Bodyscan genommen zu haben.
- Dann den Bodyscan langsam, nicht hastig beenden: Die Augen öffnen, die Umgebung wahrnehmen, sich langsam bewegen, sich strecken und räkeln und dann zuerst zum Sitzen und danach zum Stehen kommen.

Achtsames Yoga im Stehen

Bei dieser Meditation geht es in erster Linie darum, die Körperempfindungen bewusst mitzubekommen, die durch Bewegungen ausgelöst werden. Zu einer solchen Bewegungsmeditation eignen sich im Prinzip alle Bewegungen und Bewegungsarten. Es müssen keine Yogaübungen sein. Yoga hat den großen Vorteil, dass die Dehn- und Balanceübungen auch sehr langsam gemacht werden können und es Zeit gibt, in den Körper zu spüren und sich auch mit den Grenzen seiner Beweglichkeit, Dehnbarkeit und Balance anzufreunden.

Das halte ich deshalb für so wichtig, weil das Leben in unserer Gesellschaft allgemein und Ihr Leben als Student oder Studentin im Besonderen davon geprägt ist, mentale Anforderungen zu erfüllen, was uns alle leicht dazu verleitet, unsere körperlichen Grenzen zu ignorieren. Ich verstehe achtsames Yoga auch als eine Übung, in der wir lernen, freundlich und liebevoll auf den Körper zu hören und ihm die Führung zu überlassen und nicht unseren Ansprüchen oder Idealvorstellungen.

Das klingt einfacher als es ist. Unsere Automatismen im Umgang mit dem Körper sind auf Leistung getrimmt: höher, schneller, besser, schöner. Sich mit den körperlichen Grenzen anzufreunden ist da nicht sehr populär und läuft vielen unserer Ambitionen zuwider. Machen Sie sich deshalb immer wieder klar, dass achtsames Yoga kein Training ist *mit dem Ziel*, sich immer besser dehnen und Körperpositionen oder Balance immer länger halten zu können. Das ist zwar meistens auch *das Ergebnis* einer kontinuierlichen achtsamen Yogapraxis. Das Besser, Länger und Tiefer ist dann so etwas wie eine willkommene, unbeabsichtigte Nebenwirkung. Sie sollte aber nicht die Absicht hinter den achtsamen Yogaübungen dominieren. Eine solche Haltung hinzubekommen, ist allein schon eine mentale Herausforderung. Deshalb seien Sie nicht zu streng mit sich, wenn sich immer wieder die Absicht in den Vordergrund drängt, mit jedem Mal besser zu werden und im Vergleich mit gestern besser abzuschneiden. Wenn Ihnen das bewusst wird, ist ja schon viel Achtsamkeit im Spiel. Also bleiben Sie locker.

Jetzt bitte ich die vielen Yogalehrer und Yogalehrerinnen um Nachsicht, die sich mit Hingabe bemühen, Ihren Schülerinnen und Schülern möglichst richtige Yogahaltungen beizubringen. Denn beim achtsamen Yoga, so wie ich es verstehe, geht es nicht in erster Linie darum, die Yogahaltungen möglichst korrekt auszuführen, sondern die eigenen Körperempfindungen wahrzunehmen. Die korrekte Ausführung der Yogaübungen ist dagegen zweitrangig, zumindest am Anfang. Mit zunehmender Körperempfindungs-Routine und einer entsprechenden achtsamen Haltung ist es dann auch sinnvoll, sich mehr um eine korrekte Ausführung der einzelnen Übungen zu kümmern.

Wenn Sie also achtsames Yoga ausprobieren möchten, so empfehle ich Ihnen vor allem bei den ersten Malen eine Audioanleitung zu nutzen, so dass Sie sich voll und ganz auf Ihren Körper konzentrieren und bei einzelnen Übungen sogar die Augen schließen können. Da es nicht darum geht, die Yogahaltungen ganz akkurat auszuführen, sondern die eigenen Körperempfindungen zu spüren, empfehle ich Ihnen vor allem als Anfänger, auf *Anleitungsvideos* zu verzichten. Denn auch sehr gute Yoga-Anleitungsvideos, die Sie zuhauf auf Youtube finden können, verleiten Sie dazu, Ihre eigenen Bewegungen mit denen im Video zu vergleichen mit dem Ziel, mit Ihren eigenen Bewegungen möglichst nah an die Bewegungen im Video heranzukommen. Sie beurteilen dann Ihre Bewegungen mehr von außen und spüren sie weniger von innen.

Für eine Yogasequenz, für die Sie unten Schaubilder der einzelnen Yogapositionen finden, können Sie über den Link und QR-Code eine ca. zwanzigminütige Audioanleitung herunterladen. Die Schaubilder können Sie übrigens auch herunterladen, so dass Sie sie ausdrucken und bei den Yogaübungen als visuelle Unterstützung nutzen können.

https://utb.de/do/10.36198/9783838560472-m07

https://utb.de/do/10.36198/9783838560472-m08

Vorbereitungsphase

- Dafür sorgen, dass Sie während der Yogaübungen möglichst nicht gestört werden und zur Decke und zu den Seiten genug Platz haben, um die Arme auszustrecken.
- Sich hinstellen und spüren, wie es ist, jetzt hier in dem jeweiligen Raum zu stehen und zu atmen. Vielleicht einen kurzen Bodyscan machen und Muskelanspannungen, die Sie nicht zum Stehen brauchen, mit jedem Ausatmen loslassen.
- Sich daran erinnern, worum es beim achtsamen Yoga geht, nämlich präsent zu sein und die Körperempfindungen, die von den Yogaübungen hervorgerufen werden, bewusst mitzubekommen, ohne alle andere Erfahrungen, z. B. Geräusche, Gedanken oder Stimmungen auszuschließen.
- Sich daran erinnern, dass die achtsame Bewegung im Prinzip wie jede andere Achtsamkeitsmeditation funktioniert, nämlich das Abwandern der Aufmerksamkeit von den Körperempfindungen nicht persönlich zu nehmen und immer wieder freundlich und geduldig die Aufmerksamkeit zu den Körperempfindungen zurückzubringen.

- Sich daran erinnern, dass es bei den achtsamen Yogaübungen nicht darum geht, die eigenen Leistungsgrenzen auszudehnen, sondern sich dem Körper anzuvertrauen und *seinen* Wünschen nachzukommen. Das bedeutet nicht automatisch, sich möglichst wenig anzustrengen, sondern auf das jeweilige Bedürfnis des Körpers zu hören, das manchmal auch darin besteht, sich kräftig zu dehnen oder sich anzustrengen, dabei aber die körperlichen Grenzen zu beachten, die sich von Tag zu Tag ändern können.

Durchführung der Yogaübungen

Eine detaillierte, schriftliche Beschreibung der einzelnen Yogaübungen ist mühsam zu lesen und noch mühsamer ist es, sie in Bewegung umzusetzen. Ich denke, dass die folgenden Schaubilder gepaart mit der Audioanleitung besser und bequemer für Sie sind, um die Yogasequenz durchzuführen.

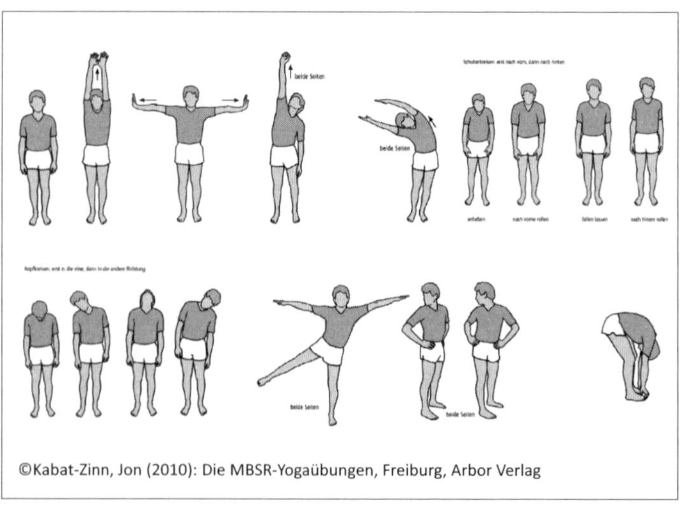

Abbildung 13: Die Yogaübungen

Abschluss der achtsamen Yogaübungen

- Nachspüren, wie sich der Körper nach den Yogaübungen anfühlt. Den Atem spüren, der von ganz alleine in Sie einströmt und Sie wieder verlässt.
- Sich dafür anerkennen, sich die Zeit für die achtsamen Yogaübungen genommen zu haben.
- Die achtsame Yogasequenz beenden.

Sitzmeditation

Die Sitzmeditation ist für viele anspruchsvoller als die bisherigen Meditationen, da es gewissermaßen weniger zu tun gibt. Es gibt keine körperlichen Bewegungen wie beim achtsamen Yoga und auch keine inneren Bewegungen wie beim Bodyscan. Stattdessen geht es darum, die Aufmerksamkeit auf einem Objekt zu halten bzw. den Geist bei diesem Objekt zur Ruhe kommen zu lassen. Aber genau das ist eine Herausforderung. Denn für den Geist ist die Konzentration auf ein Objekt, dass sich vergleichsweise wenig verändert, innerhalb kurzer Zeit langweilig, was er mit Abschweifen, manchmal auch mit Widerstand und Ablehnung beantwortet.

In der Sitzmeditation sind Sie deshalb meistens mehr als in anderen Meditationen mit dem automatischen Reagieren des Geistes konfrontiert, über das Sie nur sehr beschränkte Kontrolle haben. Dieses Paradox, einerseits die Aufmerksamkeit auf ein Objekt halten zu wollen und andererseits immer wieder automatisch von diesem Objekt abgelenkt zu werden, erzeugt schnell Frustrationen, den Impuls, sich noch mehr anzustrengen, um länger die Aufmerksamkeit beim Meditationsobjekt zu halten und das Gefühl, irgendetwas falsch zu machen oder nicht talentiert oder willensstark genug zu sein.

Um sich mit diesem Widerspruch, willentliche Konzentration versus unwillkürliche Abschweifung, anzufreunden, denn das ist der Weg ihn zu überwinden, gibt es förderliche bzw. sehr hinderliche Annahmen oder Vorstellungen über Meditation. Eine sehr hinderliche und trotzdem sehr verbreitete Annahme ist, dass es in der Meditation darum gehen würde, das Denken abzuschalten. Das ist aber weder möglich noch das Ziel der Meditation. Wir denken fast immer, auch in der Meditation. Wenn wir meditieren, üben wir lediglich, uns vom Gedankenstrom nicht mitreißen zu lassen, d. h. die Aufmerksamkeit weniger von den Gedanken bannen zu lassen, mehr Abstand zu ihnen zu bekommen. Das üben wir dadurch, dass wir immer wieder unsere Aufmerksamkeit bewusst auf das Meditationsobjekt lenken und den Gedanken weniger Beachtung schenken. Das ist ein Prozess der viel Geduld, Ausdauer, Akzeptanz und vor allem Freundlichkeit und Mitgefühl mit uns selbst erfordert, um ihn auch zum 1000sten Mal zu durchlaufen, ohne uns Druck und damit Stress zu machen. Denn jeder Anspruch an uns aktiviert unseren Stressmechanismus, der Aufregung, Unruhe, Gedanken und Handlungsimpulse hervorruft.

Eine weitere Hilfe in diesem Entkopplungsprozess von den Gedanken ist es, sie nicht ganz so ernst und so persönlich zu nehmen und sie in erster Linie als mentale Ereignisse im Gehirn zu verstehen, die kommen und gehen, und nicht als Wahrheiten über uns, andere oder die Wirklichkeit.

Die Sitzmeditation, für die Sie hier eine zwanzigminütige Audioanleitung herunterladen können, hat drei Phasen, in denen jeweils andere Meditationsobjekte genutzt werden.

https://utb.de/do/10.36198/9783838560472-m05

In der ersten Phase ist das Meditationsobjekt der Atem. Sie können die Konzentration auf den Atem durch verschiedene mentale „Tätigkeiten“ unterstützen, mit denen Sie in der Meditation experimentieren können:

- Den Fokus der Aufmerksamkeit verändern: Sie können ihn kleiner machen und sich auf die Körperempfindungen des Atmens in einer bestimmten Körperregion konzentrieren, z. B. auf die Bauchdecke, den Brustbereich oder die Nasenspitze. Sie können ihn aber auch größer machen und das Atmen im ganzen Körper spüren, ohne eine bestimmte Region zu fokussieren.
- Das Ein- und Ausatmen innerlich mit dem Wort „ein“ bzw. „aus“ begleiten.

- Die Atemzüge zählen.
- Den Atem erforschen, indem Sie auf einzelne Aspekte des Atmens achten, z. B. wie lange dauert die Einatmung, wie lange dauert die Ausatmung, gibt es Pausen zwischen Einatmung und Ausatmung bzw. dem Ausatmen und dem nächsten Einatmen und wie lange sind sie? Wie verändert sich der Atemstrom während des Ein- bzw. Ausatmens?

In der zweiten Phase ist das Meditationsobjekt der Körper als Ganzes sowie alle spezifischen Körperempfindungen, die durch das Sitzen, Atmen oder durch innere Körperprozesse hervorgerufen werden. Meistens tauchen über kurz oder lang spezifische Körperempfindungen in bestimmten Körperregionen auf, z. B. ein Kribbeln im Fuß. Sie können dann mit der Aufmerksamkeit dorthin gehen und das Kribbeln bewusst spüren, bis sich eine andere Körperempfindung bemerkbar macht oder Sie sich entscheiden den Fokus Ihrer Aufmerksamkeit weit zu machen und den Körper wieder als Ganzes zu spüren. Sie brauchen nicht nach irgendwelchen Empfindungen zu suchen. Das strengt an und aktiviert den Stressmechanismus. Bleiben Sie, so gut es geht, gelassen und warten Sie einfach ab, welche Empfindungen Ihnen von ganz alleine bewusstwerden. Falls Sie zu viele Empfindungen auf einmal überschwemmen, können Sie jederzeit den Atem nutzen, um wieder etwas zur Ruhe zu kommen.

Mit unangenehmen oder sogar schmerzhaften Körperempfindungen können Sie genauso umgehen wie bei allen anderen Meditationen. Sie können sich der unangenehmen Körperempfindung zuwenden und sie erforschen. Sie können in die jeweilige Körperstelle hineinatmen und wieder aus ihr herausatmen, am besten mit einer liebevollen, fürsorglichen Haltung. Sie können sich von den Schmerzen abwenden, wenn sie zu groß sind und die Aufmerksamkeit auf eine andere Stelle im Körper richten, die nicht schmerzt oder auf den Atem, wenn das angenehm ist. Oder Sie können sich bewusst entscheiden, Ihre Haltung zu verändern und sich bewegen.

In der dritten Phase der Meditation richten Sie Ihre Aufmerksamkeit auf die Geräuschkulisse, die immer da ist. Hören Sie, was es zu hören gibt, ohne nach Geräuschen zu suchen. Es ist auch völlig in Ordnung, nichts zu hören. Das ist wie die Pausen in der Musik. Sie gehören dazu. Nehmen Sie einfach wahr, was ganz automatisch an Ihr Ohr dringt, wie ein Mikrofon, dass alles aufnimmt, was an Geräuschen und Tönen da ist. Was wir hören, regt schnell Gedanken an: Was ist das für ein Geräusch? Wo kommt es her? Was ist das für ein Vogel, der singt? Was ist das für ein Auto, das vorbeifährt? Wer redet da? Woran erinnert mich das Geräusch? Um weniger von solchen Gedanken vom Hören abgelenkt zu werden, hilft es, sich auf die Qualität der Geräusche und Töne zu konzentrieren. Sind sie kurz, langanhaltend, abnehmend, zunehmend, hell, dunkel, geräuschhaft, sonor usw.?

Wie ich oben in den Ausführungen zur sechsten Sitzung schon angemerkt habe, spielt die Haltung bei der Sitzmeditation eine wichtige Rolle, wenn auch nicht die wichtigste. Sitzen Sie so, dass Ihre Sitzhaltung Stabilität, Wachheit und Entspannung gleichermaßen unterstützt. Die Möglichkeiten, die Sie für einen solchen Sitz haben, werden in dem Video von Alexander Poraj[44], das ich oben schon erwähnt habe, sehr gut erläutert. Meistens reichen die Sitzutensilien aus, die Sie haben, um einen passenden Meditationssitz zu finden. Experimentieren Sie mit Ihnen. Probieren Sie Stühle, Hocker, zusammengerollte Decken oder Kissen aus. Sie werden merken, welcher Sitz Ihnen am besten zusagt.

Vorbereitungsphase

- Dafür sorgen, dass Sie während der Sitzmeditation möglichst nicht gestört werden.
- Falls keine gesprochene Meditationsanleitung genutzt wird, sich eine Zeit vorgeben und sich die Phasen beispielsweise durch eine Meditation Timer App signalisieren lassen.

44 Poraj, Alexander (2016): Tipps zur richtigen Haltung beim Meditieren von Zen-Meister Alexander Poraj https://www.youtube.com/watch?v=Ap89d-ST_5o&t=62s

- Eine angenehme, aufrechte Sitzposition finden.
- Die Hände entspannt in den Schoß legen oder auf die Beine.
- Die Kontaktflächen der Füße und des Gesäßes mit der Unterlage spüren, und je nach Sitz auch den Kontakt der Beine und Knie mit der Matte.
- Die Augen schließen oder den Blick unscharf und weich werden lassen und leicht nach unten schauen.
- Sich aufrichten und den Brustraum weiten. Den Raum einnehmen, der dem Körper zusteht. Würdevoll sitzen.
- Sich bewusst entspannen. Den Körper von oben nach unten durchgehen und überflüssige Anspannungen mit jedem Ausatmen loslassen. Weicher und schwerer werden.
- Sich daran erinnern, worum es in der Sitzmeditation geht, nämlich einerseits die Aufmerksamkeit beim jeweiligen Meditationsobjekt zu sammeln und andererseits alles was von Moment zu Moment an anderen Erfahrungen auftaucht, willkommen zu heißen bzw. sich bewusstzuwerden, welche ablehnenden Reaktionen durch die Gedanken, Gefühle, Stimmungen oder äußere Störungen hervorgerufen werden und diese Reaktionen annehmen und sich mit ihnen anfreunden.
- Sich daran erinnern, dass die Unterbrechung und Ablenkung der Konzentration auf das Meditationsobjekt nicht vermeidbar ist und dass das freundliche, geduldige, immer wiederholte Zurückbringen der Aufmerksamkeit zum Meditationsobjekt ein wesentliches Element der Meditation ist.

Durchführung der Sitzmeditation

- Die Aufmerksamkeit zum Atem bringen und die körperlichen Empfindungen des Atems bewusst spüren.
- Falls es die Konzentration auf die Atemempfindungen unterstützt, eine Körperstelle auswählen, wo der Atem möglichst leicht und intensiv wahrnehmbar ist, z. B. an der Bauchdecke, die sich hebt und senkt, im Brustbereich, der sich ausdehnt oder zusammenzieht oder an der Nasenspitze, wo der ein- und ausströmende Atem gut spürbar ist.

- Mit der Aufmerksamkeit den Atemempfindungen folgen, die ganze Länge der Einatmung und die ganze Länge der Ausatmung spüren, so gut das geht.
- Den Atem von ganz alleine fließen lassen, ohne ihn zu verändern, zu vertiefen oder irgendwie zu kontrollieren; sich dem Atem anvertrauen.
- Das Bewusstwerden von gedanklichen Abschweifungen als Moment der wieder hergestellten Achtsamkeit begrüßen, vielleicht sich bewusstwerden, worin die Abschweifung bestanden hat und dann die Aufmerksamkeit sanft, freundlich und gleichzeitig bestimmt wieder zum Spüren des Atems zurückbringen.
- Diesen Prozess des Zurückkommens zum Atem immer wieder wiederholen, mit Akzeptanz, Freundlichkeit, Verständnis und Geduld möglichst ohne Selbstkritik und ohne Anspruch, die Aufmerksamkeit beim nächsten Mal länger beim Atem zu halten.
- Wenn das Ende der ersten Phase der Sitzmeditation signalisiert wird, den Aufmerksamkeitsfokus weiter werden lassen und sich bewusstwerden, an welchen Stellen im Körper der Atem auch noch zu spüren ist, z. B. im Rücken, an den Schulterblätter, in den Armen.
- Den Fokus noch weiter machen und den Körper als Ganzes spüren, wie es ist, hier zu sitzen und zu atmen und vielleicht die Haut als äußere Grenze des Körpers spüren.
- Wenn sich spezifische Empfindungen an einzelnen Körperregionen zeigen, mit der Aufmerksamkeit dorthin gehen, sich Zeit nehmen die Empfindungen zu erforschen, dann zur nächsten Körperempfindung gehen, die sich zeigt oder den Fokus wieder ausweiten auf den Körper als Ganzes. Schnelles Hin- und Herspringen zwischen verschiedenen Körperempfindungen vermeiden.
- Nicht nach Körperempfindungen suchen oder sich anstrengen, möglichst genau und viel zu spüren.
- Alle Körperempfindungen, auch die unangenehmen, so annehmend wie möglich zur Kenntnis nehmen und gegebenenfalls

sich auch der spontanen Abwehrreaktionen und Widerstände bewusstwerden und sich auch mit ihnen anfreunden.

- Auf Abschweifungen genauso reagieren wie bei der Konzentration auf den Atem.
- Falls zu viele Körperempfindungen gleichzeitig auftauchen und verwirren, die Konzentration wieder beim Atem zur Ruhe kommen lassen.
- Wenn das Ende der zweiten Phase der Sitzmeditation signalisiert wird, die Körperempfindungen in den Hintergrund treten lassen und die Aufmerksamkeit auf das Hören richten.
- Geräusche und Töne in der Ferne, in der Nähe oder vom eigenen Körper bewusst wahrnehmen und ihnen mit der Aufmerksamkeit folgen.
- Auf die Geräusch- und Tonqualitäten achten, ob die Geräusche und Töne z. B. schrill, melodiös, hell, dunkel, kurz oder langanhaltend sind.
- Geräuschen und Tönen mit der Aufmerksamkeit folgen, so dass auch ihr Auftauchen, Zu- und Abnehmen und Verschwinden wahrgenommen werden kann.
- Alles Gehörte so annehmend, akzeptierend und willkommen heißend wie möglich zur Kenntnis nehmen bzw. sich der Abwehrreaktionen auf unangenehme Geräusche oder das Ende von angenehmen Geräuschen bewusstwerden.
- Nicht nach Geräuschen oder Tönen suchen oder sich anstrengen, möglichst viel und genau zu hören, auch Stille als Teil der Geräuschkulisse akzeptieren.
- Auf Gedanken über das Gehörte oder andere Abschweifungen genauso reagieren wie bei der Konzentration auf den Atem: immer wieder freundlich und gleichzeitig bestimmt zum bewussten Wahrnehmen der Geräuschkulisse zurückkommen.

Abschluss der Sitzmeditation

- Wenn das Ende der dritten Phase der Sitzmeditation signalisiert wird, die Geräusche in den Hintergrund treten lassen und die Aufmerksamkeit zum Abschluss wieder auf den Körper als

Ganzes richten und spüren, wie es jetzt ist, hier zu sitzen und zu atmen.
- Sich dafür anerkennen, sich die Zeit für die Sitzmeditation genommen zu haben.
- Die Augen öffnen, den spontanen Bewegungsimpulsen folgen und die Sitzmeditation ohne Hektik beenden.

Gehmeditation

Das Alltagsbewusstsein, in dem wir uns meistens befinden, ist davon geprägt, dass wir etwas haben oder erreichen wollen oder etwas verändern wollen, was uns stört und dass wir mit unseren Gedanken umherwandern, an Vergangenes oder Zukünftiges denken, uns Sorgen machen oder mit der Vergänglichkeit von Schönem und Angenehmem hadern. In der Meditation üben wir, die Aufmerksamkeit in der Gegenwart zu stabilisieren, die Erfahrungen, die wir von Moment zu Moment machen, weniger zu bewerten und zu beurteilen und dadurch innerlich ruhiger zu werden. Eine Hilfe, um die Aufmerksamkeit in der Gegenwart zu verankern und den Geist zur Ruhe kommen zu lassen, ist die Konzentration auf bestimmte Objekte, z. B. den Atem, die Körperempfindungen oder die Geräusche wie in der Sitzmeditation oder auch das Gehen.

Die Gehmeditation ist eine gute Alternative zur Sitzmeditation, gerade wenn wir aufgewühlt oder schläfrig sind oder sowieso schon lange gesessen haben. Bei der Gehmeditation ist das Meditationsobjekt der Prozess des Gehens und was er an Körperempfindungen auslöst, vor allem in den Füßen und Beinen. Der Fokus der Aufmerksamkeit kann aber auch auf weitere Bereiche des Körpers und auf das Atmen ausgedehnt werden. Grundsätzlich funktioniert die Gehmeditation genauso wie die Sitzmeditation.

Die Gehmeditation hat gegenüber der Sitzmeditation oder auch den achtsamen Bewegungsübungen den Vorteil, dass sie eigentlich keinen besonderen Raum und auch keine spezielle Zeit braucht. Sie kann drinnen oder draußen praktiziert werden und im Prinzip kann jedes Gehen, das im Alltag meistens dazu dient, von A nach B zu kommen, auch zu einer Gehmeditation gemacht werden. Es ist auch nicht notwendig, die Gehmeditation in einem sehr langsamen Schritttempo durchzuführen, so dass es für Andere nicht erkennbar ist oder komisch wirkt, wenn wir eine Gehmeditation machen.

Es ist allerdings hilfreich, sich mit der Gehmeditation in einem langsamen Schritttempo und in einem geschützten Raum vertraut zu machen. Deshalb bezieht sich die etwa zwanzigminütige Audioanleitung, die Sie hier herunterladen können, auf die klassische Form der Gehmeditation, bei der man eine relativ kurze Strecke immer wieder hin und her geht. Diese strenge Form der Gehmeditation unterstützt die Konzentration. Äußere sinnliche Reize und damit zusammenhängende Gedanken, Assoziationen und Bewertungen werden reduziert und das Hin- und Hergehen verdeutlicht, dass es bei der Gehmeditation nicht darum geht, ein Ziel zu erreichen, sondern nur darum, das Gehen als einen Vorgang wahrzunehmen, der sich von Moment zu Moment entfaltet und mit vielen Körperempfindungen verbunden ist.

https://utb.de/do/10.36198/9783838560472-m06

Vorbereitungsphase

- Einen ruhigen Ort drinnen oder draußen aufsuchen, an dem Sie drei bis sechs Meter zur Verfügung haben, um hin und her zu gehen und möglichst wenig während der Gehmeditation gestört zu werden.
- Falls keine gesprochene Meditationsanleitung genutzt wird, sich eine Zeit vorgeben und sich das Ende der Meditation z. B. durch eine Meditation Timer App signalisieren lassen.
- Sich an einen der beiden Wendepunkte der Gehstrecke hinstellen, den Oberkörper aufrichten, so dass der Atem frei fließen kann, die Hände neben dem Körper hängen lassen oder vor dem Bauch falten.
- Den Blick ein, zwei Meter vor sich auf den Boden richten.
- Das Gewicht des Körpers auf den Fußsohlen spüren.
- Den Atem wahrnehmen, ohne ihn zu verändern.

- Sich bewusst entspannen. Den Körper von oben nach unten durchgehen und überflüssige Anspannungen mit jedem Ausatmen loslassen. Weicher und schwerer werden.
- Um die Füße und Beine noch besser zu spüren und die Aufmerksamkeit auf sie auszurichten, leicht hin- und herschwanken und die kleinen Muskelbewegungen in den Füßen, Fußgelenken und Beinen wahrnehmen, die durch das Schwanken ausgelöst werden, um nicht hinzufallen.
- Sich daran erinnern, worum es in der Gehmeditation geht, nämlich einerseits die Aufmerksamkeit beim Gehen zu sammeln und andererseits alle anderen, von Moment zu Moment auftauchenden Erfahrungen, willkommen zu heißen, was sich auch auf Gedanken, Gefühle, Stimmungen oder äußere Störungen bezieht.
- Sich daran erinnern, dass die Unterbrechung und Ablenkung der Konzentration auf den Gehprozess nicht vermeidbar ist und dass das freundliche, geduldige, immer wiederholte Zurückbringen der Aufmerksamkeit zum Gehen ein wesentliches Element der Meditation ist.

Durchführung der Gehmeditation

- Mit dem Gehen beginnen, das Gewicht auf einen Fuß verlagern, den anderen Fuß bewusst vom Boden abheben, nach vorne schieben und wieder absetzen, das Gewicht von einem Fuß auf den anderen verlagern und den nächsten Schritt mit voller Aufmerksamkeit machen.
- In einem langsamen Tempo einen Schritt nach dem anderen machen, um Zeit zu haben, die Gewichtsverlagerung, das Abheben, das Nachvorneschieben und das Absetzen eines Fußes und die vielen Körperempfindungen des Gehens zu spüren.
- Am Ende der Gehstrecke kurz innehalten und sich bewusst umdrehen, d. h. darauf achten, was die Füße, die Beine beim Umdrehen machen und dann wieder die gleiche Strecke zurückgehen bis zum Ausgangspunkt, dort wieder umdrehen und die Strecke erneut gehen, und so weiter.

- Die Aufmerksamkeit beim Gehen halten, so gut das im jeweiligen Moment möglich ist.
- Wenn die Aufmerksamkeit abgewandert ist, was immer wieder passiert und sich nicht verhindern lässt, sich bewusst machen, was die Aufmerksamkeit in Bann gezogen hat, z. B. Sorgen, Erinnerungen, Bewertungen, Geräusche, Gefühle, und dann die Aufmerksamkeit sanft, freundlich, geduldig und so bestimmt wie möglich zum Gehen zurückbringen.
- Eventuell damit experimentieren, das Schritttempo zu verändern und etwas langsamer oder etwas schneller zu gehen, um herauszufinden welches Tempo im jeweiligen Moment am besten die Konzentration unterstützt.
- Eventuell damit experimentieren, den Fokus der Aufmerksamkeit enger oder weiter werden zu lassen, um den Fokus zu finden, der im jeweiligen Moment am besten die Konzentration unterstützt. Dabei können solche oder ähnliche Fragen hilfreich sein: Wie bewegt sich die Fußsohle beim Abheben des Fußes, wie beim Aufsetzen? Was machen die Zehen beim Hochheben oder Aufsetzen des Fußes? Welche Empfindungen sind in den Fußgelenken in den verschiedenen Phasen des Gehprozesses spürbar, welche Empfindungen im Unterschenkel, im Kniegelenk, im Oberschenkel? Wie fließt der Atem beim Gehen? Welche Empfindungen und Bewegungen werden durch das Gehen im Becken, Oberkörper oder an den Armen ausgelöst?
- Eventuell die Schritte mit dem linken Fuß innerlich mit dem Wort „links“ und die Schritte mit dem rechten Fuß innerlich mit „rechts“ begleiten, wenn der Geist sehr aufgewühlt ist.

Abschluss der Gehmeditation

- Am Ende der Gehmeditation wieder zum Stehen kommen. Den Körper als Ganzes wahrnehmen und den Atem spüren.
- Sich dafür anerkennen, sich die Zeit für die Gehmeditation genommen zu haben.
- Die Gehmeditation beenden.

Achtsames Spazieren

Das achtsame Spazieren ist eine besondere Form der Gehmeditation, bei der die Aufmerksamkeit mehr auf die äußeren sinnlichen Erfahrungen und weniger auf die inneren Erfahrungen des Gehprozesses gerichtet wird. Das Meditationsobjekt ist genau das, was so häufig im Alltag gar nicht wahrgenommen wird, weil es meistens vom Autopiloten als nicht relevant von der Bewusstseinsbühne verbannt wird, nämlich unsere unmittelbare sinnlich erfahrbare Umgebung. Die ungeheure Vielfalt dessen, was wir sehen, hören, riechen oder an der Haut fühlen, spielt in unserer bewussten Erfahrung meistens keine Rolle. Dieses sinnliche Universum aufmerksamer wahrzunehmen, ist der Fokus dieser Meditationsform. Es geht also in erster Linie um das bewusste Wahrnehmen der visuellen, auditiven, taktilen und olfaktorischen Erfahrungen, die wir permanent von Moment zu Moment machen. Dabei werden alle anderen Erfahrungen natürlich nicht ausgeschlossen.

Abschweifungen, die beim achtsamen Spazieren genauso wenig vermeidbar sind, wie in allen anderen Meditationen, werden genauso beantwortet wie in anderen Meditationen. Wenn sie bewusstwerden, wird die Aufmerksamkeit sanft, freundlich und gleichzeitig bestimmt zum Meditationsobjekt, den sinnlichen Erfahrungen zurückgeführt, so gut das im jeweiligen Moment geht.

Zum achtsamen Spazieren brauchen Sie eigentlich keine besondere Umgebung, kein besonderes Wetter und keine besondere Atmosphäre. Sonne oder Regen, Stadt oder Land, Ruhe oder Hektik sind im Prinzip gleichermaßen gut. Wo, wann oder wohin Sie gehen, ist egal. Allerdings ist die Spaziergangmeditation leichter und meistens auch erholsamer in einer natürlicheren Umgebung, z. B. in einem Park oder im Wald. Empfehlenswert ist nur, sich alleine auf den Weg zu machen, es sei denn, die Begleitung macht die Spaziergangmeditation mit. Das bedeutet, dass zumindest für die Dauer der Meditation geschwiegen wird.

Für das achtsame Spazieren gibt es keine Audioanleitung, da ein wesentlicher Erfahrungskanal, nämlich das Hören durch eine Audioanleitung blockiert wäre. Andererseits ist das achtsame Spazieren eigentlich eine Meditationsform, die einfach zu praktizieren ist, da wir in besonderen Situationen gewohnt sind, bestimmte sinnliche Erfahrungen bewusst wahrzunehmen, sei es beim Sonnenuntergang in den Ferien, sei es beim Lauschen auf eine seltene Vogelstimme oder beim Spüren eines starken Windes auf der Haut. Der einzige Unterschied ist, dass wir beim achtsamen Spazieren dieses bewusste Wahrnehmen ausdehnen auf die gesamte Dauer der Spaziergangmeditation.

Auch wenn die Konzentration auf sinnliche Erfahrungen oft leichter fällt als die Konzentration z.B. auf den Atem und auch leichter aufrechterhalten werden kann, so sollten Sie nicht unterschätzen, dass auch diese Meditationsform herausfordernd sein kann, wenn Sie sie ernst nehmen und nicht einfach nur spazieren gehen. Das können Sie natürlich jederzeit tun. Es sollte aber klar sein, dass das Spazieren dann keine Meditation mehr ist, genauso wie das Einschlafen beim Bodyscan völlig ok, aber eben keine Meditation mehr ist. Deshalb überfordern Sie sich nicht, und nehmen Sie sich vor allem am Anfang eine Zeitdauer vor, die nicht länger ist als bei den anderen Meditationen. Das bedeutet ja nicht, dass Sie auch den Spaziergang nach zwanzig Minuten beenden müssten.

Wie Sie das achtsame Spazieren gestalten, mit anderen Worten was Sie als Meditationsobjekt für den Spaziergang nutzen, das Sehen, das Hören, das Riechen, das Spüren oder alles zusammen, ist Ihnen überlassen. In der folgenden Anleitung schlage ich Ihnen einen Ablauf vor, bei dem der Reihe nach alle Sinneskanäle einschließlich der Körperempfindungen als Meditationsobjekt genutzt werden und zum Schluss der Fokus alle sinnlichen Erfahrungen umfasst.

Vorbereitungsphase

- Sich eine möglichst ruhige und naturnahe Gegend für den achtsamen Spaziergang suchen und eine Dauer für ihn festlegen.
- Für das Einläuten der verschiedenen Phasen des achtsamen Spazierens eine Meditation Timer App nutzen.

- Sich daran erinnern, worum es beim achtsamen Spaziergang geht, nämlich die gesamte Aufmerksamkeit den sinnlichen Erfahrungen zu schenken und sich auch der Reaktionen auf diese Erfahrungen bewusstzuwerden.
- Sich daran erinnern, dass auch bei einem Spaziergang in der Natur unvermeidbar ist, dass die Aufmerksamkeit immer wieder von Gedanken von den gegenwärtigen sinnlichen Erfahrungen abgezogen wird, und dass das freundliche, geduldige, immer wiederholte Zurückbringen der Aufmerksamkeit zu den Sinnen ein wesentliches Element der Meditation ist.
- Sich daran erinnern, dass beim achtsamen Spazieren die Konzentration auf das jeweilige Meditationsobjekt locker gehandhabt werden kann, da die Aufmerksamkeit leicht durch andere Sinneseindrücke, z. B. das Zwitschern eines Vogels in Bann gezogen wird. Sich dann erlauben, sich auch diesen Erfahrungen bewusst zuzuwenden, und wenn das Interesse an ihnen erlahmt, die Aufmerksamkeit wieder zum Meditationsobjekt zurückbringen.
- Sich daran erinnern, dass es nicht darum geht, etwas Besonderes zu erleben, ganz bestimmte Erfahrungen zu machen oder sich durch den Spaziergang zu entspannen, sondern lediglich präsent zu sein und die unterschiedlichen sinnlichen Erfahrungen in der jeweiligen Umgebung bewusst mitzubekommen.
- Sich daran erinnern, angenehme, sinnliche Erfahrungen auszukosten und zu genießen und sich mit unangenehmen Erfahrungen anzufreunden, so gut das geht, ohne sich zu quälen.

Durchführung der Spaziermeditation

- Den achtsamen Spaziergang damit beginnen, die Aufmerksamkeit wie bei der Gehmeditation auf die Körperempfindungen beim Gehen im oder am Fuß zu richten und den Atem zu spüren.
- Das Meditationsobjekt wechseln und von den Körperempfindungen beim Gehen zu den Empfindungen auf der Haut gehen. Luft, Wind, Sonne, Regen, Wärme oder Kälte bewusst spüren.

- Das Meditationsobjekt wechseln und von den Empfindungen auf der Haut zu den Gerüchen gehen, die schwach, stark, angenehm, unangenehm sein und beim Gehen zu- oder abnehmen können. Sich auch zugestehen, nichts zu riechen. Die Aufmerksamkeit auf die Qualität der Gerüche richten und weniger darüber nachdenken, was ihre Quelle ist oder wie der Geruch begrifflich benannt werden kann.
- Das Meditationsobjekt wechseln vom Riechen zum Sehen. Eventuell stehen bleiben und sich langsam umdrehen, die Blickrichtung immer wieder ändern, nach unten, zu den Seiten, nach oben schauen und sich bei jeder Richtung Zeit lassen, sich der visuellen Eindrücke bewusst zu werden. Vor allem auf die Qualitäten des Gesehenen, die Farben, die Formen und die Bewegungen achten und weniger darauf, welche Dinge oder Objekte gesehen werden.
- Das Meditationsobjekt wechseln und vom Sehen zum Hören gehen. Die Geräusche in der Nähe oder in der Ferne wahrnehmen, vor allem Ihre Qualität. Sind sie hoch, tief, kurz, lang, melodiös, geräuschhaft, werden sie lauter oder leiser, sind sie eher angenehm oder eher unangenehm?
- Zum Schluss das Meditationsobjekt auf alle sinnlichen Erfahrungen ausweiten: Hautempfindungen, Riechen, Sehen und Hören. Sich nicht anstrengen, sondern mit der Aufmerksamkeit den Wahrnehmungen folgen, die von ganz alleine bewusstwerden.

Abschluss der Spaziermeditation

- Am Ende des achtsamen Spazierens sich des Körpergefühls, der momentanen Stimmung und der Gedanken, vor allem der Bewertungen bewusstwerden.
- Sich dafür anerkennen, sich die Zeit für das achtsame Spazieren genommen zu haben.
- Den achtsamen Spaziergang beenden und gegebenenfalls ohne Meditationsabsicht den Spaziergang fortsetzen.

FAQ zu typischen Meditationshindernissen

Ich denke, ich mache es nicht richtig.

Das Wichtigste ist, bewusst mitzukriegen, dass Sie das denken. Erst dann haben Sie die Chance, diese Gedanken nicht weiter zu verfolgen und einfach sein zu lassen. Denn eigentlich können Sie nichts falsch machen. Solche Bewertungen tauchen schnell auf, wenn Sie sich Vorstellungen davon machen, wie Meditation eigentlich gehen müsste, dass Sie sich zum Beispiel vorstellen, dass die Qualität der Meditation davon abhängt, wie lange Sie es schaffen, Ihre Aufmerksamkeit bei bestimmten Körperempfindungen oder beim Atem zu halten. Und wenn Sie erleben, dass Ihre Aufmerksamkeit dauernd abschweift, dann taucht leicht die Idee auf, dass Sie nicht gut meditieren oder es nicht richtig machen oder Ihre momentane Situation oder Stimmung nicht gut ist fürs Meditieren. Solche Bewertungen oder Urteile, die aus dem Vergleich Ihrer Erfahrung mit früheren Erfahrungen oder mit einem vermeintlichen Ideal- oder Zielzustand beim Meditieren herrühren, sind zwar ganz normal und verständlich, aber einfach falsch.

Jede Meditation, die Sie machen, ist eine wertvolle Meditation, egal was Sie während der Meditation erleben. Und jeder Moment, in dem Sie präsent sind, Ihnen zum Beispiel bewusstwird, dass und wie Sie Ihr Meditieren bewerten, ist ein achtsamer und wertvoller Moment.

Ich werde immer unruhig, wenn ich meditiere, und manchmal breche ich die Meditation auch ab

Beim Meditieren unruhig werden, passiert vielen. Das ist ganz normal und gehört einfach dazu. Und das ist auch der Hinweis, wie Sie damit umgehen können: Sie können die Unruhe nämlich da sein lassen als etwas ganz Normales, das manchmal auftaucht und auch wieder geht, was auch länger dauern kann, Ihnen aber die Möglichkeit gibt, Erfahrungen damit zu machen, wie es ist, mit

Unruhe zu meditieren. Und das bedeutet, so gut es Ihnen möglich ist, die Aufmerksamkeit einfach wieder auf das Meditationsobjekt zu lenken, z. B. den Atem.

Manchmal kann die Unruhe auch so groß werden, dass man die Meditation abbricht, etwa weil einem immer wieder einfällt, was man noch alles zu tun hat. Auch das ist normal und kein Grund, sich zu verurteilen. Wie alle Gedanken, Stimmungen oder Gefühle kommen und gehen, so geht auch die Unruhe, wenn es Ihnen gelingt, den Kampf gegen sie aufzugeben und ihr dadurch die Aufmerksamkeit, ihr Lebenselixier, zu entziehen. Vielleicht können Sie sich beim nächsten Mal, wenn Sie wieder den Impuls spüren, die Meditation abzubrechen, überwinden, dem Impuls nicht nachzugeben und weiter zu meditieren. So geben Sie sich die Chance, Neues zu erfahren, nämlich was passiert, wenn Sie dem Impuls nicht folgen und ihn nicht so ernst nehmen. Manchmal führt genau das zu neuen wichtigen Erkenntnissen über die Wahrheit Ihrer Erwartungen und Befürchtungen. Vielleicht bemerken Sie, dass die Unruhe nicht, wie befürchtet, immer schlimmer wird, sondern abflaut oder dass Sie sie problemlos aushalten können, wenn Sie sich erlauben, einfach mit Unruhe zu meditieren.

Aber nicht immer gelingt es, dass die Unruhe abflaut und erträglicher wird. Das ist dann auch eine Realität, die es ernst zu nehmen gilt. Die beste Form, sie ernst zu nehmen, ist, sich ihr zuzuwenden, so annehmend wie möglich, und sie zu erforschen. Vielleicht helfen Ihnen diese Fragen bei einer Erforschung weiter: Wo genau spüre ich die Unruhe im Körper? Vielleicht hat die Unruhe eine bestimmte Form oder Gestalt. Ist die Unruhe immer gleich oder verändert sie sich? Wenn ja, wie? Welche Gedanken oder Gefühle begleiten sie? Solche oder ähnliche Fragen bringen Sie in Distanz zur Unruhe und schwächen ihre Macht über Sie.

Aber auch diese Auseinandersetzung mit der Unruhe führt nicht automatisch dazu, dass sie abnimmt und Ihnen die Meditation ermöglicht. Manchmal ist die Unruhe zu groß und der Impuls die Meditation abzubrechen zu stark. Verurteilen Sie sich auch dafür nicht. Dann sind Sie halt in diesem Moment zu unruhig, um zu meditieren. Wichtig ist, dass Sie das nicht generalisieren oder zu dem Schluss kommen, dass Ihre momentane Lebensphase nicht für Meditation geeignet oder dass Sie überhaupt zu unruhig oder unfähig zur Meditation wären. De facto können Sie nämlich schon bei der nächsten Meditation ganz andere Erfahrungen machen.

Vielleicht überlegen Sie aber auch, ob Sie an den Rahmenbedingungen für Ihre Meditation etwas ändern, z. B. am Meditationsort oder an der Tageszeit, die oft großen Einfluss auf die innere Unruhe oder Ungeduld haben.

Ich schaffe es nicht, die Meditationen in meinen Tagesablauf zu integrieren

Ja, für viele ist es eine große Herausforderung, sich überhaupt zum Meditieren Zeit zu nehmen. Ob Sie das schaffen, hängt abgesehen von äußeren Bedingungen, z. B. dem Zeitdruck am Semesterende, vor allem von drei Faktoren ab, die sich gegenseitig beeinflussen: 1) Wie motiviert sind Sie zu meditieren? 2) Wie angenehm ist das Meditieren für Sie? 3) Wie wirken sich die Meditationen in Ihrem Alltag aus?

Zuerst zu Ihrer Motivation. Was motiviert Sie, dieses Trainingsprogramm überhaupt zu machen. Vielleicht machen Sie sich noch einmal bewusst, warum Sie dieses Training eigentlich angefangen haben und was sich in Ihrem Studium oder Ihrem Leben verändern soll durch dieses Training. Es gibt in dem Zusammenhang zwei Botschaften, eine gute und eine schlechte. Die schlechte Botschaft ist: Wenn Sie nicht irgendetwas anders machen als bisher, wird alles beim Alten bleiben, auch Ihre Probleme. Die Hoffnung, dass das Schicksal oder andere Leute Ihnen eine Lösung Ihrer Probleme frei Haus liefern, ist wie Lotto spielen. Man kann daraufsetzen, sollte aber sein finanzielles Auskommen, sein Wohlbefinden und sein Lebensglück nicht davon abhängig machen. Die gute Botschaft ist, Achtsamkeit und Meditation sind zwar nicht die einzige, aber auf jeden Fall eine wirksame Möglichkeit, um sein Leben zu verändern. Die Veränderung besteht zu einem großen Teil darin, sich die Zeit zum Meditieren zu nehmen und zumindest für eine begrenzte Zeit, aus dem alltäglichen Tun-Modus in den Seins-Modus zu wechseln.

Zum zweiten Punkt, wie angenehm das Meditieren für Sie ist. Um Missverständnisse zu vermeiden, erinnere ich noch mal daran, dass das Ziel von Achtsamkeitsmeditationen nicht darin besteht, sich zu entspannen oder ein angenehmes Gefühl zu erzeugen. Das ist eine gute Voraussetzung und bestenfalls ein Ergebnis des Meditierens, das wir uns zwar verständlicherweise wünschen, das sich aber weder einstellen muss, noch als Merkmal einer guten Meditation einstellen sollte. Das Ziel der Meditation ist immer nur Präsenz und alles, was sich von Moment zu Moment zeigt, so freundlich wie möglich willkommen zu heißen und da sein zu lassen. Trotzdem ist es natürlich förderlicher für eine regelmäßige Meditationspraxis, wenn die Meditation vorwiegend als angenehm erlebt wird. Der aus meiner Sicht häufigste Grund, warum sie nicht so erlebt wird, hängt damit zusammen, dass wir uns in der Meditation anstrengen, etwas Bestimmtes zu erreichen, z. B. ein Meditationsideal wie etwa eine möglichst lückenlose Konzentration und Fokussierung auf ein Meditationsobjekt oder einen entspannten und wohligen Zustand. In dem Maße, wie uns das nicht gelingt, wird Meditieren frustrierend und anstrengend. Überprüfen Sie deshalb Ihre Vorstellung von Meditation und Ihre Ziele, die Sie mit Ihrem Meditieren verbinden. Vielleicht gibt es hier etwas loszulassen.

Zum dritten Punkt, die fehlenden Auswirkungen der Meditation im Alltag. Wie im ersten Teil erläutert, hängen unsere Erfahrungen und unsere Wahrnehmungen viel mehr davon ab, was bei uns innen los ist, als von den objektiven, äußeren Gegebenheiten. Das gilt natürlich auch für unsere Erfahrung, ob und wie sich Meditation auf den Alltag auswirkt. Das größte Hindernis, die potentielle Vielfalt der Auswirkungen überhaupt zur Kenntnis zu nehmen, ist die Fokussierung auf eine bestimmte, meistens herbeigesehnte Wirkung, um derentwillen man überhaupt meditiert. Bleibt sie aus, ist das eine herbe Enttäuschung, die verständlicherweise die Motivation untergräbt. Umso wichtiger ist es, sich der eigenen Wünsche bewusstzuwerden, sie eventuell auch darauf hin zu überprüfen, wie angemessen oder überzogen sie eigentlich sind. Je größer der Leidensdruck, umso leichter werden wir verführt, in kürzester Zeit, die größten Veränderungen vor allem dort zu erwarten, wo der Schuh am meisten drückt. Diese Erwartungen erzeugen einen Tunnelblick, dem alles, was außerhalb des Fokus liegt, entgeht.

Zum Schluss noch ein paar organisatorische Tipps, die Ihnen auch helfen können, regelmäßiger zu meditieren:

- Reservieren Sie sich Meditationszeiten im Anschluss an tägliche Routinetätigkeiten wie z. B. Duschen oder Frühstücken.
- Probieren Sie unterschiedliche Zeitpunkte am Tag aus, um herauszufinden, wann es Ihnen am einfachsten fällt zu meditieren.
- Sorgen Sie dafür, dass Sie während der Meditation nicht gestört werden, weder von Ihrem Smartphone noch von anderen Personen.
- Erlauben Sie sich die Meditationszeiten zu kürzen, wenn es Ihnen zu schwerfällt, zwanzig Minuten am Stück zu meditieren. Vielleicht können Sie kürzere Meditationszeiten dadurch wettmachen, dass Sie mehrere Male am Tag meditieren.

Ich kann die Gedanken nicht abstellen. Ich kann mich gar nicht auf meinen Körper oder meinen Atem konzentrieren

Das ist okay. Es gibt Zeiten, in denen der Geist so aufgeregt ist, dass es schwer ist, die Aufmerksamkeit auf das jeweilige Meditationsobjekt zu lenken. Lenken Sie die Aufmerksamkeit auf das Meditationsobjekt immer nur so gut es im Moment geht. Nicht besser! Auch wenn das gefühlt 100 Mal in einer Minute passiert, ist das völlig okay. Sie machen nichts falsch und es ist auch kein Hinweis darauf, dass Meditieren im Moment nicht das richtige für Sie wäre. Denn unser Geist ist fast immer aktiv, d. h. wir denken fast immer irgendetwas, auch in der Meditation. Es gibt kaum Zeiten, in denen sich der Geist nicht in Bewertungen, Planungen, Befürchtungen, Erinnerungen oder auch nur Blabla ergeht. In der Meditation geht es nicht darum, die Denkaktivitäten zu unterbinden. Das schaffen wir nicht, da wir über sie keine Kontrolle haben und auch keine durch die Meditation bekommen. Wir können nur lernen, sie weniger ernst zu nehmen, unsere Aufmerksamkeit weniger von ihnen bannen zu lassen und die Aufmerksamkeit bewusster zu steuern. Als Ergebnis, nicht als Ziel von Meditation kann es mit der Zeit auch passieren, dass die Gedankentätigkeit abnimmt. Aber hüten Sie sich davor zu meditieren, damit die Gedanken weniger werden. Je weniger Sie der Vorstellung anhängen, dass Meditation bedeuten würde oder darauf zielen würde, das Denken abzustellen, desto entspannter können Sie meditieren. Und vielleicht beruhigen sich dann die Gedanken von ganz alleine.

Deshalb gibt es auch keine besseren oder schlechteren Zeiten zu meditieren. Es gibt nur Zeiten, in denen es uns die Geistestätigkeit einfacher oder schwerer macht, unsere Aufmerksamkeit zu steuern. Und wenn es Ihnen gerade schwerfällt, mit Ihrer Aufmerksamkeit beim Meditationsobjekt zu bleiben oder dorthin zurückzukehren, so macht das die Meditation als Training zur Aufmerksamkeitssteuerung umso wertvoller.

Und natürlich kann der Geist auch so aufgewühlt sein, dass Sie es nicht schaffen zu meditieren. Es gibt Zeiten, gerade wenn es im Leben sehr stressig ist und die Wellen hochschlagen, dass man sich einfach nicht zum Meditieren überwinden kann. Auch das ist ok und völlig normal. Nehmen Sie es locker. Je weniger Sie ein Problem daraus machen, dass die Meditation heute nicht funktioniert hat, umso leichter fällt es Ihnen, es morgen nochmal zu probieren.

Außerdem ist die Aufdringlichkeit der Gedankenflut, z. B. bei hartnäckigen Grübeleien, Katastrophenphantasien oder immer wiederkehrenden Sorgen meistens auch gekoppelt mit starken unangenehmen Stimmungen und Gefühlen. Die gilt es wahr- und ernst zu nehmen. Das bedeutet, achtsam mit ihnen umzugehen, d. h. auch gegen sie den Kampf aufzugeben und sich ihnen fürsorglich und so liebevoll wie möglich zuzuwenden. Der liebevolle, verständnisvolle Umgang mit all dem Unangenehmen, Schmerzlichen und Beängstigenden, was oft mit aufdringlichen Gedanken einhergeht, ist ein guter Weg, um das Gedankenkreisen abzuschwächen und den Geist zu besänftigen.

Ich werde schläfrig

Das geht vielen so. Unser Leben ist heute oft geprägt von Rastlosigkeit und Schlafmangel. Das Schlafbedürfnis zeigt sich dann ganz automatisch, wenn wir zur Ruhe kommen. Es ist völlig ok, wenn Sie bei einer Meditation einschlafen. Insbesondere der Bodyscan ist prädestiniert dafür. Es gibt sogar Leute, zu denen ich am Anfang meiner Meditationspraxis selbst gehört habe, die den Bodyscan nutzen, um einzuschlafen. Das ist zwar nicht im Sinne der Meditation, bei der es ja um wache Präsenz geht, aber vielleicht in Ihrem Sinne. Und um wen geht es eigentlich? Also alles kein Problem, solange Ihnen klar ist, dass Sie nicht meditieren, wenn Sie schlafen. Solange Sie wach sind und Ihre Schläfrigkeit in der Meditation bemerken und spüren, gehört sie einfach zur Meditation dazu. Sie erfahren dann nur, wie es ist, *mit* Müdigkeit zu meditieren. Das ist einfach eine andere Erfahrung, die vielleicht weniger angenehm, aber weder besser noch schlechter ist, als ohne Schläfrigkeit zu meditieren.

Ich zweifle daran, ob das Ganze etwas bringt

Zweifeln am Weg der Meditation gehört seit 2.500 Jahren zu den klassischen Meditationshindernissen. Sie sind also in guter Gesellschaft. So leicht lassen sich die Zweifel auch nicht vertreiben. Immer wieder kann die Frage auftauchen: Warum mache ich das eigentlich (noch), z. B. wenn die schnellen Erfolge des Meditierens in Form von bemerkbaren positiven Veränderungen im Alltag ausbleiben oder nach den ersten positiven Zeichen weitere positive Wirkungen im Moment nicht erkennbar sind.

Es ist hilfreich, die Zweifel zu erforschen und sich der spezifischen Ansprüche, Wünsche oder Erwartungen bewusstzuwerden, die den Zweifel nähren. Das kann helfen, die Fokussierung auf den Zweifel loszulassen. Vielleicht bemerken Sie, wie stark Sie die Meditation mit der Absicht verbinden, dass ein bestimmtes Problem von Ihnen verschwindet, dass Sie z. B. ausgeglichener oder weniger aufbrausend sind. Allein die Bewusstwerdung dieses Ziels, das Sie mit Ihrer Meditation erreichen wollen, kann Ihnen helfen, die Fokussierung auf dieses Ziel loszulassen, was nichts anderes bedeutet, dass Sie sich damit anfreunden, dass Sie im Moment unausgeglichen und aufbrausend sind. Dieses Anfreunden hilft Ihnen den Fokus der Aufmerksamkeit zu weiten, wodurch auch andere positive Auswirkungen der Meditation im Alltag eine Chance haben, bemerkt zu werden.

Aber nicht immer lassen sich die Zweifel so einfach vertreiben. Dann geht es darum, sich von den Zweifeln nicht kirre machen zu lassen und so gut es geht, die Zweifel zu akzeptieren und mit ihnen weiter zu meditieren. Vielleicht hilft Ihnen dabei die Besinnung auf die Tausenden von Meditierenden vor Ihnen, die trotz Zweifel weiter meditiert haben und mit wichtigen Erkenntnissen belohnt worden sind.

Auch ich bin ein großer Zweifler, immer noch oder immer wieder. Aber ich habe auch von meinen Zweifeln profitiert. Sie haben mich davor bewahrt, einfach irgendetwas zu übernehmen, was ich gelehrt wurde oder gelesen habe. So ist dieses Buch voll mit den Früchten meiner Auseinandersetzung mit den Zweifeln am Weg der Achtsamkeit und an mir selbst als Achtsamkeitslehrer. Also: willkommen im Club der Zweifelnden.

Ich finde Meditieren langweilig. Ich kann mich nicht motivieren zu meditieren

Ja, das geht vielen so und es ist auch verständlich. Wir kennen es gar nicht, dass es Zeiten gibt, in denen nicht so viel passiert, in denen nicht Hunderte Impulse von außen unsere Sinne reizen oder jederzeit reizen könnten. Wir sind es heute gewöhnt und oft auch abhängig davon, dass wir schon die kleinsten Anzeichen von Langeweile mit unserm Smartphone bekämpfen. Diesem Automatismus zu widerstehen, der bei vielen so eingefleischt ist, wie das Atmen, ist heute eine anerkennenswerte Leistung. Diese müssen Sie irgendwie hinbekommen, wenn Sie meditieren möchten.

Meditation ist ja gerade heute so wichtig und populär, weil sie uns wieder mehr zu uns selbst bringt und uns etwas unabhängiger von den äußeren Reizen macht, die ja nicht nur Fun bedeuten, sondern uns auch sehr stressen und sogar quälen können. Meditation ist so etwas wie ein Miniurlaub von der Reizüberflutung oder so etwas wie Reizfasten. Aber wie bei jedem Fasten muss man sich vor allem in der Anfangsphase und oft genug auch später noch überwinden, weil wir auf Vieles, auch Angenehmes verzichten.

Also der erste Schritt, um dieses Meditationshindernis zu überwinden besteht darin, dass Sie sich die, durch fehlende äußere Reize ausgelöste Langeweile zugestehen. Es ist völlig in Ordnung, Meditieren langweilig zu finden. An dieser Empfindung ist nichts Falsches dran. Sie ist eher absolut verständlich in unserer Zeit.

Wie bereit Sie sind, die Langeweile auszuhalten und auch nur für kurze Zeit auf Ablenkungen und äußere Reize zu verzichten, hängt zum größten Teil davon ab, was Sie motiviert, dieses Trainingsprogramm überhaupt zu machen. Vielleicht machen sie sich noch einmal bewusst, warum Sie dieses Training eigentlich angefangen haben und was sich in Ihrem Leben verändern soll durch dieses Training. Vielleicht hilft Ihnen das, um wieder etwas Motivation zu bekommen, auch ein bisschen Langeweile beim Meditieren in Kauf zu nehmen. Meistens kann man dann bemerken, dass die Langeweile abnimmt und es sehr interessant sein kann, was man in der Meditation erlebt, wenn man sich mit der Langeweile so anfreundet, dass der Kampf gegen sie nicht alle anderen Erfahrungen überschattet.

Wie wichtig ist die Körperhaltung beim Meditieren im Sitzen?

Es gibt Meditationsarten, z. B. die Zen-Meditation, in der die äußere Haltung eine sehr wichtige Rolle spielt. In der Achtsamkeitsmeditation geht es in erster Linie um das Einüben einer inneren Haltung, weniger um die äußere Haltung. Die Körperhaltung dient nur dazu, die innere Haltung zu fördern und zu unterstützen. Sie ist kein Selbstzweck.

Wenn wir aufrecht, mit geöffneter Brust und stabilem Kontakt zum Stuhl und zum Boden sitzen, dann unterstützt das unsere Wachheit und Offenheit gegenüber allen Erfahrungen, die wir von Moment zu Moment machen und stärkt unsere Stabilität, uns auch von unangenehmen Erfahrungen nicht umwerfen zu lassen.

Wenn wir entspannt sitzen, dann unterstützt uns das dabei, aus dem Tun-Modus herauszukommen, nichts erreichen zu wollen, keine Erfahrungen herstellen zu wollen, sondern uns darauf einzulassen, wie die Realität im Moment ist.

Wie gehe ich mit äußeren Ablenkungen um?

Zuerst ist es sinnvoll, so gut es geht, dafür zu sorgen, dass man während der Meditation nicht gestört wird. Aber manchmal gibt es trotzdem Störungen, z. B. Telefonklingeln oder mehr oder weniger hartnäckige, störende Geräusche von außen, die sich nicht vermeiden lassen. Die grundsätzliche Idee ist, mit den äußeren Störungen genauso umzugehen, wie mit den inneren Ablenkungen, z. B. dem Gedankenwandern, nämlich so gut es geht, die Störungen wahrzunehmen, sie da sein zu lassen und ohne Hader die Aufmerksamkeit immer wieder auf das Meditationsobjekt zu richten. Wenn die Störungen zu dominant sind, dann können Sie auch Ihre Aufmerksamkeit bei den Störungen lassen und sie sinnlich erforschen, z. B. die verschiedenen Geräuschqualitäten bemerken. Ist das Geräusch hoch oder tief, ist es kurz oder lang, dissonant oder sonor usw. Dieses sinnliche Erforschen hilft Ihnen dabei, dem Ärger und Hader über die Störungen weniger Nahrung zu geben, weil sie weniger über die Störung nachdenken und ihren Bewertungen nachhängen.

Aber manchmal hilft auch das nicht und der Impuls, die Meditation zu unterbrechen, ist zu stark. Wenn Sie dann die Meditation unterbrechen, tun Sie es, ohne sich dafür zu verurteilen. Sie können sich jederzeit dafür entscheiden, die verlorene Meditationszeit nachzuholen.

Da äußere Ablenkungen oft nicht zu beeinflussen sind, sind sie gern Quelle von Ärger und Hader, nicht nur, aber besonders in der Meditation. Gerade solche Geräusche eignen sich gut, einen achtsamen, d. h. akzeptierenden Umgang mit Dingen zu trainieren, die wir gerne anders hätten. Je mehr Ihnen das gelingt, sich mit den störenden Geräuschen anzufreunden und sie als Teil der gegenwärtigen Realität anzuerkennen, desto mehr können Sie dabei auch die verblüffende stressreduzierende Wirkung von Achtsamkeit erleben, wenn das nervige Geräusch seine Nervigkeit verliert und sich zu einem kaum wahrgenommenen Hintergrundgeräusch verwandelt.

Wie gehe ich mit Schmerzen um? Darf ich eine unangenehm gewordene Sitzposition ändern?

Zuerst einmal geht es in der Achtsamkeitsmeditation nicht darum, sich zu quälen. Es geht aber auch nicht darum, allem Unangenehmen, z. B. Schmerzen auszuweichen. Das bedeutet, dass wir in der Achtsamkeit gehalten sind, einen weisen Mittelweg zwischen sofortiger Reaktion oder Vermeidung einerseits und Selbstquälerei und Rigidität andererseits zu finden. Wenn also unangenehme Empfindungen, Gefühle oder Schmerzen auftauchen, heißt das zuerst einmal, wie bei allen anderen Phänomenen, die uns während der Meditation begegnen, sie als momentane Realität zu akzeptieren, da sein zu lassen und sie nicht sofort verändern zu wollen. Das bedeutet, nicht sofort und automatisch allen Handlungsimpulsen nachzugeben und zu reagieren, die sich schnell, automatisch und unwillkürlich einstellen, um das Unangenehme oder Schmerzhafte abzustellen, sondern dass wir uns die Chance geben, mit dem Unangenehmen oder Schmerzhaften zu sein. Dadurch können wir wichtige neue Erfahrungen machen, z. B. dass sich die Empfindungen mit der Zeit verändern, abebben oder dass wir merken, dass die Schmerzen weniger schlimm sind oder wir besser mit ihnen zurechtkommen, als wir gedacht haben.

Unterstützend dabei, mit den Schmerzen zu leben, ist es, sich und vor allem der schmerzenden Stelle im Körper liebevolle Aufmerksamkeit zu schenken, dorthin zu atmen und diese Stelle zu umsorgen und sie gewissermaßen in den Arm zu nehmen. Das klingt vielleicht komisch, aber es funktioniert. Wir können mit Schmerzen und einzelnen Körperteilen ähnlich fürsorglich und liebevoll umgehen, wie wir mit einem Kind umgehen würden, das sich wehgetan hat.

Dieses Schmerzen Aushalten hat andererseits auch Grenzen. Wenn die unangenehmen Empfindungen, Gefühle oder Schmerzen zu stark werden, ist es wichtig und sinnvoll, ganz bewusst zu entscheiden, etwas zu tun oder zu verändern, z. B. sich zu bewegen, um die Schmerzen zu lindern. Diese bewusste Entscheidung zu treffen, wann der Punkt gekommen ist, an dem Sie etwas verändern, ist dann auch nur ein Bestandteil der Achtsamkeitsmeditation.

Gibt es negative Effekte durch die Meditation?

In gewisser Weise gehören unangenehme Erfahrungen zur Meditation dazu. Da das Ziel der Meditation nicht Entspannung oder Wohlbefinden ist, sondern Präsenz. Diese offene Präsenz schließt ein, dass wir auch Unangenehmes wahrnehmen und da sein lassen und vielleicht deutlicher wahrnehmen als sonst, wo wir uns durch viel Zerstreuung davon ablenken. Das ist unbedenklich, wenn sich die Erfahrungen auch wieder verändern.

Es kann aber auch sein, dass Sie den Eindruck haben, dass die Meditation von Ihnen ganz überwiegend als unangenehm empfunden wird, dann empfehle ich Ihnen, das Meditieren im Moment aufzugeben und sich nicht zu zwingen weiterzumachen. Manchmal stehen hinter solchen Meditationserfahrungen verborgene Verletzungen, die sich auch sonst im Alltag auswirken und für deren Heilung eine Psychotherapie ratsam ist.

Durch das Einüben der achtsamen, offenen und zulassenden Haltung uns selbst gegenüber, können sich auch alte, verdrängte Verletzungen wieder zeigen und die mit ihnen verbundenen, intensiven Gefühle aktiviert werden. Solange Sie den Eindruck haben, dass Sie noch die Kontrolle haben und nicht überwältigt werden durch das Aufbrechen dieser Gefühle oder schwieriger Erinnerungen, wirkt Meditation eher heilend. Oft sind Tränen, die auch über längere Zeit während Meditationen auftreten können, ein Zeichen dafür, dass da etwas heilt.

In seltenen Fällen können aber die Gefühle in einem Ausmaß aufbrechen, mit der wir vielleicht nicht gerechnet haben und mit dem wir im Moment noch nicht umgehen können. Die Intensität der Gefühle kann uns lähmen und stark ängstigen. In diesem Fall ist es wichtig, die Meditationspraxis zu unterbrechen und sich therapeutische Hilfe zu suchen. Aber keine Angst, das passiert sehr selten und meistens in Meditationsretreats, in denen typischerweise mehrere Stunden am Tag meditiert wird.

Zusammenstellung der Trainingsmaterialien zum Download

Atemraum, Audioanleitung

https://utb.de/do/10.36198/9783838560472-m01

STOP-Bild und STOP-Tischaufsteller

https://utb.de/do/10.36198/9783838560472-m02

Bodyscan, Audioanleitung

https://utb.de/do/10.36198/9783838560472-m04

Sitzmeditation, Audioanleitung

https://utb.de/do/10.36198/9783838560472-m05

Gehmeditation, Audioanleitung

https://utb.de/do/10.36198/9783838560472-m06

Achtsames Yoga, Audioanleitung

https://utb.de/do/10.36198/9783838560472-m07

Achtsames Yoga, Schaubilder

https://utb.de/do/10.36198/9783838560472-m08

Alle gesammelten Lerntagebuchfragen

https://utb.de/do/10.36198/9783838560472-m09

Alle gesammelten Praxisempfehlungen

https://utb.de/do/10.36198/9783838560472-m10

Hinweise zur Weiterführung der Achtsamkeitspraxis

Achtsamkeit und Meditation sind keine Selbstläufer. Auch nach einem semesterlangen Kurs, wie ich ihn hier beschrieben habe, wird der Alltag bei den meisten die Achtsamkeitspraxis abschleifen und langsam zum Verschwinden bringen, wenn sie nicht aktiv gepflegt wird. Wenn Ihnen also Achtsamkeit und Meditation wichtig geworden ist, tun Sie etwas dafür, dass die Praxis im Alltag überleben kann. Ich kenne nur ganz wenige Menschen, denen es gelungen ist, eine kontinuierliche Achtsamkeitspraxis aufrechtzuerhalten, ohne sie immer wieder durch Impulse aufzufrischen, z. B. durch Bücher, Vorträge, Gespräche mit Gleichgesinnten oder die Teilnahme an weiteren Kursen oder Seminaren. Deshalb erwarten Sie nicht zu viel von sich in Bezug auf Ihre Achtsamkeitspraxis. Gehen Sie lieber davon aus, dass sie abnehmen wird und immer wieder eine Auffrischung braucht, wenn Sie sie am Leben halten möchten.

Die für viele wirksamste Art, eine Meditationspraxis am Leben zu erhalten, ist, sie mit anderen zu teilen und sich z. B. wöchentlich mit anderen zu treffen, um zu meditieren. Wenn Sie in einer Gruppe das hier vorgestellte Training durchgespielt haben, dann ist es vielleicht möglich, die regelmäßigen Treffen weiterzuführen, um gemeinsam zu meditieren. Vielleicht gibt es aber auch schon eine Meditationsgruppe in Ihrer Nähe, die sich regelmäßig trifft und der Sie sich anschließen können. In buddhistischen Kontexten werden solche Gruppen Sangha genannt.

Wenn Sie andere Möglichkeiten suchen, um Ihre Achtsamkeitspraxis aufzufrischen, so ist der Besuch von Seminaren oder Kursen immer empfehlenswert. In vielen Hochschulen gibt es mittlerweile für Studierende kostenfreie Achtsamkeitsangebote, zum Teil sogar mit der Vergabe von ECTS-Punkten. Vielleicht gibt es ja auch an Ihrer Hochschule solche Angebote. Da sich Achtsamkeit vermutlich auch im Hochschulkontext schnell ausbreiten wird, lohnt es sich, in jedem Semester neu nach solchen hochschulinternen Angeboten Ausschau zu halten.

Hochschulübergreifende Informationen mit Hinweisen auf Initiativen, Kurse, Vorträge und andere Angebote zu Achtsamkeit und Meditation in der Hochschullandschaft finden Sie auf

- https://achtsamehochschulen.de/ und auf
- https://achtsame-hochschule-hessen.de/

Unabhängig vom Hochschulkontext ist die Website des deutschen MBSR-Lehrer-Verbands eine gute Anlaufstelle, wenn Sie sich generell über Achtsamkeit oder über Achtsamkeitsangebote in Ihrer Region informieren möchten: https://www.mbsr-verband.de/

Ihrer Achtsamkeitspraxis können Sie unabhängig von Seminaren oder Kursen auch durch Tools und Vorträge neue Impulse verschaffen. Es gibt mittlerweile viele Achtsamkeits- oder Meditations-Apps und eine Unzahl an Vorträgen zu den verschiedenen Aspekten von Achtsamkeit und Meditation, die oft frei verfügbar im Internet, z. B. auf Youtube zu finden sind. Darüber hinaus gibt es dank des explodierenden Achtsamkeitsmarktes ein riesiges Angebot an Achtsamkeits- und Meditationsbüchern.

Dieser Achtsamkeitsmarkt ist auch für mich unüberschaubar geworden. Die meisten Angebote, Anbieter, Bücher und Tools und Autoren kenne ich selbst nicht, weswegen ich auch nichts über ihre Qualität sagen kann. Letztlich können sowieso nur Sie selbst entscheiden, ob ein bestimmter Achtsamkeitskurs, ein Tool, Achtsamkeitslehrer oder ein Buch gut für Sie ist. Ich möchte Ihnen an dieser Stelle deshalb nur einen allgemeinen Hinweis geben.

Seien Sie neugierig und mutig. Probieren Sie aus. Lassen Sie sich von Kursausschreibungen ansprechen. Melden Sie sich einfach für einen Kurs oder eine Sangha an, wenn Sie den Eindruck haben, es könnte hilfreich für Sie sein. Vertrauen Sie Ihrem Herzen und hören Sie auf es, nicht nur bei der Auswahl, sondern auch dann, wenn es sagt, dass Sie den Kurs oder die Sangha wieder verlassen sollten.Im Grundsatz gilt das gleiche für Bücher, Vorträge oder Achtsamkeitstools. Probieren Sie aus, was sie anspricht oder interessiert und legen Sie Bücher und Tools einfach wieder aus der Hand, wenn Sie nichts damit anfangen können oder Ihnen Stil oder Inhalt nicht gefallen.

Danksagung

Dieses Buch ist zwar in meinem Gärtchen gewachsen, den Boden, die Pflanzen und das Pflegeknowhow, also genau genommen fast alles, verdanke ich aber anderen. Vor den wichtigsten Anderen möchte ich mich hier tief verneigen.

Zuerst sind das meine Achtsamkeits- und Meditationslehrer, die mir gezeigt haben, worum es wirklich geht bei Achtsamkeit und Meditation, nämlich ums ganze Leben, und nicht darum, möglichst ruhig in einer Ecke zu sitzen und die Hände in den Schoß zu legen. Vor allem Bob Stahl, James Baraz und Paul Köppler haben im Rahmen von Meditations-Retreats immer wieder den achtfachen Pfad von Buddha beleuchtet. So habe ich ihn wieder finden können, wenn ich ihn im Nebel des Alltags verloren habe, was oft genug passiert ist.

Dann möchte ich meiner MBSR-Lehrerin Béatrice Heller danken, von der ich MBSR nicht nur einmal sondern viermal gelernt habe, da ich sie als Assistent in der MBSR-Lehrerausbildung dreimal begleiten durfte: vier unschätzbar wertvolle Erfahrungen für mich.

Und zum Schluss möchte ich mich von ganzem Herzen bei meinem Mentor Prof. Dr. Werner Stork bedanken, der mir und Achtsamkeit schon 2016 den Weg in die Hochschule Darmstadt eröffnet hat. Ohne ihn wäre dieses Buch nie entstanden.

Literaturverzeichnis und Internetquellen

American Mindfulness Research Association: Mindfulness journal publications by year, 1980-2021, https://goamra.org/Library, letzter Zugriff: 17.10.2022

Antonovsky, Aaron (1997): Salutogenese, Tübingen, dgvt-Verlag

Bays, Jan Chozen (2009): Achtsam essen, Freiburg, Arbor Verlag

Bergman, Rudger (2021): Im Grunde gut, Hamburg, Rowohlt Taschenbuch

Buddhastiftung: Satipatthana Sutta – Originaltext der Vipassana- und Achtsamkeitsmeditation: https://buddhastiftung.org/satipatthana-sutta-vipassana-meditation/ letzter Zugriff: 17.10.2022

Bundesverfassungsgericht, Urteil vom 24. März 2021 über die Schutzpflicht des Staates auch für zukünftige Generationen: www.bundesverfassungsgericht.de/SharedDocs/Entscheidungen/DE/2021/03/rs20210324_1bvr265618.html, letzter Zugriff: 17.10.2022

Butler, Judith (2020): Die Macht der Gewaltlosigkeit: Über das Ethische im Politischen, Berlin, Suhrkamp Verlag

Davidson, Richard: Well-being is a skill, Vortrag von 2021, www.youtube.com/watch?v=oxxX7V8ien0, letzter Zugriff: 17.10.2022

Davidson, Richard; Begley, Sharon (2012): Warum wir fühlen, wie wir fühlen, München, Arkana Verlag

Deutscher Spenderat e.V., Pressemitteilung vom 16.02.2021: Bilanz des Helfens 2021: www.spendenrat.de/bilanz-des-helfens-2021, letzter Zugriff: 17.10.2022

Franke, G.H., Petrowski, K., Gosch, A. & Jagla-Franke, M. (2021). Studieren unter Covid-19: Gesundheit, Belastungen und Ressourcen studentischer Fachgruppen im Jahr 2021, Hochschule München, Doi: 10.13140/RG.2.2.321737.57440

Germanwatch: 22. Juli 2022, Erdüberlastungstag, www.germanwatch.org/de/overshoot, letzter Zugriff: 17.10.2022

Gilbert, Paul (2011): Mitgefühl: Wie wir Mitgefühl nutzen können, um Glück und Selbstakzeptanz zu entwickeln, Freiburg, Arbor Verlag

Goleman, Daniel; Richard Davidson (2018): Altered Traits: Science Reveals How Meditation Changes Your Mind, Brain, and Body, New York, Penguin LCC US

Grawe, Klaus (2004): Neuropsychotherapie, Göttingen, Hogrefe Verlag

Grützmacher, J.; Gusy, B.; Lesener, T.; Sudheimer, S.; Willige, J. (2018): Gesundheit Studierender in Deutschland 2017. Ein Kooperationsprojekt zwischen dem Deutschen Zentrum für Hochschul- und Wissenschaftsforschung, der Freien Universität Berlin und der Techniker Krankenkasse, www.tk.de/resource/blob/2046078/8bd39ea-b37ee133a2ec47e55e544abe7/2017-studie-gesundheit-studierender-data.pdf, letzter Zugriff: 17.10.2022

Hanson, Rick (2010): Das Gehirn eines Buddha: Die angewandte Neurowissenschaft von Glück, Liebe und Weisheit, Freiburg, Arbor Verlag

Herbst, U.; Voeth, M.; Eidhoff, A.T.; Müller, M.; Stief, S. (2016): Studierendenstress in Deutschland – eine empirische Untersuchung, Berlin, AOK-Bundesverband (Hrsg), www.uni-heidelberg.de/md/journal/2016/10/08_projektbericht_stressstudie.pdf, letzter Zugriff: 17.10.2022

Hesse, Hermann (1941): Stufen, https://hhesse.de/gedichte/stufen/, letzter Zugriff: 17.10.2022

Hölzel, Britta K.; Carmody, James; Evans, Karleyton C.; Hoge, Elizabeth A; Dusek, Jeffery A.; Morgan, Lucas; Pitman, Roger K.; Lazar, Sara W. (2010): Stress reduction correlates with structural changes in the amygdala, in: Soc Cogn Affect Neurosci, 2010 Mar;5(1):11-7, https://pubmed.ncbi.nlm.nih.gov/19776221/, letzter Zugriff: 17.10.2022

Hüther, Gerald (1997): Biologie der Angst, Wie aus Stress Gefühle werden, Göttingen, Vandenhoeck & Ruprecht

Kabat-Zinn, Jon (2010): Die MBSR-Yogaübungen, Freiburg, Arbor Verlag

Kabat-Zinn, Jon (2013): Gesund durch Meditation: Das große Buch der Selbstheilung mit MBSR, München, Knaur MensSana

Kahnemann, Daniel (2012): Schnelles Denken, langsames Denken, München, Siedler Verlag

Lutz, Antoine; McFarlin, Daniel R.; Perlman, David M.; Salomons, Tim V.; Davidson, Richard J.: Altered anterior insula activation during anticipation and experience of painful stimuli in expert meditators, in: Neuroimage. 2013, Jan 1; 64: 538–546, doi: 10.1016/j.neuroimage.2012.09.030

Mulligan, Beth (2019): Das Herz der Achtsamkeit, Die buddhistischen Wurzeln von MBSR, Freiburg, Arbor Verlag

Poraj, Alexander (2016): Tipps zur richtigen Haltung beim Meditieren von Zen-Meister Alexander Poraj, https://www.youtube.com/watch?v=Ap89d-ST_5o&t=62s, letzter Zugriff, 17.10.2022

Ramos, Brian P.; Arnsten, Amy (2019): The Art of Stress-Free Living, Reprogram your Life from the Inside Out, New York, Morgan James Publishing

Rosa, Hartmut (2005): Beschleunigung, Die Veränderung der Zeitstrukturen in der Moderne, Berlin, Suhrkamp Taschenbuch Wissenschaft

Rosa, Hartmut (2021): Achtsamkeit verhindert Empörung: Das stört Harmut Rosa, in Psychologie heute, 05.11.2021, https://www.psychologie-heute.de/leben/artikel-detailansicht/41604-achtsamkeit-verhindert-empoerung-das-stoert-hartmut-rosa.html, letzter Zugriff: 17.10.2022

Salzberg, Sharon (2003): Mettameditation - Buddhas revolutionärer Weg zum Glück, Freiburg, Arbor Verlag

Scharmer, Claus Otto (2019): Essentials der Theorie U, Grundprinzipien und Anwendungen, Donauwörth, Carl Auer Verlag

Schindler, Simon (2020): Achtsamkeit – Wirksame Medizin ohne Nebenwirkung?, Kassel, University Press

Scobel, Gert (2021): So hilft Achtsamkeit gegen Unistress, https://www.youtube.com/watch?v=9ZILNcCGr-o, letzter Zugriff: 17.10.2022

Scobel, Gert (2019): Achtsamkeit - was ist das eigentlich? https://www.youtube.com/watch?v=c259e3BmxiE, letzter Zugriff: 17.10.2022

Sedlmeier, Peter (2016): Die Kraft der Meditation, Hamburg, Rowohlt Taschenbuch

Stork, Werner; Heimes, Silke; Aatz, Helmut; Boll, Jens (2020): Achtsamkeit und Resilienz in der Hochschullehre: Zur Wirksamkeit stressreduzierender und resilienzfördernder Maßnahmen im Studium - Ergebnis und Erkenntnisse im Zusammenhang mit der Studie RODS II an der Hochschule Darmstadt, ZNWU Discussion Paper No. 4, Hochschule Darmstadt, Fachbereich Wirtschaft, www.econstor.eu/handle/10419/227490, letzter Zugriff: 17.10.2022

Techniker Krankenkasse: TK-Gesundheitsreport 2022, www.tk.de/resource/blob/2125010/da11bbb6e19aa012fde9723c8008e394/gesundheitsreport-au-2022-data.pdf, letzter Zugriff: 17.10.2022

Williams, Mark; Teasdale, John; Segal, Zindel; Kabat-Zinn, Jon (2009): Der achtsame Weg durch die Depression, Freiburg, Arbor Verlag

Wittgenstein, Ludwig (1921): Tractatus logico-philosophicus, Berlin, Edition Suhrkamp

Wood, Wendy; Quinn, Jeffrey M; Kashy, Deborah A (2002): Habits in everyday life: thought, emotion, and action, in: J Pers Soc Psychol 2002, Dez, 1281-97

Zaltman, Gerald (2003): How Customers Think : Essential Insights into the Mind of the Market, Harvard Business Review Press

Abbildungen